关于说话
的一切

汤质◎著

中信出版集团|北京

图书在版编目（CIP）数据

关于说话的一切 / 汤质著 . -- 北京：中信出版社，2023.1（2025.5重印）
ISBN 978-7-5217-4984-7

I. ①关… II. ①汤… III. ①语言艺术－通俗读物 IV. ① H019-49

中国版本图书馆 CIP 数据核字（2022）第 215612 号

关于说话的一切
著者：　　汤质
出版发行：中信出版集团股份有限公司
　　　　　（北京市朝阳区东三环北路 27 号嘉铭中心　邮编　100020）
承印者：　嘉业印刷（天津）有限公司

开本：880mm×1230mm 1/32　印张：11.75　　字数：250 千字
版次：2023 年 1 月第 1 版　　　印次：2025 年 5 月第 7 次印刷
书号：ISBN 978-7-5217-4984-7
定价：69.00 元

版权所有·侵权必究
如有印刷、装订问题，本公司负责调换。
服务热线：400-600-8099
投稿邮箱：author@citicpub.com

目录

前言 • 为什么你必须上这堂"硬核表达课" / V

第一章 • 意义　无限复杂的语言游戏 / 001
- 语言符号的反馈怪圈 / 004
- 你这"话"到底什么意思 / 008
- 我"当真"在和你"开玩笑" / 011
- 语境—语用—语义 / 013
- 穹顶之下的符号秩序 / 017
- 沟通的根本动机与终极目标 / 021

第二章 • 关系　你不是嘴笨，是心钝 / 027
- 打破预期，顺应张力 / 029
- 让自己不舒服的坦诚 / 038
- 进入地狱，失去天真 / 040
- I see you / 043

第三章 ● **内容　说到点子上** / 049

- 三个世界 / 052
- 用关键概念来"打开"思路 / 059
- 抽象之梯与问题之锤 / 063
- "通透"的理解从何而来 / 076

第四章 ● **场景与内容　在任何场合都能好好说话** / 079

- 新实用主义语言观 / 085
- 推论游戏 / 087
- 核心玩法——语言游戏中唯一重要的事 / 094
- 进阶攻略——角色、舞台、严肃感与角色紧张 / 109
- 作弊技术——"后理性"技术与"幽默" / 117
- 假如还有更重要的事 / 120

第五章 ● **关于"倾听—回应"的一切** / 125

- 翻转认知，重塑"倾听—回应"观 / 126
- 倾听：一个通用框架 / 133
- 回应：极简回应术 / 140

第六章 ● **一个关于"说话"的整合框架** / 143

- 所有碎片汇流于此 / 144
- 阶段一：刺激-思维阶段（外部刺激-心理表征化阶段）/ 148
- 阶段二：思维-内部言语阶段（心理表征-符号化阶段）/ 150
- 阶段三：内部言语-外部言语阶段（符号-命题化阶段）/ 152

- 理解与表达的三重境：逻辑—结构—系统 / 157

第七章 · **进入世界的练习** / 165

- 练习之道 / 169
- 总结 / 182

第八章 · **逻辑　起点与终点** / 185

- 从真到真，必然地得出 / 186
- 用逻辑笼罩世界 / 189
- 逻辑之外的世界 / 194

第九章 · **演绎　从 AEIO 到 AlphaGo** / 201

- AEIO / 204
- 三段论 / 207
- 命题逻辑与命题演算 / 216
- 会推理的魔法机器 / 225

第十章 · **归纳　经验暗海上的浮木** / 229

- 什么是"归纳" / 235
- 从二元到多元 / 237
- 从直观到实证 / 238
- 从定性到定量 / 242
- 归纳法的尴尬 / 246

第十一章 ● 类比　思维之火与概念之网 / 253

- 无处不在的三种类比 / 255
- 隐喻 / 257
- 爱情如战争，成长是赛跑 / 262
- 原型 / 268
- 理性何以有限且有效 / 271

第十二章 ● 溯因与辩证　能言与善辩 / 275

- 好辩的人 / 277
- 认知的三角循环 / 283
- 否定的融贯 / 287
- 否定性推演（差异化网络的发生原理）/ 291
- 辩证法：黑格尔死而复生 / 297
- 辩证的逆转——bug 动力学 / 301
- 递归与我思 / 305
- 否定否定再否定 / 307

第十三章 ● 总结　无限游戏中的意义之舞 / 317

- 意义 / 318
- 关系 / 321
- 内容 / 323
- 场景与内容 / 327
- 倾听与回应 / 330
- 整合框架以及练习之道 / 332
- 逻辑 / 336

后记 ● 远离那条平庸之路 / 343

前言 | 为什么你必须上这堂"硬核表达课"

这是一本关于沟通与表达的书。为这样的书写前言,也许是天底下最难的事。但如果连作者都没办法说清楚你为什么要看这本书,岂不成了笑话?一本教人沟通表达的书,要是一开篇就与读者沟通失败,确实可笑。

我不想当笑话,也不会当笑话。清晰表达并不难,有很多技巧和工具能让我应对自如。

比如,要想让读者对一个观点感兴趣,愿意往下看,需要使用 SCQA(情景分析法)框架,即背景—冲突—问题—解决框架,正如开篇那几句:

背景(situation):"这是一本关于沟通与表达的书。为这样的书写前言,也许是天底下最难的事。"

冲突(complication)—问题(question):"如果连作者都没办法说清楚你为什么要看这本书,岂不成了笑话?"

解决（answer）："清晰表达并不难，有很多技巧和工具能让我应对自如。"

仅有"兴趣"还不够，还要让读者"信服"。要想让一个人的态度从质疑变为信服，我可以使用图尔敏论证模型。当我论证的主张（claim）是"我做出了一门非常精彩的说话课程"时，图尔敏论证模型可如下图搭建。

```
                          Qualifier 限定
       事实 Data ─────────→ Claim 主张 我做了一门好课
              理据 Warrant   Rebuttal 反驳
                    ↑
              支撑 Backing
```

我首先需要列举**数据**或**事实**："这本书脱胎于我在 B 站（视频弹幕网站）开设的关于说话的课程，上线以来累计播放量已超过百万，也收到了很多好评。"

哲学系研究生表示阿汤的讲解深入浅出，概念清晰，不落俗套，没有一个字的废话！

最近在研究人际沟通主题，相关书籍阅读了二十多本，术多于道，刚好跟你讲的原理层次互补了

汤质的品质越来越棒，这集**全程高能**，有种**层层递进**再包裹起最初的感觉

Up 主（上传者）讲的这个**干货满满**，我已经为说话问题烦恼了好几个月，这个视频太及时了，感谢 🤗🤗🤗🫡🫡🫡

这是**最有实践操作性**的一个系列，在我心里，它封神了！阿汤哥

带着要好好说话的愿望看了《关于说话的一切》，看罢感觉好好说话并不是一切，谢谢你汤质

这期节目我恨不得每句话都做笔记

说到强准备的那一段，我有种看刘谦**魔术教学**的既视感

以前看过一个 Up 主的一篇关于说话的艺术的文章，大概说的是能把事件准确描述出来是一回事，把事件表述得让对方接受又是另外一回事。Up 主从根本处更系统地解释了交流的过程🧐

仅靠事实并不能说明什么,我还要讲出**理据**(warrant),来说明这些事实为何能论证自己的主张,此处的"理据"似乎是不言自明的,因为点击量和美誉度就能反映课程质量。

但这个理据真的足够有说服力吗?按照图尔敏模型的要求,我还需要为这个理据提供支撑(backing)。也就是说,我需要令人信服地回应这个问题:"点击量和美誉度在多大程度上与内容质量相关?"

很多人说服能力不强的症结之一就在于他们忽视了理据自身的脆弱性,忘了为其提供必要的支撑,观众会暗自怀疑:"大家说好就真的好吗?不见得吧。"我必须先于听众提出疑惑,而不是等听众来质疑我。

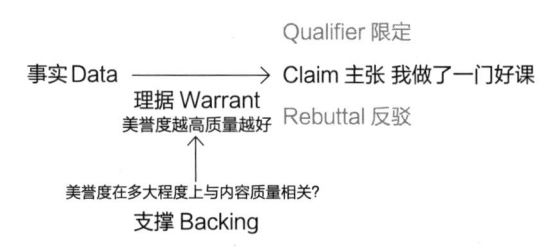

```
                         Qualifier 限定
事实 Data ─────────→ Claim 主张  我做了一门好课
          ↑          Rebuttal 反驳
       理据 Warrant
     美誉度越高质量越好
           ↑
    美誉度在多大程度上与内容质量相关?
       支撑 Backing
```

那么我怎么支撑自己的理据呢?老实说,我无法做出令你信服的支撑,因为我回答不了上文中"……在多大程度上与内容质量相关"的问题。真实情况是,大家都说好的东西不一定适合你,更何况那些说好的人可能只是"水军"。这个东西到底好不好需要你自己来判断,在把这本书买回家之前,不妨先试读两页,谁的推荐都不要轻信。

上面这番说辞,在图尔敏模型中称为**反驳**(rebuttal)和**限定**

（qualifier），即对自己主张的预先反驳和自我限定。在支撑不足的情况下，反驳和限定能在最大程度上提升可信度，它们的出现表明说话人充分地考虑了对方的顾虑和自身的认知局限性，最终审慎地提出了自己的主张。

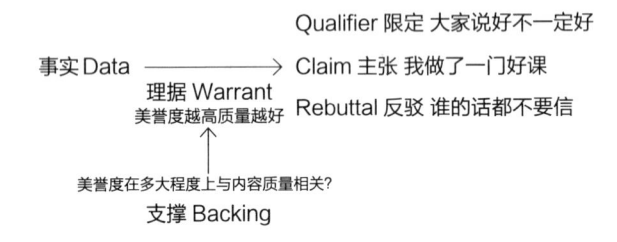

事实 Data ⟶ Claim 主张 我做了一门好课
Qualifier 限定 大家说好不一定好
Rebuttal 反驳 谁的话都不要信
理据 Warrant 美誉度越高质量越好
↑
美誉度在多大程度上与内容质量相关？
支撑 Backing

至此，图尔敏模型的 6 个要素全部齐备了。在上图中，模型图左侧的"事实""理据"和"支撑"能展现你的实力，强化你的主张；模型右侧的"反驳"和"限定"能表达真诚，软化你的主张。没有人愿意被粗暴地说服，因此我们要"软硬兼施"。

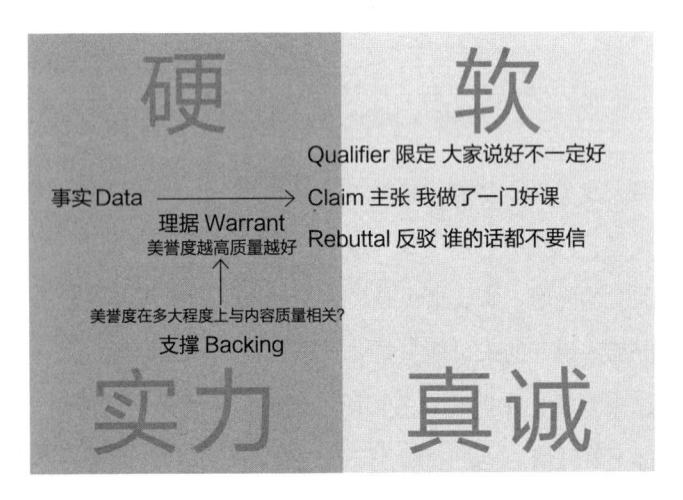

硬　　软
事实 Data ⟶ Claim 主张 我做了一门好课
Qualifier 限定 大家说好不一定好
Rebuttal 反驳 谁的话都不要信
理据 Warrant 美誉度越高质量越好
↑
美誉度在多大程度上与内容质量相关？
支撑 Backing
实力　　真诚

我会在第四章深入拆解这个模型，并通过"数理 B，反限 C"

这个短语来辅助记忆模型中的6个要素。每当你想要说服对方时，都可以用这个模型来规范自己的表达，效果立竿见影。

如你所见，这些技巧和工具都非常好用。而我却要提醒你，它们**都不能**真正地帮助我们掌握说话的要领，技巧人人可学，工具人人可掌握，但它们也许是最没有价值的部分。

这些技巧，在本书的理论框架中只占很小的比重。如下图所示，它属于"结构-命题化"的部分，这个环节决定了我们如何将网状的语料"整编"成线性的语流，让我们知道应该先说什么，后说什么。

可真正的问题在于，你到底想说什么，你有什么值得说的？有洞察力的、启迪人心的观点到底从何而来？要知道，平庸乏味的观点无论如何都不可能组织成发人深省的话语。

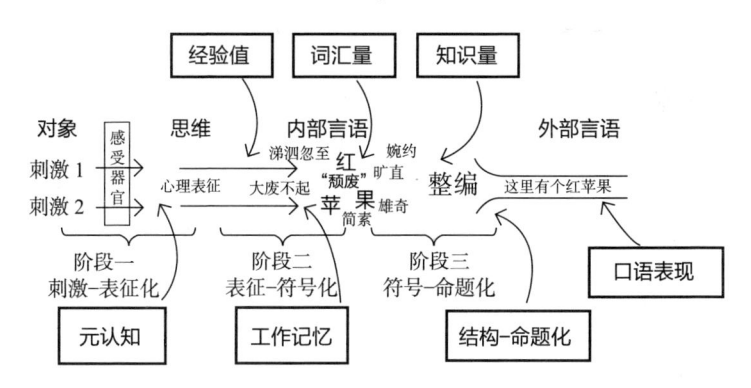

```
                经验值    词汇量    知识量
                  │        │        │
                  ↓        ↓        ↓
 对象   感       思维    内部言语         外部言语
 刺激1  受                涕泗忽至   婉约
        器              红 旷直        整编    这里有个红苹果
 刺激2  官      心理表征 大废不起 颓 雄奇
                        苹 废
                        果 简素
                  │        │        │
                  ↓        ↓        ↓
                阶段一    阶段二    阶段三      口语表现
              刺激-表征化 表征-符号化 符号-命题化
                  │        │        │
                  ↓        ↓        ↓
                元认知    工作记忆    结构-命题化
```

沿着图中的框架往前追溯，你会发现，更具决定性的要素至少有以下几点。

经验值。一切语料都来自经验，拥有好的表达能力的根本前提是说话人对世界拥有足够丰富且细致的感知经验。如果我要和你谈论眼前的一杯茶，我便需要有喝茶的经验。同样是喝茶，有人能区分出清明前后龙井茶的口感差异，有人则只能区分红茶和绿茶。

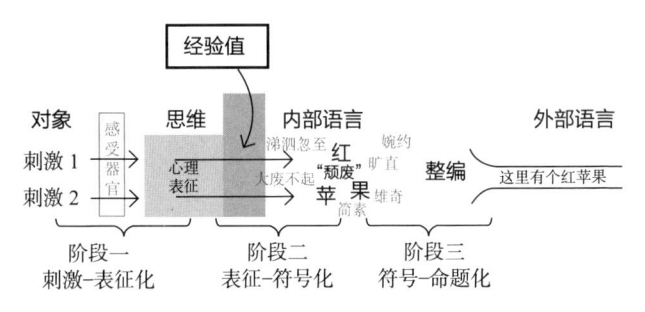

```
                    经验值
                      ↓
   对象      思维    内部语言        外部语言
                         婉约
           心理   涕泗忽至 红  旷直
  刺激1 感  表征  "颓废"  苹  维奇  整编  这里有个红苹果
  刺激2 受         大废不起 果  简素
       器
       官
        阶段一      阶段二        阶段三
       刺激-表征化  表征-符号化   符号-命题化
```

词汇量。仅有丰富的经验还不够，需要有与之匹配的词汇网络。一个领域的专家往往掌握了大量的专有名词，可以用它们来标记经验中的丰富细节。同样是品茶，有人能谈论茶叶的"茶青质量"与"揉捻程度"，而你只能评价好不好喝。

知识量。谈论"茶青质量"和"揉捻程度"，也许能唬住外行，但想要说清楚它们与口感的关系，必须有大量的原理性知识——比如"茶青"越成熟，咖啡碱含量越低；"揉捻"可以让茶叶被卷紧，缩小体积，为炒干成条打好基础……否则，你便无法经受住任何刨根问底的追问，也无法为自己的观点进行辩护，在别人眼中，你不过是一个夸夸其谈的"知道分子"。

有了**经验**、照应经验的**词汇**以及言说原理的**知识**，才可以考虑用何种**结构**组织出你的言谈。以事入理娓娓道来，抑或是开门见山结论先行，差异并不大。

换句话说，你若是真正的专家，自然有无数个角度展开一个话题，从四面八方讨论一个现象。因此我主张：**先有脑才，再谈口才**。一个脑袋空空、胸无点墨的人不可能仅通过学习"口才技巧"便具备优秀的沟通和表达能力。

当然，即便以上要素都齐备了，如果你仍然有点"嘴笨"，那很可能是因为你"短时记忆"容量不够，不能同时在大脑里暂存足够多的语料以待取用。此时，你最好通过反复演练加强记忆。很多流畅自如的言谈，其实是强准备的结果。

下图这个框架能为我们澄清很多盲区，比如我们都认为说清楚一件事情很难，但到底难在哪儿？你会发现，如果一个人很难说清一件事，他可能是下面这6种类型的其中之一：

（1）"无米之炊"型：经验匮乏或是分辨能力不够；

（2）"意无穷词太穷"型：语料匮乏，缺少心理标记；

（3）"知道分子"型：知识量匮乏；

（4）"结构整不明白"型：缺少结构化工具，同时整编能力不足；

（5）"阿尔茨海默"型：工作记忆容量太低；

（6）"嘴里拌蒜"型：口语表现力不足。

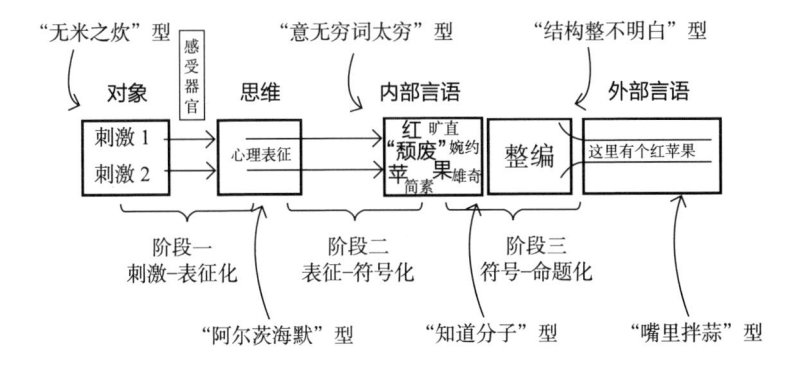

```
"无米之炊"型      "意无穷词太穷"型        "结构整不明白"型
    ↓       感受       ↓                      ↓
  对象  →  器官  →  思维  →  内部言语  →          外部言语
                                    红 旷直
 刺激1 →        → 心理表征 →  "颓废" 婉约 → 整编 → 这里有个红苹果
 刺激2                          苹   维奇
                                果 简素
         阶段一           阶段二           阶段三
       刺激–表征化        表征–符号化       符号–命题化
         ↑                  ↑                ↑
      "阿尔茨海默"型      "知道分子"型      "嘴里拌蒜"型
```

如果你不知道上文这些知识，是说不清楚自己为什么说不清楚一件事的。学过本书的内容之后，或许你还是说不清楚某些复杂的事，毕竟我这门说话的课程并没有魔法，它不过是前面提到的澄清原理的"知识"。

你不能期待仅靠这些知识就能让自己轻松说清楚一切事，这是虚妄的期许，世界上不存在能说清楚一切事的人。但我至少能保证，通过学习这些知识，"如何好好说话""如何清晰表达""如何说服他人""如何倾听与回应"之类的问题，对你来说将不再是含混不清且令人畏惧的课题，它会变得清晰、通透、条理分明。我希望你读完本书后，像拿到了地图的旅者，有了上路冒险的动力与信心。

关于为什么要学习我这堂说话课，不知道我说清楚了吗？

去到硬核中，回到生活里

用时髦的话说，这堂课的竞争力在于它十分"硬核"，这也是大多数学员对这堂课的基本印象。课程结合了语言学、符号学、认知科学以及哲学等领域的硬核知识，对"说话"这项活动进行了系统考察。我们往往低估了语言活动的复杂性，又过分拔高了技巧和工具的价值，必须深入硬核之中，才有可能获得有别于庸俗教条的启发，把握"沟通与表达"的本质。

下面我以"评价"为例，说明语言活动的复杂性。

按照美国语言学家迈克尔·托马塞洛的说法，"评价"是语言的三大功能之一，另外两个是"告知"和"请求"。评价的本质是什么？我们为什么如此喜欢评价周遭的一切人、事、物？

语言学家会告诉你，评价是一种"三角测量"[1]活动，其本质是通过语言，把我和你之外的某个对象设定为参照物，以它为参照，反过来确定我与你的位置与立场，根本目的是明确我们之间的相对关系。

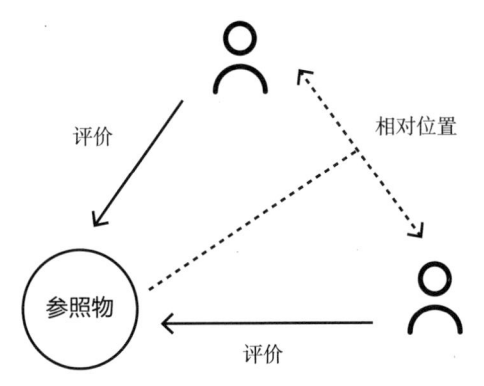

你和我的相对关系，必须经由评价第三方的语言活动来间接明确。意思是，当两人在虚空中赤裸相对时，是无法理解彼此的，此时两人之间哪怕出现一块石头，情况都会不一样。我说它来自天上，你说它来自地下；我说它有某种美感，你说那只是一块普通的石头。我和你之间的任何第三方，当它被评价的时候，便是你我关系被建构的时候。如今这块石头是衣服、包包、某个同事还是某类社会事件，没有本质区别。

一致性的评价会拉近关系，比如"英雄所见略同""士为知己

---

[1] 三角测量模式由美国哲学家、语言学家唐纳德·戴维森提出。

者死"；分歧性的评价则会破坏关系，比如"割袍断义"[1]。评价难免有分歧，但也一定有某种裁决分歧的知识系统，能援引它们的人会因此占据更高的权力位置；无法对事物进行评价的一方，则会因为参照点缺失，无法明确自身与他人的相对位置而丧失权力。言能举人，亦能"废"人。

"市场部小刘真有心机啊！"

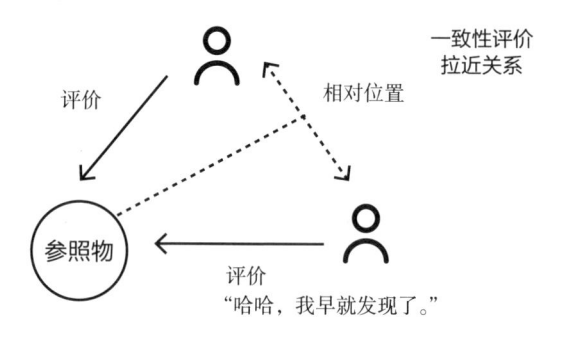

一致性评价
拉近关系

评价 → 参照物 ← 评价
相对位置

"哈哈，我早就发现了。"

"这部电影真精彩！"

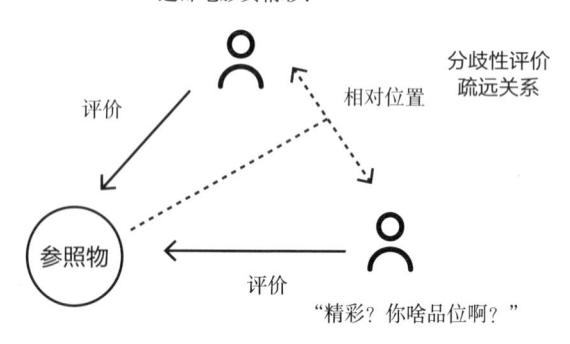

分歧性评价
疏远关系

评价 → 参照物 ← 评价
相对位置

"精彩？你啥品位啊？"

---

[1] 割袍断义的典故源自关于一块石头（金子）的分歧性评价，出自《世说新语·德行》："管宁、华歆共园中锄菜，见地有片金，管挥锄与瓦石不异，华捉而掷去之……宁割席分坐曰：'子非吾友也。'"

"厉害了……"

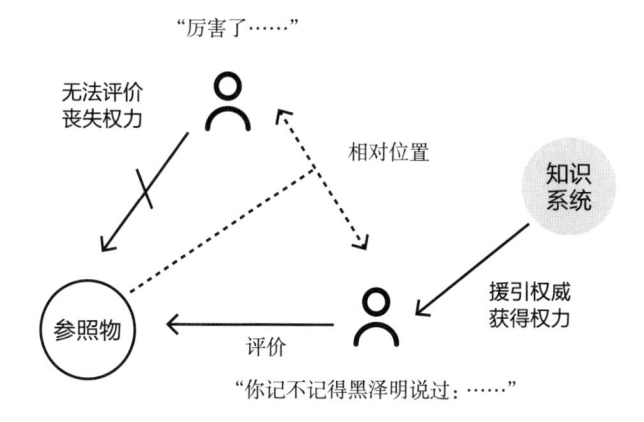

无法评价
丧失权力

相对位置

知识系统

参照物

评价

援引权威
获得权力

"你记不记得黑泽明说过：……"

如此，我们便能理解为什么"知乎"上充斥着各种"如何评价……"的问题，哪怕是十分琐碎无聊之事，也能引来一堆高谈阔论，因为那是个权力场，无数人在那里操弄着三角测量。若真的有人在知乎上问："如何评价知乎上有这么多'如何评价……'"，你可以参考上面这段说辞，这能让你完成一次获得权力的三角测量。

在本书提供的解释框架中，语言活动至少有三重复杂性：

（1）**语言自身的复杂性**，即由符号表意机制导致的复杂性。我们关心的问题是：一个人该如何准确表达自己的思想？这是符号学、语言学要解决的问题，我们需要重新看待"意义"这个概念，我们话语中的"意思"不可避免地在三类意义（意图意义、文本意义和解释意义）之间流变，看似简单的会话交流，本质上却是一场场委婉幽暗的人间游戏。背后更为深层的追问其实是：**语言符号如何能表达意义，心智又是如何理解/误解这些意义的？**

（2）**关系层面的复杂性**，即来自主体间关系的交互复杂性。

我们关心的问题是：一句话何以能打动人心？我们要向沟通心理学和社会心理学寻求智慧，破题的关键是重新理解权力这个概念，把握三种权力关系（优势关系、弱势关系和平等关系）场景下的交往策略。背后更基本的问题是：**语言以何种方式解构/扭曲了我们的人际关系。**

（3）**对象层面的复杂性**，即所言之对象的复杂性。我们关心的问题是：如何说清楚一件复杂的事情？这是由哲学认识论、认知科学以及认知语言学交叉管辖的领地，我们要重新认识"认识"，探寻关于知识的"知识"，并掌握一种特别的提问技巧：针对差异性现象发问。我们真正要回答的问题是：**心智模式是以何种机制来认识世界的，肤浅与深刻的落差体现在哪里？**

结合语言学带来的启示，语言活动可以区分为意义内核、内容侧与关系侧三个维度。说话是使符号产生意义的行为，因此意义维度事关"语言"的本质属性。我们不仅用语言表达，也用语言思考，人是符号动物，符号表意机制在很大程度上规定了我们的生存状态。内容维度侧重说话人对事物本质的认识，追求的是达成深度理解；关系维度侧重说话人与受话人的权力关系，追求的是建立亲和关系。我们之所以费尽心思组织语言，无非是为了在内容一侧"说到点子上"，在关系一侧"说进心坎里"。

基于对三重复杂性的认识，在三个维度上展开探索，我们有望直抵"说话之道"的本质，获得诸多超越常识的深刻洞察。不妨每个维度各举一例。

在**符号表意机制-意义维度**，社会交往中的任何表意信息都

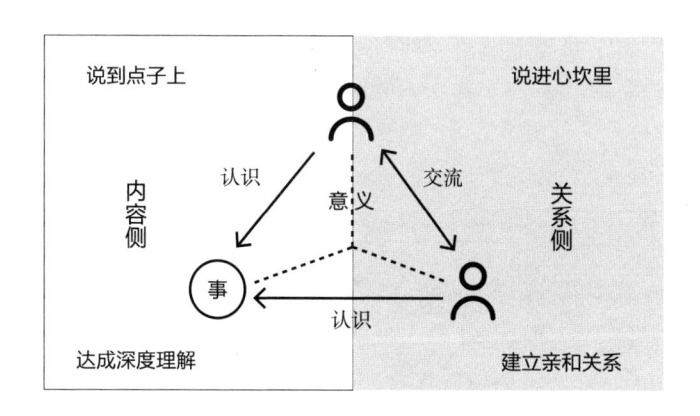

有二重性，一重是主动给予，另一重是被动流露。主动给予的信息是容易被说话人控制的，比如我们见面时，我说"很高兴见到你"；被动流露的信息则很难被控制，比如我在说"很高兴"时，脸上的表情并不显得很高兴。

表意信息的二重性能解释很多现象，比如前文中提到"越刻意为之，越显得笨拙"。刻意会导致一种被动流露，而且我们能意识到这种流露，当意识到自己因刻意表现而显得笨拙时，我们便会想办法补救这种笨拙，但补救本身会导致另一种流露，这种流露恰恰会让我们显得更加刻意，最终使得我们陷入"越刻意越笨拙，越解释越掩饰"的死循环。

给予与流露的二重性还能帮我们重新理解"严肃"这个概念。

严肃性来自一种"伪装"。"伪装"这个行为**流露**出的**意图**是"有些东西我不想让你知道"，装的行为被拆穿总是让人非常尴尬，这种尴尬直接来自"我不想让你知道的东西被你知道了"——我知道你知道我在伪装，因此我感到尴尬与紧张。若要强行否认这种"拆穿",就要制造出一种心理氛围来自欺,这种心理氛围被我们称为"严肃感",一种所有人都知道彼此在装却心照不宣、互不拆穿的安全氛围。

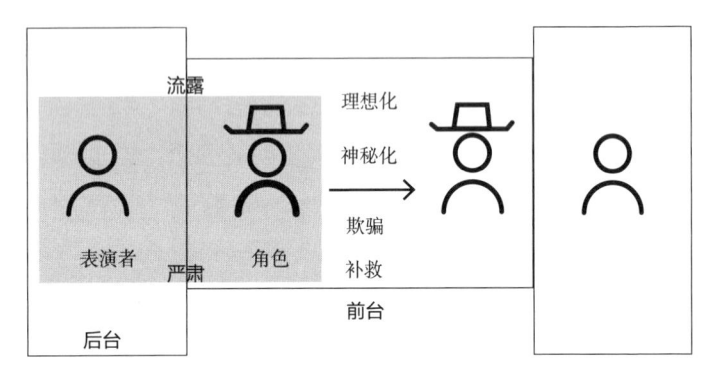

```
                    流露        理想化
                                神秘化
                                           →
       表演者       角色         欺骗
                   严肃         补救
        后台                    前台
```

严肃感是一把"双刃剑",我们需要严肃感来维系关系、推进事务,它也会禁锢、限制我们的思维活跃度,平日思路活络的人,在严肃的场合也会显得紧张笨拙。我们都会遭遇没话找话的尴尬时刻,我一般会用"故意严肃法"来应对:当我觉得自己有必要说些什么,但当时却没思路的时候,我会刻意地将尴尬表现出来,故作难堪之状,用沮丧的口吻说:"呃,容我想一下,想一下怎么说才能让我显得深刻一点。"此招一出,往往有奇效,在化解了尴尬的同时也争取到了思考的时间。最妙的是,即便你随后说出的话仍旧不深刻,你也不会太难堪,因为你已经提前消解了这个话语场域的严肃性,松弛了谈话者之间紧绷的关系张力,这是幽默让我们感到放松和愉悦的根本原因。

幽默感来自对严肃感的戏弄,其本质是"我故意让你知道'有些事情我不想让你知道'"。"伪装"导致严肃紧张,"故意伪装"

却带来幽默活泼。符号表意机制-意义维度的更多知识点，会在本书第一章与第四章展开讨论。

接下来是**主体间互动-关系维度**的启示，关于如何赞美他人并表达真诚。

我们常常以为对他人进行肯定性的赞美能收获他人的好感，但这也是分情况的，对某些经常收到赞美的人（他们恰恰是我们需要花心思建立关系的人）来说，我们需要使用否定性的话语来达成一种带有转折效果的巧妙称赞。

"所有人都羡慕你事业有成、名利双收，其实你最令人羡慕的地方在于，你在做热爱的事的同时，还能帮助到其他人。"

"大家都觉得你工作能力强，其实你最了不起的地方在于敢独立思考，并坚持自己的选择。"

在关系侧，交流会话的本质是一场权力游戏，本书将交往场景区分为优势关系场景、弱势关系场景和平等关系场景，在不同的场景中，交往双方有完全不同的交往预期，针对这些预期，我们需要有完全不同的交往策略。

在权力大于对方的优势关系场景中，赞美是很容易的，弱势的一方常常被忽视，缺少认同感，因此只需一个小小的赞美就能点亮他；相反，在权力小于对方的弱势关系中，你面对的经常是被溢美之词包围的人，他们听惯了各种不走心的吹捧，却总是摆手自谦"哪里，哪里""过奖，过奖"，内心潜台词是："你都夸到**哪里**去了，你捧**过头**了。"在这个意义上，他同样遭到了"忽视"。其实这类人同样有被他人真正看见的欲求，即便他已经获得了明确的优势地位。

我们都希望在交流中给对方留下真诚的印象，这件事并不容易，表达真诚的行为本身就包含一种悖论性：刻意表现真诚反而会让自己看上去很虚伪。比如，在展开一些关键对话时，我们常常会使用一些短语来刻意强调自己的真诚意图。

"我无意冒犯……"

"咱们对事不对人……"

"我没有别的意思，你不要多想……"

……

也许我们一片赤诚，但我们无法突破对方长久以来形成的交往预期：一旦你强调"我无意冒犯""你不要多想"，对方就会条件反射地预感到他即将被冒犯，开始止不住地"多想"。

此时，你不妨"刻意冒犯"："我下面的话肯定会让你不舒服，所以我纠结了半天，但还是得和你说。"

或把"多想"的内容刻意说出来："有件事想和你聊，又担心聊得不好会伤害我们之间的感情，你也知道我是个情商不高的人。"

一旦你反其道而行之，神奇的事情就会出现：你因此表现出了由衷的真诚。

原理仍然在于对交往预期的打破：预期的存在使很多技巧都丧失了它原本的功效，担心别人会不舒服而说出的"真心话"，总是会被理解成一种社交技巧，只有那些会让你自己觉得不舒服的真心话，才是彻底真诚的话语。

这类"把话说进心坎里"的关系侧话题，会在第二章详细论述。

最后是**认知对象-内容维度**，在这个维度中，我们关心的问题是：如何说清楚一件事？

说清楚一件事，本质上无非是用一个叙述逻辑展现事物背后的因果关系。说清楚一件事的难点，并不在于你选择什么叙述逻辑，譬如，结论先行的金字塔结构是公认最简洁高效的结构，但此处更要紧的问题是，**发人深省的结论从哪儿来？**

本书给出的结论听上去并无新意：一切结论都是答案，答案如何写，永远取决于问题怎么问。很多时候，我们想说清楚一件事，却觉得千头万绪无从说起，思路混乱、嘴里拌蒜，归根结底，是没有一个问题在前方牵引导航。下次不妨试试，当你不知道该怎么表达时，停下来自问：我到底想说什么？回答了这个问题，**你也就说清楚了整件事。**

提问也是很有技巧的，好答案只有在好问题的调度之下才能组织起来，好问题必须是具体的，具体的问题必须是面向差异现象的。相比"发人深省的结论从哪儿来"，"A 结论为何比 B 结论更发人深省"是更好的问题；"我到底想说什么"也许能帮你组织出一个不错的表述，但"为什么我能说清楚事件 A，却说不清楚事件 B"却能领你进入表述对象、认知能力与表达能力的魔鬼细节之中。一旦我们结合认知语言学的知识，将心智认识对象-组织语言的过程展开，就会发现我们之所以说不清楚一件事，受到了很多因素的影响，正是这些细致追问引导我们归纳出了上文提到的

"无法清晰表达的 6 种类型"。

我试图向你证明,关于"说话",还有太多知识盲区和常识性的误解等待我们澄清:刻意察言观色非但不能带来掌控感,反而会导致一种紧张感;故意紧张严肃,反而能消除紧张与严肃;刻意冒犯自己,反而能表达善意;不要关心结论怎么写,要关心问题如何问……

这些反"常识"、有道理、能落地的知识与技巧,在书中还有很多。反"常识",反对的是那些庸俗的经验与教导;有道理,道理来自那些穿透了我们的生活,聚焦更普遍规律的硬核学科——哲学、符号学、语言学、认知心理学等;能落地,是指我们能够带着这些见识和领悟,去解决生活中的具体问题。

人人都希望在这个"因言举人,因言废人"的世界中活得更好,"能言善辩"的重要性怎么强调都不为过,但正如沟通分析理论的创始人艾瑞克·伯恩所说:说完"你好"之后说什么,其实是一个深奥的哲学问题。"说话"不是一件简单事,它既是人最基本的生存活动,又是世间最难精通的信息游戏。沟通之难,根本原因在于我们总试图将其简化,试图提炼出一些粗暴的"常识",殊不知正是这些"常识"交织在一起,合力扭曲了我们的沟通观,使沟通实践变成了天底下最困难的事。

这本书里的知识与洞见,一部分来自我的成长经验,更多来自上文中提到的那些充满智慧的知识传统。确切地说,本书来自两者的相遇:几年前,我辞去企业高管的工作,进入了我热爱的人文知识领域,成了一名"靠说话吃饭"的自媒体人,我流连于这些有趣却艰深的课题，创作出了不少广受好评的内容，B 站课程《关于说话的一切》便是闪闪发光的其中之一。希望我能通过本书，带你一起去到硬核的知识中，直面其中的深刻与复杂，再带着澄明的见地，回到生活里。

第一章
意义
无限复杂的语言游戏

我们常常面临这样一种状况：一说话就紧张。于是跑到知乎上问："说话紧张的原因是什么，如何说话才不会紧张？"得到的答案通常是：你对说话的对象不了解，对想要表达的内容不熟悉，所在的场景没有给你安全感……

解决方案一般会归结为"提高熟练度"——通过练习，让内容烂熟于心，让交谈的客场变成主场。一个优秀的销售员在与你碰面之前，可能已经在镜子前把谈话内容演练过很多遍了。罗永浩（也许是中国最会演讲的公众人物之一）曾透露，一场2个小时的演讲，他要准备200个小时以上。

于是我们有了一种印象：说话能力就像肌肉力量一样，是一种可训练的能力，只要练习量充足，你就可以在任何场景中，面对任何对象，谈论任何话题。必须指出的是，这是一种"工具主义＋还原论视角"的粗糙简化版观点，我们把说话这件事想得太片面、太静态、太孤立了。

关于语言活动中伴随的紧张感，有一个更抽象、更具普适性的解释：这种紧张在根本上来自一种"不对称性"，而且这种不对称是永远无法找齐的。你也许有些蒙,不对称?是什么东西不对称?这里有必要援引一些符号学和语言学的知识。

有一个著名的理论,叫符号互动理论[1],专门研究社会互动中的符号互动,代表人物之一欧文·戈夫曼在其著作《日常生活中的自我呈现》中指出,在我们的日常表达中,包含着两类完全不同的符号互动,一类是"给予"的表达,另一类是"流露"的表达。

给予是主动的,而流露是被动的。举例来说,你给朋友做了一道菜。他吃完点头称赞,这是给予;而他的神情却告诉你,并不是真的好吃,这是流露。你向老板汇报方案,他说"还不错"是给予,眉头一皱是流露。我们可以将给予和流露的区别理解为表意信息与生俱来的二重性。

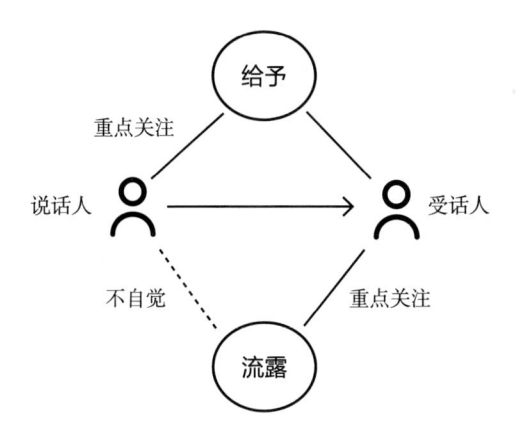

---

[1] 符号互动理论,又称象征性互动理论,是一种主张从人们互动着的个体的日常自然环境去研究人类群体生活的社会学和社会心理学理论,由美国社会学家米德创立,并由他的学生布鲁默于1937年正式提出。

语言符号的反馈怪圈

在符号互动过程中，给予是容易操纵的，流露则不太容易控制。有个成语叫察言观色，观色比察言更能获得有效信息。在符号互动中，信息发送者（说话人）的注意力会更多地放在给予上，而接收者（受话人）则同时关注两者，甚至天然地更关注流露。这就会造成第一重不对称——说话人与受话人之间的信息不对称，受话人明显处于优势地位。

在实际交往中，这种不对称会被迅速拉平，因为"说话人知道受话人知道"。我知道你知道观色重要，我便能利用这一点，**制造虚假流露**。一旦我如此操作（我也一定会如此操作），我们就开启了一场极其复杂的信息游戏，用戈夫曼的话说就是："双方为一种可能的隐匿、发现、虚假显示、再发现的无限循环设置了舞台。"[1]

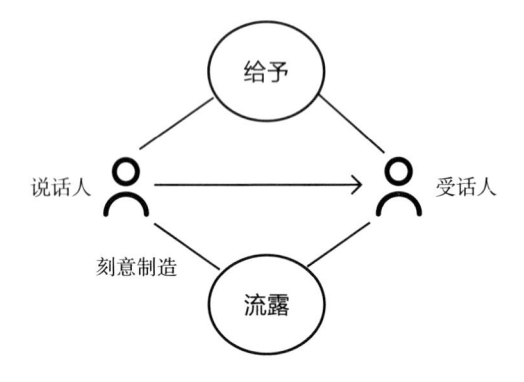

---

1 欧文·戈夫曼.日常生活中的自我呈现[M].冯钢译.北京：北京大学出版社，2008：7.

你知道我知道，我也知道你知道我知道。理论上，这个游戏是无限复杂的，复杂到任何交流都无法展开，一开口，双方便会被卷入一个无尽的猜疑链。但这只是理论上的，大部分时候，我们的交流是高效的，是因为"受话人优势"永远存在——操纵自己虚假流露的难度和代价总是高于识别一个虚假信息的难度和代价。这就使得人们在博弈层面达成了默契。某种意义上我们可以说，正是受话人的永恒优势，使沟通成了可能。

关于语言活动中伴随的紧张感，有一个开脑洞的答案——说话人感到紧张，最根本的原因是他觉察到了自己的永恒劣势。

紧张感的理论模型是这样的：说话人在说话，也意识到了他在流露，更意识到了受话人接收到了他的流露，于是他刻意减少这种流露，减少这种流露的表现成了另一种流露，说话人意识到了这种流露，也意识到了受话人意识到了这种流露，于是他刻意减少这种流露，减少这种流露的表现成了另一种流露，于是他刻意减少这种流露……

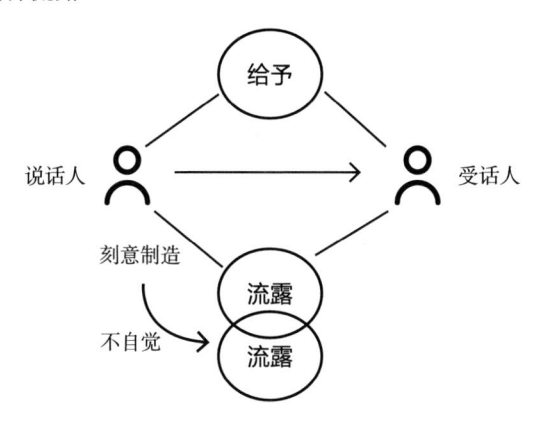

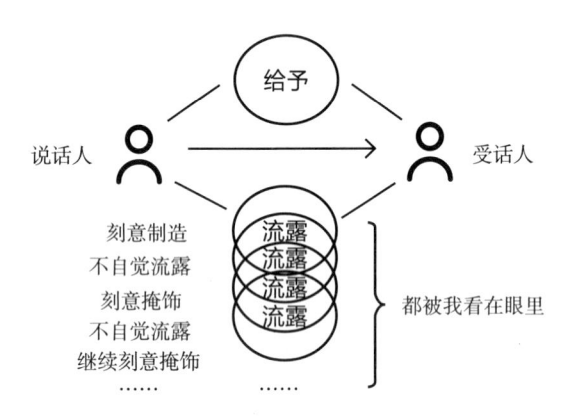

```
         给予
  说话人 ─────→ 受话人
   刻意制造  ┌流露┐
   不自觉流露 │流露│ ┐
   刻意掩饰  │流露│ ├ 都被我看在眼里
   不自觉流露 └流露┘ ┘
   继续刻意掩饰
    ……      ……
```

说话人身为被观察者，感知到了这种令人绝望的永恒劣势，却怎么也逃离不了游戏机制设置的反馈怪圈，他无法用理智澄清这种状况，只能感到持续强化的恐慌和紧张。这显示了一切符号互动的根本性悖论——自我指涉循环。[1]

这个悖论是导致社交活动中诸多紧张现象的根本原因。比如，世俗智慧总是教导我们要察言观色，意在简化交往行为，获得更多掌控感，但结果往往背道而驰：当你观色时，也正在被当成色来观，你意识到你观色的行为被观色，于是刻意减少这种流露，却因此流露出了新的色，被卷入紧张的增强回路……如果一个人在陌生的社交场合过于刻意地察言观色，效果往往适得其反，会把自己观得越来越紧张。从认知神经科学的角度来说，对自身与他人流露的过度关注以及补救行为会激活大脑中的行为抑制系统，

---

1 自我指涉循环是一个极富深意的概念。将两面镜子相对而立，镜像嵌套镜像重叠直至无穷，这便是典型的自我指涉循环。它指一种不断从自身出发，又不断回到自身的现象或机制。现代心灵哲学中有一脉理论认为自我指涉循环机制是产生自我意识的必要条件。建议延伸阅读：侯世达. 我是个怪圈 [M]. 修佳明译. 北京：中信出版社，2019；许煜. 递归与偶然 [M]. 苏子滢译. 上海：华东师范大学出版社，2020.

当该系统被激活时，我们会感到焦虑、局促甚至惊恐，行动的积极性会被削弱。[1]相比之下，内向型性格的人会感受到更强烈的紧张感，因为他们更加敏感于给予与流露的二重性，敏感于这种反馈回路产生的张力，大脑中的行为抑制系统也更加活跃。

我们敏感于这种张力，却缺乏理解它们的知识，最终只能将这种结构性的紧张贬低为说话人的某种熟练度乃至心理素质问题，这种偏狭的归因会导致更多心理问题。殊不知，内向者敏感于复杂，可以是一种优势，而外向者钝感于复杂，也是一个需要补全的短板。若要将其中的诸多庞杂细节探讨清楚，需要我们对语言活动的根本逻辑有更深刻的理解。

说话既是人最基本的生存活动，又是世间最难精通的信息游戏。一个事物，如果同时是最基本和最复杂的，它就会成为派生其他现象的复杂性的源头。这些复杂性充分体现在我们的社会活动、文化习俗、心智模式乃至自我意识之中，而我们极其缺乏专门的知识来处理这种复杂性。

敢于直面这种复杂性，是掌握说话之道的前提。通过阅读前面的内容，你应该注意到了一件事：当我们把这些在潜意识中拧成一团的紧张感在语言世界中掰开揉碎，平铺在思想界面上仔细检视时，你的紧张感就已经消散大半了。"喏，这些东西是绳子，不是蛇。"我把这种现象叫作理论的慰藉效应。

---

1 社会心理学家基斯·范登·博斯在2013年的一项研究中指出过度关心他人的想法会导致行为抑制系统的过度激活，进而影响表现。减少关心他人的想法有助于停用行为抑制系统，进而改善表现。

你很难在汗牛充栋的"如何好好说话"的方法里找到这些慰藉，它们太具体、太工具主义了，比如手把手教你在什么场合该怎么说话，用一套话术让你和任何人都聊得来……哪有这么容易的事？它们停留在技巧和方法层面，回避了最艰深的硬核部分，而那些硬核的学术知识（比如符号互动理论）又因为追求更好理解，不得不进行高度抽象的表达，却反而显得晦涩难懂，一眼望去，读者都不知道其与日常生活有什么关系。本书就是为了解决这个问题而生的，希望你能借由它，先去到硬核中探索，再回到生活里。

你这"话"到底什么意思

说话，无非是一个人从嘴里吐出些语言符号让另一个人听到并理解的活动。人们之所以这样做，是因为有"信息""意思"要传达。这个信息究竟是什么信息，这些意思到底是什么意思，我们暂不细究，姑且用"意义"来指代它们。

说话是使符号产生意义的活动。

问题是，传达不是平滑的，而是受很多因素影响。按照符号学的说法，在传达的过程中，同一个符号会衍生出三种意义，即说话人的"意图意义"、文本自身的"文本意义"、受话人加工出来的"解释意义"。

意图意义 × 文本意义 × 解释意义

👤 ——符号→ 👤

比如下面这则笑话：

学生：老师，你教的都是些"没用的东西"。
老师：我不许你这样说"自己"。

这个笑话揭示了说话的第一重复杂性："意义漂移"。

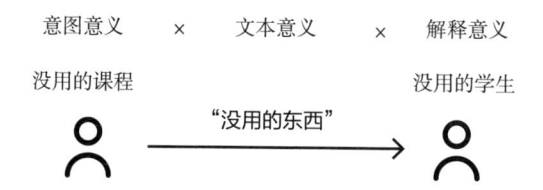

意图意义　　×　　文本意义　　×　　解释意义

没用的课程　　　　　　　　　　　　没用的学生

　　　😊 ——"没用的东西"——> 😊

一个词语的意义常常在意图、文本和解释之间飘忽，学者把这种特性叫作符号的"无限衍义性"。

美国哲学家、语言学家查尔斯·皮尔士将语言符号分为符号文本、对象以及解释项。一个文本符号（比如中文词语"东西"）的意义不是内在的，不存在于某个物理对象之上，只存在于我们对它的解释项之中。

绝对孤立的"没用的东西"一词，是空洞的摆设，是个没用的东西，它的意义只能在句子里通过其他语词符号来间接确认，而其他语词符号的解释意义依然需要其他语词符号来间接解释，无限衍义的"无限"就体现在这里。皮尔士曾为"符号"下过一个悖论性定义："符号就是我们为了了解别的东西才了解的东西。"[1]

1　PEIRCE CS. Collected papers of Charles Sanders Peirce，Vol Ⅱ [M]. Cambridge Mass: Harvard University Press, 1931-1958: 228. 转引自赵毅衡. 符号学：原理与推演 [M]. 南京：南京大学出版社，2016: 101.

有些词语的意义漂移空间很小，比如苹果、电视、中国、财富、生命；有些词语的意义漂移空间极大，比如爱情、意义、价值、东西、精神；更常见的情况是，我们误以为某个词的意思很明确，殊不知其背后有巨大的释义空间，比如何以中国、真正的财富、生命的本质，它们可以作为非常重要的课题来探讨。

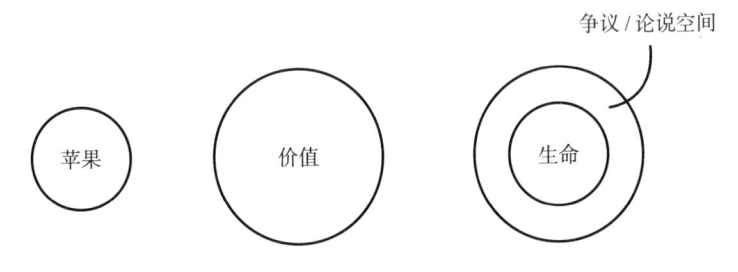

争议/论说空间

苹果　　价值　　生命

符号的无限衍义性使得歧义笑话、学术研究和文学创作成为可能，也使我们的人生陷入荒谬，我们总是在意义飘忽不定的语言游戏中虚掷人生，不断追问着：什么是真正的"爱情"？人生有什么"意义"？

为了克服意义漂移带来的麻烦，在组织句子时，我们会使用下面这类短语来使意图、文本和解释三者强行同一。

我的意思是……
你不要误会我的意思。
我没有别的意思。
说实话……
我真心是这样想的。
这真的是为了你好。
……

在语言学中，这些属于"元沟通话语"，是"关于沟通话语的沟通话语"。有趣的是，结合前面讲过的自我指涉悖论，这些语句一旦出现，情况反而变得更复杂了。

比如，你认为"说实话"是在发出信号表示"请注意，我的意图和文本是同一的"，而"你不要误会我的意思"是在强调"你的解释跑偏了"。

但你要记得，元沟通话语依然是待解释的话语，这些信号也成了待解释的新意图。我们在生活中常常有这样的体会，某人"说实话"的真实意图很可能是"我要开始扯谎了"，"你不要误会我的意思"的意思往往是"你居然猜中了我的一部分小心思"，"我真的是为了你好"则是在说"真的是为了你好，因为你不好这件事影响到我了"。

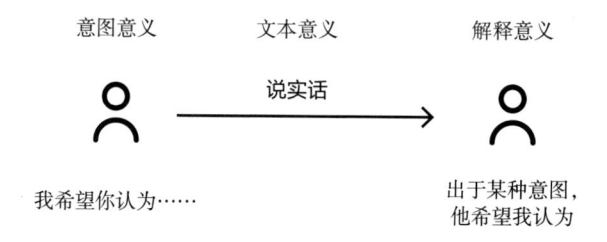

意图意义　　　文本意义　　　解释意义

说实话

我希望你认为……　　　　　　出于某种意图，他希望我认为

我"当真"在和你"开玩笑"

中文世界里有两句话特别能反映人们在无限衍义游戏中的机智表现。一句是："你以为我在和你开玩笑？"另一句是它的镜像反转："你怎么还当真了呢？"

若说话人认为他的意图被过少、过轻地解释了,他会用"你以为我在和你开玩笑吗"来强行纠正解释;若说话人认为他的意图被过多、过重地解释了,他依然能用"你怎么还当真了呢"来找补。你作为受话人,觉得这游戏太难了,于是问:"那你到底什么意思?"

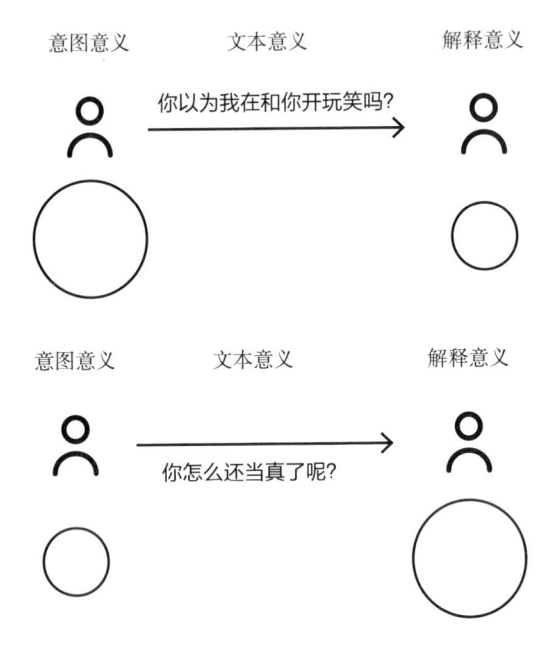

意图意义	文本意义	解释意义
👤	你以为我在和你开玩笑吗? →	👤

意图意义	文本意义	解释意义
👤	你怎么还当真了呢? →	👤

实际情况是,对方既希望你对某些意义当真,又希望你对某些意义一笑置之,这取决于何种情况对他更有利。我们不知道如何才能准确地表达意义,只能在游戏中反复试探、来回摩擦。

为什么人们在和孩子互动时会非常放松?因为孩子总能在常识意义上解释你的意图,该当真的时候,他真的会当真。一个学前期的孩子学着大人模样说出"说实话""你怎么还当真了呢",

你只会觉得非常逗趣，因为他并没有在元沟通的意义上使用这句话，不会使游戏变复杂。不过，随着年龄的增长，他会被迫成为语言游戏的熟练玩家。按照发展心理学的说法，当进入儿童中期（6~12岁），孩子的元语言意识会逐渐成熟，他们会一脸严肃地、在大人的意义上说出"说实话""你怎么还当真了呢"，变成招人烦的"坏小孩"。此时，你就需要更审慎地对他说"我真的是为了你好"这种话了。

明明是对意义漂移导致的复杂性的克服行为，最终却增加了复杂性，"你能不能把话说清楚……"的结果是越来越说不清楚。这是语言游戏的第一重复杂性："**无限衍义下的表意困境**"。

此时你会生出疑问，虽然上述现象的确存在，但我们总有把话说清楚的时候，当时发生了什么？这里我们需要在前文示意图的基础上加入新的元素。

语境—语用—语义

在沟通环境中肯定不只有沟通双方，"背景环境"是先于双方在场的。意义在双向交流过程中不断漂移，环境则提供了某种约束力，试图将意义吸附在特定范围，沟通的媒介、交往场所、双方的认知背景和所处的集体文化形态，都对意义生成有重要的影响，由此，我们引出了"语境"这个概念。

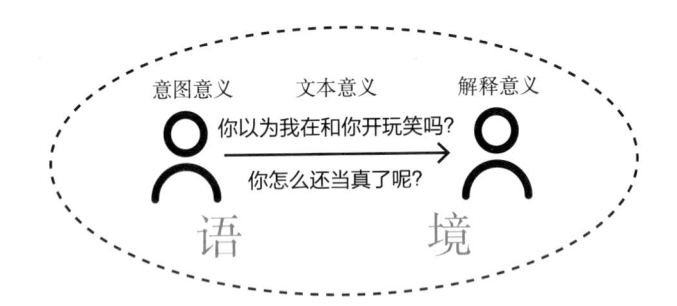

```
        意图意义      文本意义     解释意义
              你以为我在和你开玩笑吗?
              你怎么还当真了呢?

                    语       境
```

符号学家翁贝托·埃科认为,虽然符号有无限衍义特征,但那是一种潜在特性,不必过分追究,日常生活中的表意行为,是一种"封闭漂流"[1]。这个封闭漂流的空间被称为语义场,意义在其中凝结之处,叫作意图定点。在特定语境中,我们开口说话,以达到自己的企图,这些带着企图的话语,则在合适的语境中被解出意义。这正是语言学中语境、语用和语义三要素的基本关系。

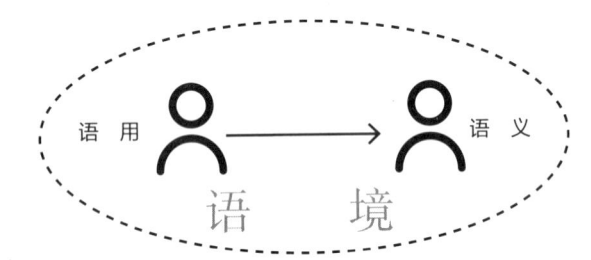

```
     语 用  →  语 义

           语      境
```

在上图中,我们可以发现两条基本线索:

(1) 语境无处不在,但隐而不显;

(2) 语用生成于说话人,语义生成于受话人。

在交往活动中,一个成熟的受话人会执行一个基本理解策略——"根据语境臆测语用,根据语用推断语义"。

---

[1] 赵毅衡. 符号学:原理与推演 [M]. 南京:南京大学出版社,2016: 104.

比如，"你到底想说什么？你能不能把话说清楚？"这两句话只有在被理解为"你到底想干吗？你背后的用意是什么？"时，符号的无限衍义活动才会暂停，沟通才会被推进，这是因为受话人在直接追究说话人的语用。

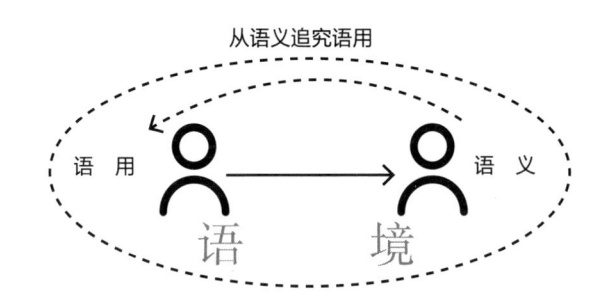

从语义追究语用

语用　　　　　语义

语　境

受话人会进一步追究，思考对方是在何种处境下，基于何种假设/信念产生的这些目的和用意，从而说出这些话。这是在追究语言背后的语境。"当真"与"玩笑"的分寸感往往来自对语境的理解。

不在语义层面纠结，而是关注语用和语境，这个理解思路无论是在对抗性辩论还是助人式沟通中都很常见。在对抗性辩论中，受话人通过这个路径发现并攻击对方的前提假设；在助人式沟通中，受话人通过这个路径揭示对方的限制信念，改变他的固有观点。[1]

那么，我们怎么确保能找准这些假设和信念，从而推断出真正的意图呢？事实上，你经常会找不准。有时差之毫厘，有时谬以千里，"你说的我都懂""我知道你心里怎么想的"可以用来表

---

1 对抗性辩论与助人式沟通的话题将分别在第四章与第五章讨论。

示理解，但也常常是误解甚至是争吵开始的信号。我们觉得争吵和误解属于非理性的无效沟通，其实如果对误解和争吵进行分析，就能更清楚地揭示我们沟通时心智运行的默认模式。

设想这样一个情景，在吃晚餐时，丈夫抱怨了一句"这菜我都吃腻了"，妻子突然愤怒，丈夫一脸困惑。

"怎么为这点小事发这么大的火？"

"我为什么发这么大火？你心里没数吗？"

"我心里有什么数？"

"你以为我不知道你怎么想的吗？"

"我怎么想的？"

"你怎么想的你心里最清楚！你根本不是吃菜吃腻了，你是看我看腻了！不是菜没有新鲜感了，是你对我没有新鲜感了！"

"你又开始了，每次你都能把芝麻粒大的事升级成我们的关系问题，你已经被自己的思维模式困住了！"

……

发现了吗？在这场争吵中，双方充分用到了前面提到的理解策略，穿透了彼此的语言，抵达了背后的意图。

这里我们不关心男方是不是真的没有新鲜感了，也不关心女方是不是真的被自己的思维模式困住了，无论如何，新的冲突语境被建构起来，亲密关系语境被破坏。

不管真实情况怎样，揣度、臆测的话语一旦被说出，怀疑、敌对的语境就不可避免地生成了，**意义的漂流空间会被新语境逐渐锁死，我们一定会朝着特定的方向解释接收到的一切**。此时揣测得准确与否已经不重要了，"真实情况"就在这些交互中实实在在地生成了。

我们总在寻求说话人意图和话语意义的确定性，但很多时候，我们区分不了某个意图、意义是被我们的理解探究出来的，还是在探究过程中被构建起来的。

复杂性魔咒再次出现，这是我想揭示的第二重复杂性："**共构语境下的解义困境**"。

第一重复杂性（无限衍义下的表意困境）是基础性的，反映了语言活动中的表意困难；第二重复杂性是衍生性的，我们试图克服这种表意困难的解义策略反而制造了各种冲突和龃龉。在前一种情况中，意义居无定所；而在后一种情况中，尽管意义有了居所，却是个危楼，被不停地摧毁、重构着。

我们需要一种比语境更具约束力的东西来克服表意与解义的双重困难。在生活中，我们把那些东西称作集体共识。

穹顶之下的符号秩序

我们生活中有很多匪夷所思的现象：当一些西方人身处重要场合时，经常用左手摁着一本精装印刷物，嘴里念念有词；我们常常围着一个圆形的家具，端着一杯酒，相互流露真情；我们东边的老邻居日本人，则喜欢边说话边加入大量头部、腰部动作来补充强调他们的意图。

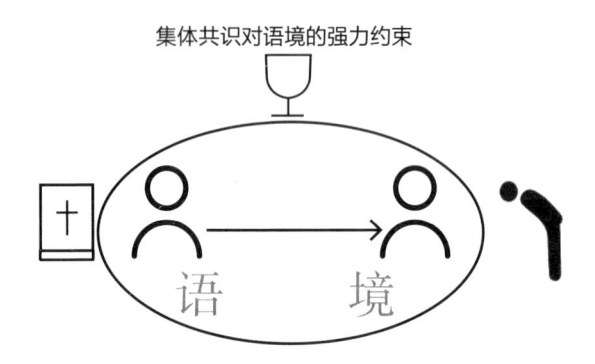

集体共识对语境的强力约束

中国人喜欢在酒桌上谈生意，是因为关于酒文化的共识能强有力地规定我们的语境，约束表意与解义的衍变空间："酒后吐真言"（要说的话）都在酒里了""酒品如人品，酒量即度量"……复杂的交流确实被这些集体共识简化了，但是，我们要一再重复以下辩证逻辑：硬币的另一面是，语言活动也因此被搞得更复杂了。

比如，在不认同酒文化的年轻人眼中，劝酒的文化蠢到不可理解。不妨演绎一段代际争论，说明这里面的弯弯绕绕。

刚刚接受了我观点的一个儿子对父亲说："你们这些老家伙搞出来的饭局文化真是蠢到家了，以为饭局能让人从假装流露的虚伪状态进入真实流露的状态？不过是从假装流露进入了一种更精致的假装流露而已，那些酒过三巡有真言要吐的叔叔伯伯，其实是在追求一种忘了自己在说谎的状态而已。你们成年人的真诚，根本是一种双重虚伪。"

这番说辞揭示出，在同一文化中的顺畅沟通，是以在不同文化间建立壁垒为代价的。"老家伙"们当然能用同样的逻辑来攻击年青一代社交文化中的虚伪性，但更关键的问题是：存在一种摒除了一切集体共识、绝对真诚的交往状态吗？"**文化间的理解鸿沟**"是我们在沟通中要面对的第三重复杂性。

我们的相互理解，总是一个大误解之下的小理解、一个整体误解之中的局部理解。我们需要通过共识结成集体，但使我们结成集体的那个共识本身是经不起推敲的。忘却规范与共识的存在，我们才能自在地缔结关系，刻意去追究共识的合理性，反而会破坏关系。

"知道为什么咱爷俩关系越来越差了吗？"老爷子反驳，"就是因为你总在我面前做这种自以为高明的理性分析，我倒想反问，你说这些的背后意图是什么？是为了说清楚一个道理，还是为了说明你比我强？请你用年轻人的'真诚'回答我这个问题。"

父亲的发言似乎占理，我请你特别注意父亲发言中的"指向人际关系的话语"，以及话语背后权力流动的声响，这是我们理解沟通的一把金钥匙，下文会提到。

前面的讨论，看似层层递进，但本质上是同一逻辑的重复展开：符号特性导致交流障碍，对障碍克服失败迫使我们建构新规则，新的交流规则却进一步导致交流障碍，迫使我们构建集体规范……复杂性层层叠加。这就是无限游戏的特征，规则动态生成，边界无限延展，克服规则的行为本身制造新的规则，对边界的试探导致新的边界出现。

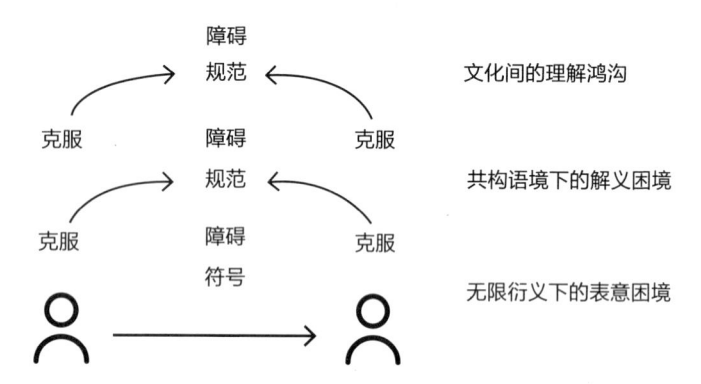

```
                    障碍
                 →  规范  ←              文化间的理解鸿沟
         克服    障碍    克服
                    规范
                 →       ←              共构语境下的解义困境
         克服    障碍    克服
                    符号
                 →                       无限衍义下的表意困境
```

读到这儿，可能你有点绝望了，先是符号层面的意义漂移，再是话语层面的语境不可控，最后到文化层面也不可通约，本来还能好好说话，现在彻底不会了，费了半天劲，得到一个如此复杂、阴暗甚至消极的沟通观，说好的理论慰藉呢？

慰藉在于，这样的沟通观能为我们破除那些完美沟通的神话——认为有人能在所有场合都说出合适的话来，能和所有人都聊得来，三言两语便可打动人心，掌握了这些技能的人能收获幸福的生活……抱着这些期待去理解说话、学习说话，常常使我们感到挫败。

如果能够破除它，我们就能还原各种神话的本来面目，比如"张嘴就来"神话。

你我都有这样的经验：在某个场合，某君说起某个观点来头头是道，旁征博引，对听众的疑问对答如流，条理清晰，听众纷纷拜服，我们用"张嘴就来"形容这种语言奇观。殊不知很多时候，这是避免交流的结果，我称之为基于充足准备的自说自话。之所以旁征博引，是因为烂熟于心；之所以对答如流，是因为

"都在射程内"。

你没看错。为了达到"真正的"交流目标,我们可能需要减少"实际的"交流行为。

那些精彩的演讲、辩论、脱口秀乃至饭局上的神奇表现,都是强准备的结果,但语言活动非常容易给人造成一种"即时性错觉",我们倾向于将这些强准备的表演误认为高天赋的即兴能力,说话人本人当然不介意给听众造成这种误会,大众传媒甚至亦致力于构建这种文化景观。如此,各种关于说话与表达的神话就诞生了。

当真给这些神话主角一个完全开放的命题和自由交流的氛围时,奇观往往很难复现,反倒是很容易出现另一语境中的"张嘴就来"——东拉西扯、信口胡诌。这种时候,"狡猾的说话人"会想办法让话题进入他的优势射程范围,"高明的说话人"会开始有策略地倾听,巧妙地提问,以完成各自的游戏目标。

沟通的根本动机与终极目标

到这里,我们才引出了本章最根本的问题——我们玩语言游戏的根本动机和终极目的到底是什么?难道是传递某个讯息吗?人与机器、机器与机器之间的符号互动是信息来往,人与人之间的符号互动才能成为语言游戏。驱动我们玩这个游戏的,绝不是什么讯息的传递,而是对**关系**的构建。个别时候,我们希望这种关系是平等的,但多数时候,我们希望它是有利于自己生存的**差**

序关系，这种差序关系背后，是欲望的实现和权力的流动。

如果想要破除前面讲到的三重复杂性，我们必须回到最初的逻辑起点，并在一个更基本的层次上重新发问。

人，作为一个主体存在于世间，最原初的欲望是什么？当然是"成为主体"，而成为主体的唯一途径就是与另一个主体建立关系，让其成为你的对象，毕竟主体是相对于对象存在的。法国哲学家让-保罗·萨特认为，两人相互注视的过程就是彼此争夺主体性的过程，我通过注视你，把你变成对象，你通过注视我，把我变成对象，因此人与人的关系总是存在着相互争夺主体性的欲望张力。

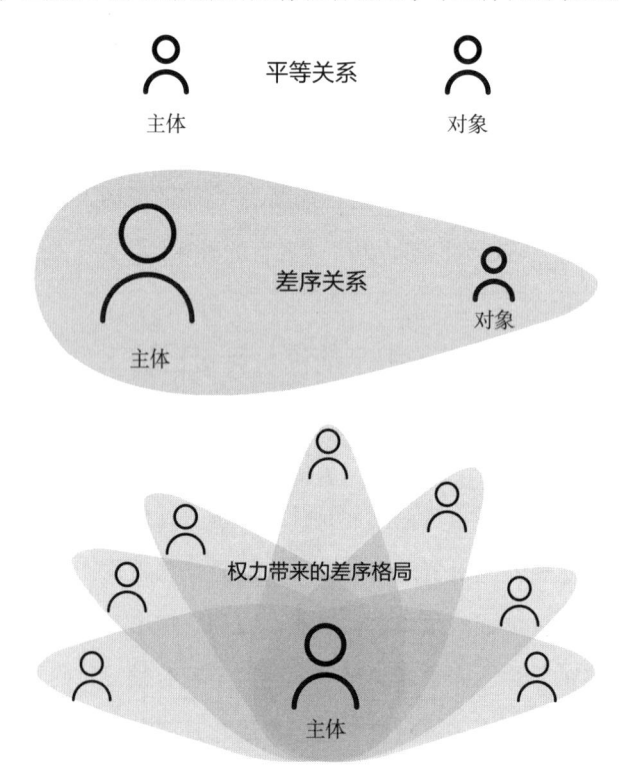

平等关系
主体　　　　　　对象

差序关系
主体　　　　　　对象

权力带来的差序格局
主体

有一种东西可以打破这种充满张力的平衡，制造一种明确的不对称性，使主体获得承认。在这种不对称性中，张力被释放或抑制，关系趋于稳定，更多的关系得以建立，这种神奇的东西后来被人们命名为"权力"。

英国社会学家安东尼·吉登斯认为，权力的运用是所有行动的普遍特征，权力反映出行动者之间的自主与依附关系。法国哲学家米歇尔·福柯则将权力看成一种关系策略，他说："权力的施展不仅仅构成伙伴之间、个体之间和集体之间的关系，它还是一些行为作用于另一些行为的方式。权力通过一种类似网络的组织被使用和被实行。并且，个人不仅在权力的脉络之间流转，而且永远处于这样一种位置，既体验着权力的支配，同时又实施着权力。"[1]

权力有点像是心理世界的基本作用力，它广泛存在于人类的意义活动之中，支持着意义世界的运行。

我们需要关系，并且需要运用权力来维系关系，这是我们展开语言活动的原初动力，我们必须非常坦诚地面对这个事实，才能发现"最基本的生存活动"和"最复杂的信息游戏"之间的深刻关联。

脱口秀节目《奇葩说》团队的作品《好好说话》为我们展示了一个五维话术的模型，说明了语言游戏中的权力流动规律，很有启示意义。

---

[1] 王树生.权力的迷宫：埃利亚斯、布迪厄与福柯的比较研究[M].北京：中国社会科学出版社，2014: 266.

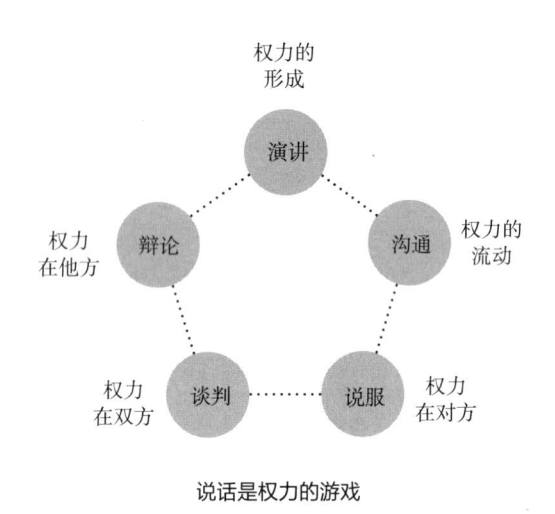

```
              权力的
              形成
               ●
              演讲
         ╱         ╲
       辩论 ········· 沟通   权力的
权力              流动
在他方    ╲         ╱
        谈判 ······· 说服
权力                    权力
在双方                  在对方
```

说话是权力的游戏

演讲——权力的形成（吸引、聚焦与引导）
沟通——权力的流动（避免冲撞与协调转向）
说服——权力在对方（无权的一方要改变有权的一方）
谈判——权力在双方（双方要合作，才能解决问题）
辩论——权力在他方（双方无权决定胜负，通常由中立第三方裁决）

前文中那个"狡猾的说话人"，他的目标是通过语言活动来形成某种权力认同，使自己获得主体自觉；而那个"高明的说话人"，则是希望通过巧妙的提问，让对方形成权力的活动得以展开，使对方获得主体自觉。

只有在这一层理解中，他才会提出巧妙的问题，比如那个几乎被所有沟通类教学书籍推荐过的黄金马屁问句："您是如何取得今天的成就的？"当然，这个问题已经成了陈词滥调，现在流行的是它的"反转版本"："你最难的时候想过放弃吗？当时是怎么熬过来的？"

我们在前文反复提到的语言活动的复杂性，在权力运行的框架下会被降维，变得清晰。权力活动和语言活动相互纠缠的终极产物——"集体共识"，我们可以用一个更具指向性的名词来指代它：意识形态。

所谓意识形态，就是服务于权力的意义。[1]

权力既是展开语言活动的原动力，也是终止语言活动的制动力——"运用权力"才是对意义漂移和语境不可控的终极克服，权力能凭空构建出一个话语情境，来强制扭转我们对意义的解释，使其服务于权力所有者的欲望。一言蔽之，**说话是使语言符号产生意义的活动，但一句言语到底有什么意义，取决于谁拥有最终解释权**。解释的权力能终止意义在玩笑与当真之间的摇摆，调停所有分歧语境下的争论，让集体共识中看似荒诞的行为变得合理，基本的生存活动与复杂的信息游戏之间的纽结点就在于此。

在权力关系的视野下回顾本章内容，会收获一种通透感。

比如，说话的场景类型往往是错位叠加的。如果我们和某人沟通采用的方式，是进行充足准备的自说自话，那么这本质上是打着沟通幌子的演讲，我们在向他人昭示权力的归属。

我们之所以认为前面那位父亲更占理，是因为我们在辩论的框架下进行了第三方评价，他提及了语言活动的关系—权力属性，

---

1 英国社会学家约翰·B.汤普森在他的著作《意识形态与现代文化》里写道："意识形态的概念可以用来指特殊情况下意义服务于建立并支持系统地不对称的权力关系的方式——这种权力关系我称之为'统治关系'。就广义而言，意识形态就是服务于权力的意义。"约翰·B.汤普森.意识形态与现代文化[M].高铦等译.南京：译林出版社，2013：7.

抽掉了儿子话语中虚假的理性根基。如果回到沟通的框架下，这位父亲则因为争夺主体性而制造了一次破坏关系的谈话，赢了道理，输了关系，那是一次成功的辩论，也是一次失败的沟通。

直接谈及权力关系是非常危险的，这将直接取消语言游戏的暧昧性，赤裸裸地暴露背后的权力结构。虚掩这种结构，使其在一种心照不宣的氛围中静默运行，正是人们参与语言游戏的首要目标。运用之妙，尽在"当真"和"玩笑"之间。

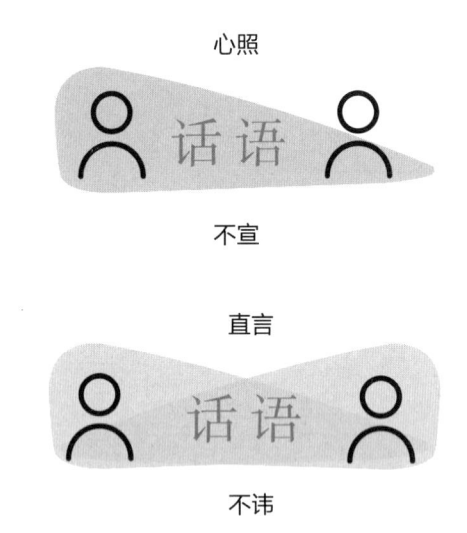

心照

话语

不宣

直言

话语

不讳

那位暴怒的妻子，直接扯掉虚掩在不对等关系之上的暧昧话语（"菜吃腻了"），将她理解中的深层关系暴露出来，本质上试图摆脱话语干扰的暴力夺权行为。问题是，当暧昧性被取消之后，维持关系的空洞符号——"爱情"，这个本就没有所指对象的漂浮之物，也因此失去了衍生"意义"的空间。

第二章

关系
你不是嘴笨，是心钝

在前言中，我提到了语言的三大功能——评价、告知和请求，并论证了评价本质上是一种三角测量——通过评价第三方来明确你与对方的相对关系。结合三角测量带来的启发，我们要为上一章的模型引入"事"的维度。"事"可以泛指一切可以被双方共同认识的对象。虽然事儿就是这么个事儿，但你有你的意思，我有我的意思，如此一来，交流就不可避免地发生了。这样，我们能为语言活动分出两个维度，"人与人"一侧属于权力关系维度，"人与事"一侧属于内容维度。

我们更关心内容侧，如何向他人说清楚一件事，似乎是一个如何组织语言的问题，一个机械的结构工程学问题，有很多规范、公式和套路，易上手，好操作。等到学完这些套路和公式后才发现，我们无法仅凭沟通公式说清楚一件事，或者即便说清楚了一件事，也无法达成沟通的目的。

因为我们总是在权力关系中言说，作为孩子、作为学生、作为员工言说。我们能领会一句话背后的深意，并不是因为我们有逻辑、懂语法，而是因为我们作为主体，天然敏感于与对象的关系。如果你对关系侧不闻不问，只关心如何在内容层面组织出一个得体的评价、请求或告知的话语，无疑是舍本逐末了。

在内容侧，沟通的目标是让他人对一件事达成深刻理解；在关系侧，则是与他人建立亲和关系。最理想的情况，是同时达到两个目标，所谓"既说到点子上，又说进心坎里"。

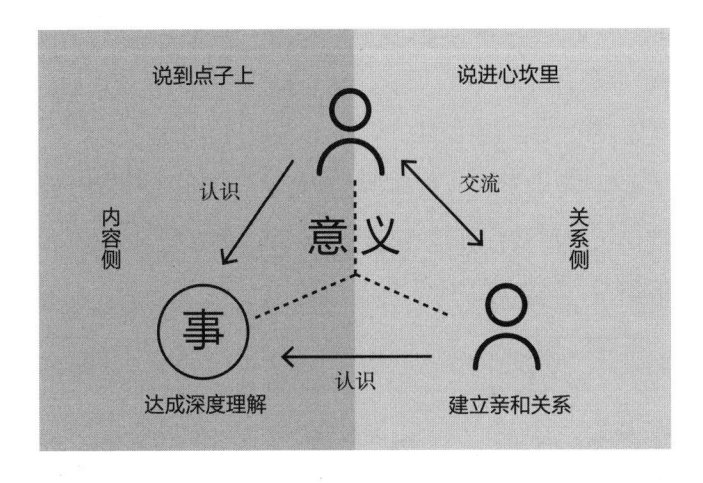

说到点子上　　说进心坎里
认识　意义　交流
内容侧　　　　关系侧
事
认识
达成深度理解　　建立亲和关系

上一章提到的"运用权力，建立关系"是语言活动动机背后的动机、目的背后的目的。如果忽视它们，人类的语言游戏就会呈现出难以理解的复杂性；反之，一旦重视，语言活动便会呈现出某种简单的规律。

打破预期，顺应张力

关系侧的目标是"通过语言与他人建立亲和关系"，因此我们的基本问题可以转化为：**为什么有些语言能创造与他人的亲和**

关系，其根本原理是什么？——为什么有些话就能说到别人的心坎里？

答案是，这些话通过某种"特别的方式"，制造了一种**深层次的相互尊重**。

尊重是社会动物的一种交往姿态，具体来说，是一种承认对方权力存在的姿态，而这种特别的方式，可以归纳为八个字：**打破预期，顺应张力**。既打破了特定权力结构下的交往预期，又顺应了特定权力结构制造的欲望张力。"特定权力结构"、"交往预期"以及"欲望张力"这三个名词要重点关注，下面逐一解释。

特定权力结构：所有的交往场景背后都有特定的权力结构，在微观层面，我们可以将其分成三类：优势权力场景、弱势权力场景、平等权力场景。

优势权力场景　　弱势权力场景　　平等权力场景

我们参与这些特定场景，总是带着各自的欲望张力，那是主体想要实现自身主体认同的一种心理驱动力。

优势权力场景　　弱势权力场景　　平等权力场景

我们对交往场景中的权力结构是非常敏感的。在成长过程中，我们逐渐习得了各类权力场景下的交往规范，具备了所谓的交往预期。

交往预期，指的是交往双方基于对权力关系与欲望张力的觉察，对即将发生的交往活动持有的**预判、期许和成见**。

如果没有这些预期，交往活动将复杂得令人难以理解，双方必然带着各自的预期入场展开沟通，也正是这些预期和成见，把我们搞得灰头土脸。接下来，我会通过具体案例说明什么是"打破预期，顺应张力"，以及它如何以一种特别的方式制造出深层次的相互尊重。

优势关系

先看看最简单的优势权力场景。

这个例子来自美国前总统克林顿。一次他接受杨澜的采访，对克林顿来说，这是典型的优势权力场景，他人的尊重被权力结构锁死，并不用刻意谋划什么，但他通过一个举动收获了所有人发自内心的好感。杨澜写道："《杨澜访谈录》已经采访了不少国际政要，但是从来没有一个人像克林顿这样，一进房间就和每一个人握手的，我是指每一个人。从摄像师到小助理，一一握手，并询问对方的名字，而且握手的时候还看着对方的眼睛，搞得好几位小伙伴都不好意思了。明知道他也不可能记住这么多人的名字，但大家都感到被尊重。"[1]

---

[1] 杨澜. 提问 [M]. 杭州：浙江文艺出版社，2020：50.

即便是在极端不对称的权力结构中,弱势者也依然有实现主体自觉的欲望,但这种欲望张力被环境结构性地抑制了——在所有人心照不宣的交往预期中,弱势者不得不把自我压缩成一个工具人,安置于场景之中,伴随着持续的紧张。

克林顿**居然**向所有人一一问好。事后看,这是极具智慧的交往技巧,每个有权者都应效仿,它有巨大威力的原因恰恰在于——在所有人的预期中,他**不应该**这么干。若只是彬彬有礼地向大家挥手问好,表现得再谦逊,都绝不会有克林顿那种效果,因为那是预期之中的事。一旦打破那种预期,之前结构性的抑制力得以解除,张力将得到释放,环境中个体的紧张感会被消除,安全感油然而生。

这个片段极好地说明了权力结构、欲望张力与交往预期三者之间的关系,教科书般地展现了什么是"打破预期,顺应张力"。

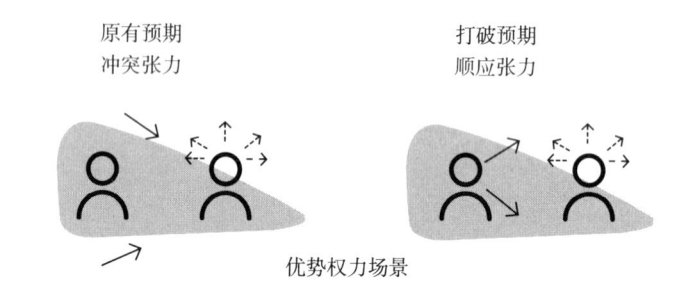

原有预期　　　　　　　打破预期
冲突张力　　　　　　　顺应张力

优势权力场景

你一定会说,优势权力关系是天然容易处理的,这套逻辑在弱势权力和对等权力关系中仍然适用吗?

当然。

弱势关系

我们来看一个弱势权力关系的例子。

罗振宇老师曾说过一个故事,有次他去采访当时因《品三国》而红极一时的易中天教授,那时他还是个不知名的编导,但在私下见面时,他只用一句话就打动了易中天:"我几乎读了您所有的书,我觉得《艰难的一跃》才最有价值,绝不是《品三国》可比的。"

易中天当即站起来,同他握手:"小伙子,你懂我,这的确是我最重要的一本书。"

我们要问:优势方所持的交往预期是什么?是接收来自弱势方的吹捧话语。那些吹捧与赞美,无论多精致、多动听,总是会被还原为虚伪的马屁,刺激他以同样虚伪的谦辞来回应,"大佬"与"普通人"的互动总是这么单调枯燥,落入俗套。

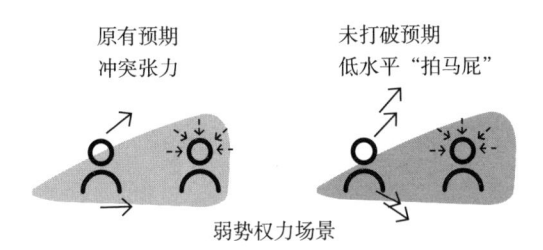

原有预期 未打破预期
冲突张力 低水平"拍马屁"

弱势权力场景

"所有人都认为你的'成就 A'了不起,其实你真正让人佩服的地方在被人忽视的'成就 B'",这是面向权力者的**黄金赞美句式**。因为前半句破坏了原有预期,后半句释放了被抑制的欲望张力。

关键的问题来了——权力者也有被抑制的欲望吗?他的欲望

难道不是获得更多权力吗？这是一种庸俗的看法。权力者真正的欲望是：希望他已拥有的权力被其他人真诚地、具体地、准确地"看见"，并"说出"。正是缺失了这些具体、准确的看见和说出，他才被迫寻求更多权力，以获得更多泛泛的认同来作为补偿。但他心里比谁都清楚，这种认同是极其廉价的。

我们越是盲目地喂养，他越是贪婪地索取，最终陷入一种愚蠢的回路，**这个回路让无权者越发谄媚，有权者越发匮乏，持续经历着一种异化的病态快感**。一旦有人阻断这个回路，真正的疗愈就出现了，就像易教授的反应：原来有人懂我！

这是弱势关系中的"打破预期，顺应张力"。

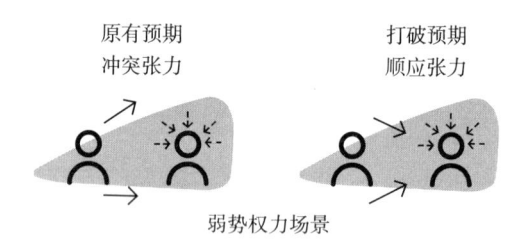

原有预期	打破预期
冲突张力	顺应张力

弱势权力场景

发现规律了吗？弱势者和优势者的欲望张力都来自社会关系带来的结构性抑制，区别在于：前者体验到的是挤压与忽视，后者感受到的是肿胀与盲目。这导致我们对交往活动产生了各种类型化的预期，这些预期既给了我们安全感，也让我们的心变得僵固。你进入我的世界，开口说话，一旦符合了这种预期，马上会**沦为我心理剧场中的群演，毫无存在感可言**；而一旦打破它，我的注意力马上便会被你吸引，闭合的心绪也会因此敞开，因为在此之前，"我"并不在场，只有一具"化身"在执行脚本而已。

我们需要重新理解很多概念，比如赞美。

沟通教材往往把赞美技巧奉为圭臬，说"俘获人心最有效的方法就是不断地去赞美他人"，这句话的现实版本却是"暴露你虚伪的最有效方法就是不断地赞美他人"，或"俘获虚伪之人的最有效方法就是不断地去赞美他"。

在优势关系中，再小的赞美都有奖赏效果，但这种奖赏不来自赞美的话语，而是来自弱势者得到优势权力认同后获得的心理补偿，是一种被整个世界看见并承认的感觉；在弱势关系中，赞美的话语往往会被下意识地过滤为吹捧，在那种预期中，努力讨好的你恰好落了俗套。

概言之，对于有实无名者、弱势者，随便一夸就有用，而对于名大于实的优势者，要犀利地指出他真正"有东西"的地方。

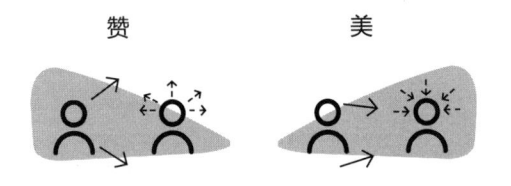

赞　　　　　美

还有一种特殊情况，我们既明白赞美的价值，也清楚对方值得夸赞的优点，甚至连赞美的句子都造好了，但"就是开不了口让他知道，就是那么简单几句我办不到"，我们觉得夸奖他人，就是变相地贬低自己——糟糕，这是心胸狭窄的感觉。

接下来，我将探讨最微妙、最暧昧、最让人纠结的平等关系。

平等关系,他人即地狱

萨特有句世人皆知的名言:"他人即地狱。"这里的他人,即是平权的他人;这里的地狱,即是权力均衡的主体相互注视的交往场所。

"他人即地狱"出自萨特的剧作《禁闭》,说的是三个负罪的鬼魂来到地狱,却发现地狱居然只是个没锁门的普通房间,并没有想象中的烈焰、硫酸、刑具和恶鬼。在房间中,三个鬼魂开始交谈,他们一边试图隐瞒自己生前犯下的罪行,一边用犀利的目光审视他人。但他们发现,加诸他人的目光最终总被自身承受,持续的相互欺骗、注视、猜疑,又一次次还施彼身,让房间里的每个人都备受折磨。最后三人终于明白了,原来不需要烈焰、硫酸、刑具和恶鬼,**他人在场,就是地狱。**

"在你们的印象中,地狱里该有硫酸,有熊熊的火堆,有用来烙人的铁条啊!真是天大的笑话!用不着火堆、铁条,他人即是地狱!"

我在前面的内容中谈到,成为主体的基本条件是把别人当成对象,主体必须相对于对象存在。萨特曾说憎恨的本质是"承认了他人的自由",我们不会去憎恨一个杯子,只因杯子是自在之物,没有自由可言,永远乖乖地躺在那里,甘当你的对象。人却是自为的动物,自己创造,自己成为,因而是自由的。一旦你承认他人是自由的,可以做任何事,成为任何人,你就无法再把他当成单纯的对象,对方的主体性会因此彰显。你在他眼中,同样是对象,你与他互为主体,又互为对象,你的主体性因此遭到挑战,导致了关系的紧张。

在这个意义上,"羡慕嫉妒恨"绝不是一句俏皮话,它恰好揭示了主体感知到与不同对象的权力落差之后心态变化的规律:你羡慕的人,自由度往往远大于你;你嫉妒的人,略压你一头;你恨的人,是有资格和你争夺主体性的人——暗流涌动的平等关系是最不稳定、最容易出现冲突的关系。

但我们终归要走入地狱与他们交往,与羡慕嫉妒恨共存。为了应对这种局面,人们逐渐发展出了我称之为"策略性友善,无意识冒犯"的交往模式。具体表现形式是:话语层面在关照他人,意义层面却在表现自己。

"你孩子成绩怎么样呀?"

"就那样吧,你们家的呢?"

"我儿子成绩一直挺好的,从来不让我操心。"

当说话人在践行策略性友善时,虽然话语的文本意义是关照他人,但意图意义是表现自我。成熟的解释者对这个模式心知肚明,有稳定的预期,所以解释意义总是能回到"呵,这家伙在表现自我"中,前段时间流行的"凡尔赛文学"就是对这种现象的戏谑调侃。

凡尔赛式对话导致的"无意识冒犯"体现在,这种迂回包抄的自我表现,伤害了他人的自尊,这种冒犯是一种"无意的有意为之"。

这让"无意冒犯"本身成了一个奇特的短语。当它作为补救措施出现的时候,往往是某种"有意"被捕捉到了:"对不起,我本无意冒犯。"而当它作为预防措施出现的时候,后面紧跟着的句子往往会被强调解释为冒犯:"无意冒犯,但有些话我不得不说……"

"我无意冒犯,但你这次的方案真的有很多问题",这句话中的"这次的方案"五个字可以直接划掉;"我这么说没别的意思,咱们对事不对人,你别紧张",这话到了受话人的耳朵里,全是"别的意思",我觉得你就是要说我这个人,因此我好紧张。

上一章说过,语境是由双方共同建构的,对方是不是真的想要表现自己或是冒犯你并不重要,你对这个模式的预期,自然会把你引入歧途:你有这种预期,对方也预期到了你的预期,提前说"无意冒犯""没别的意思",但这些"无意冒犯"和"没别的意思"也都在你的预期之中,你因此感到被冒犯,体会到了别的意思……交流陷入怪圈,"本来的意图"是什么,早已死无对证。这也是很多人厌恶社交的原因。

让自己不舒服的坦诚

怎么破解这种局面呢?我们需要把友善和冒犯的位置调换一下,从"策略性友善,无意识冒犯"变为"策略性冒犯,无意识友善"。

去看看那些优秀的沟通教材里给出的案例,你会发现,大多数打动人心的对话都符合这个条件,它们都是"看似冒犯,实际上却体现了真诚和善意的话"。

比如这样的句子：

"我下面的话肯定会让你不舒服，所以我纠结了半天，但还是得和你说。"

"我有件事想和你聊，又担心聊得不好会伤害我们之间的感情，你也知道我是个情商不高的人。"

很奇怪，听到这样的话你反而觉得很舒服，认为说话人明明情商超级高啊。关键点来了，**这里的冒犯，是朝向说话人自己的。冒犯朝向自己，善意就对准了他人。**

英国作家尼尔·盖曼曾说保持坦诚是写出好作品的关键因素，这似乎是老生常谈，但他多交代了一句：那是一种超出自己舒适程度的坦诚。

让你自己不舒服的真诚，才是真诚的真诚。身体比大脑诚实得多，一旦展现出这种真诚，说话人将会在基本情绪层面重塑整个语境，受话人会在"体感"的意义上体会到这种变化。对此，《沃顿商学院最受欢迎的谈判课》这本书提供的案例堪称经典。

一位谈判学员和妻子在路边等车位，好不容易轮到他，却被前车强行加塞，这位学员非常气愤，想上前理论。妻子见前车里坐着两位彪形大汉，劝他不要找麻烦，但他还是敲下了人家的车窗，一句话说完，两位大汉心平气和地让出了车位，他说道：

"您可能没看到我一直在等这个车位。但我确实已在这儿等了很久。您能让我停进这个车位吗？"学员朝妻子的方向指了一下。"我不想在我妻子面前显得很无能,"他说,"您做主吧,不过无论您做什么,我都非常感激。"[1]

你能发现学员的话里有很多技巧:不加判断地陈述事实,准确地提出请求,给予对方选择权,等等。这些技巧都很重要,但唯有下面这句话的影响是生理级的——"我不想在我妻子面前显得很无能"。能坦诚地说出这句话,便不再需要其他技巧了。

进入地狱,失去天真

写到这里,有人会说:你讲的这些东西,一旦成为技巧,岂不是又陷入怪圈了?若将那些真情告白理解成策略性行动,难道不是一种更精致的虚伪?

在逻辑上,我无法给出否定的答案,这是个死局。如果我们一定要用眼睛直视理性之光,就难免失去天真。

这正是萨特留给我们的悲观命题。房间里的三个鬼魂,其实对应着你、我、他。如果作为对象的"你"和"他"不存在,"我"便无从谈起;我若总是用理性的判断来打量对方,用犀利的目光来凝视对方,我作为对方的对方,终将承受对方所承受的一切。这人间地狱,本来无一物,你我共谋之。

好消息是,这个地狱是有出口的,这是萨特在剧中为我们明

---

[1] 斯图尔特·戴蒙德. 沃顿商学院最受欢迎的谈判课 [M]. 杨晓红等译. 北京:中信出版社,2012:167.

示的线索。《禁闭》中有这样一幕：男主角不堪忍受他人目光的折磨，想要逃出这个房间。

> 加尔散：（不停地使劲敲门）开门！开开门！我一切都接受了：夹腿棍、钳子、熔铅、夹子、绞具，所有的火刑，所有撕裂人体的酷刑，我真的愿意受这些苦。我宁可遍体鳞伤，宁可给鞭子抽，被硫酸浇，也不愿使脑袋受折磨。这痛苦的幽灵，它从你身边轻轻擦过，它抚摩你，可是从来不使你感到很痛。（抓住门环，摇）你们开不开？（门突然打开，他差一点儿跌倒）啊！
>
> （静场很久）
>
> 伊内丝：怎么样，加尔散？走吧。
>
> 加尔散：（慢慢地）我在想，为什么这门打开了。
>
> 伊内丝：您还等什么？走呀，快走呀！
>
> 加尔散：我不走了。
>
> 伊内丝：那你呢？艾丝黛尔？（艾丝黛尔不动）怎么样？哪个要出去呢？三个人中间，究竟哪一个要出去？道路是畅通无阻的，谁在拖住我们？哈，这真好笑死了！我们是难分难舍的。

门开了，却没有一个人**选择**走出去，男主角意识到他需要他人的目光来维持自己的存在感。这里的关键词是"选择"。

存在主义的基本主张是，人是自为的存在——自己选择，自己创造，自己成为。我们永远不会"是"什么，而总在"成为着"什么。因此，你必须去选择，并对其负责。人永远可以选择，不去选择，也是一种选择，解开死局的唯一方法，是"主动选择"。

我们必须主动选择去相信、去假设这个世界不乏真诚之人，至少和你以为的坏人一样多，当他们说出"我纠结了半天，觉得自己情商不高"时，他们不是在玩弄技巧，而是在伸出手向你示意："走，咱们离开这个房间。"

如果有人把这番话理解成心灵鸡汤，那么只能说明他对汤的营养一无所知。必须基于这一层认识，本章所有内容才能融贯起来——我们讲了三种权力关系下三种打破预期、顺应张力的方式，但它们仍然只是方法论，我们要追问的是：**使我们得出这些方法论背后的沟通观，以及支撑着这种沟通观的基本假设是什么？**

回顾一下前面的例子。主动握手的权力者、出人意料的赞美者、冒犯自己的求助者，他们都通过某些话语、行动打破了预期，发出了一个信号。准确地说，是通过某些话语、行动发出这个信号，从而打破了预期，这个信号是"我选择尊重你"。

"我选择尊重你"打破了的预期，叫"我应该尊重你"。"我应该尊重你"，本质是"对象迫于形势"不得不尊重；而"我选择尊重你"，就成了"主体基于意愿"选择去尊重。

一言蔽之：通过我的"选择"，我在你眼中成了主动的"人"，一个有尊严的主体；被有尊严的主体尊重，而非被另一个人当成预期中的对象去应对，才能真正顺应你的欲望，让你也成为真正的主体。如此,人与人的互为主体性得到实现。

这是相互尊重的终极本质,也是走出地狱的唯一方法。

我们最终要做的,只是把概念图中的对象变成主体 2,说来也平常,无非是把人当人看。

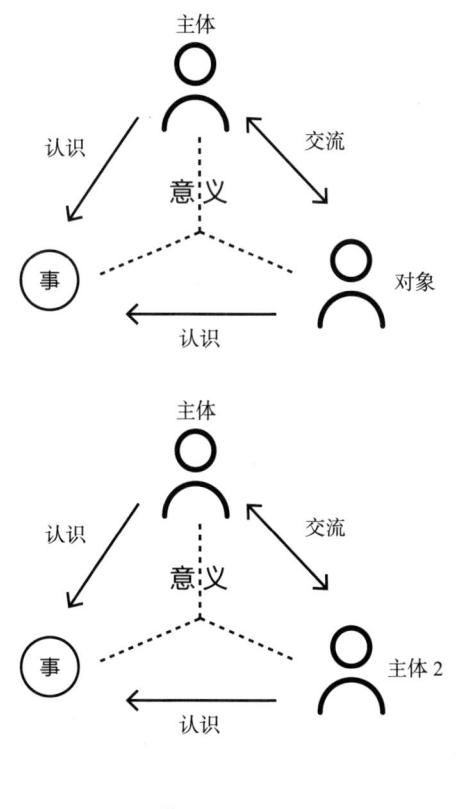

I see you

说到把人当人看,我想起一个很有意思的命题——不同类型的人,可能会有两种完全对立的心理取向:一种取向是,对抽象的人报以善意和博爱,对真实的人感到厌恶;另一种则相反,对抽象的人感到厌恶,对眼前的人报以善意。

我的经验是,抽象和具象的区分不在于他是否出现在了你眼前的物理空间里,而在于他是否作为一个具体的人出现在你的心理世界里。

有时去外面办业务,在家里寄快递,面对工作人员,我会很没耐心,抱怨他们的不熟练、不专业。这是在系统流程中、权力关系中、把他们当作对象时才会有的反应,是预期中的反应。一旦我仔细"看"一下他,看他的眉眼、衣服上的褶皱、鞋子上的灰尘、工作牌上的姓名,心中会升起很多善意,眉目也会舒展很多。

我们交往中的理性太多、觉性太少。下次和朋友见面,记得认真地看他,不要老想着说点什么,只是看着他满意地傻笑也行。如果他问你傻笑什么,你可以说没什么,I see you(我看见了你)。

说到 I see you,很多人会想起阿凡达,我们还真的需要在阿凡达的意义上理解什么是 I see you。为什么一个商业大片的名字不叫《决战潘多拉》,要叫《阿凡达》?为什么整个剧本的落脚点会是 I see you?

语言世界中,I see you 是个开天辟地的句子,它包含宇宙中最原初的主语、谓语和宾语,但这个句子的灵性已经被日常中的符号秩序遮蔽了,没有 I see you,只有 an avatar is looking at another avatar(一个化身看着另一个化身)。

这种秩序在遮蔽了一些东西的同时，也生造出了很多伪命题，比如前面讲到的"赞美"和接下来要谈到的"自信"。

"自信"是一个需要重新认识的概念，它常常被认为是一种在与他人交往的过程中保持自我肯定状态的能力。当你对自己说"要自信"时，是希望展现一种姿态，通过这种姿态，使对方感知到"我在这里，我不逊于你"。自信的吊诡之处在于，在理性上，我们认为它一定是自己创造的，而在经验中，它又无时无刻不依赖别人的反馈。

这种理性和经验的错位，导致我们心中的"他人"成了一个非常扭曲的存在——他人既是有待超越的低劣对象，又是权势滔天的凝视目光。

领受到这个诡异命题的我们，造出了下面这个自相矛盾的句子："我根本不在意你怎么看我，总有一天我会向你证明这一点。"明明不在意，却要向你证明，虽然矛盾，却是一句发自肺腑的"真心话"——我根本不在意"你"，但我在意你的"看法"。

正是这种"你不重要，你的看法却很重要"的自信观，让我们在卑与亢之间来回摇摆。加诸他人的目光终将为自身所承受，"你不重要，你的看法却很重要"，终将变成"我不重要，关于我的看法却很重要"。三角关系中的"你"和"我"被抽空，只剩下了两具由"看法"和"评价"堆砌而成的阿凡达。阿凡达除了有化身的意思，还能被翻译成"符号化形象"，这相当贴切——你和我没有生命，来自外界的符号化看法和评价才是你我的命。

I see you 的深刻含义是，我的目光穿过了你的符号化形象，看见了"你"，因为这种主动的看见，我才成了"我"，从社会权力结构中的角色化身，成了关系中的"我"。

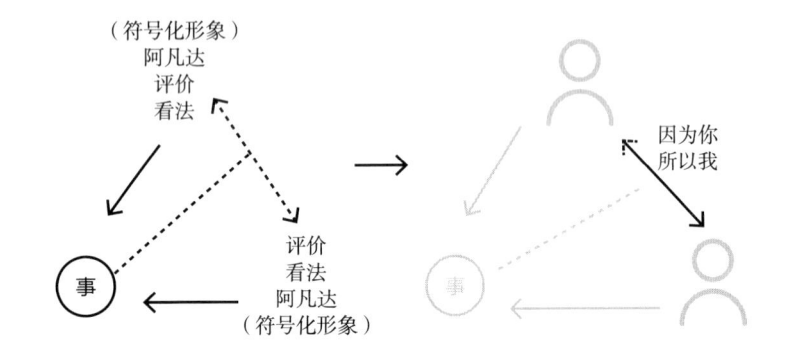

（符号化形象）
阿凡达
评价
看法

评价
看法
阿凡达
（符号化形象）

事

因为你
所以我

如果真的有一种东西叫"不卑不亢的自信"，那么它一定是从别人的目光中反射回来被你感知到的。一种全神贯注的看见，你就在那里，我就在这里，已经看见了，不需要看法了，你和我的位置已经确定了，不需要搞什么三角测量了。

这么看来，我们对"自信"的感知并没有错。源头上，它只能由你创造；方向上，它只能来自对方。

萨特在《存在与虚无》中写道："世界上总有他人面对我在场，并且我总有为他存在的一维。这是本体论上的必然无疑性。"

总结一下，本章聊的是语言活动的关系侧，从"一句话到底是如何说进心坎里的"一路探寻至"交往活动中发自内心的相互尊重是如何被创造出来的"。我们可以用三组"八字箴言"来概括本章精髓。

技巧层面的八个字是："打破预期，顺应张力"；

原理层面的八个字是"主动选择，互为主体"；

哲理层面的八个字是"你中有我，我中有你"。

在下一章中，我们要带着对关系侧的认识，看见字词句篇之下的万物生长。

第三章

内容
说到点子上

本章，我们来到三角关系中的内容侧，探讨"一句话是如何说到点子上的"。我们从一个生活中常见的尴尬情境切入——有些时候，我们以为自己知道一件事，当想要把它说清楚时，却发现自己"下不了嘴"。

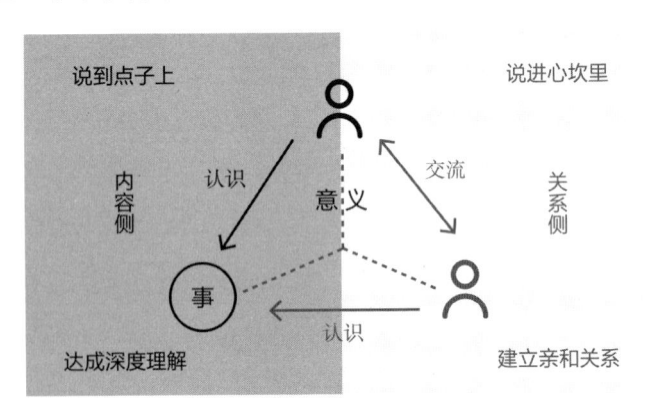

```
说到点子上                        说进心坎里

       认识      意义    交流      关
内                                 系
容                                 侧
侧
          事        认识
达成深度理解                    建立亲和关系
```

将这个课题展开，其实是在问：

在"自动生成的理解"和"刻意组织的表达"之间，到底隔着什么？（从经验到理解。）

在"从脑子到嘴皮子"的过程中，心智是如何运作的？（从理解到表达。）

那些精准的、简练的、富有启发意义的话语是如何被组织出来，又是如何作用于受话人的心智的？（从你的表达到对他人的启发。）

换句话说，我们必须搞清楚从经验到理解、从理解到表达、从表达到启发这一路到底发生了什么。

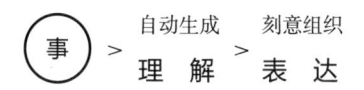

$$事 \xrightarrow{自动生成} 理\ 解 \xrightarrow{刻意组织} 表\ 达$$

本章试图论证如下观点：

思考是一切表达的原点，而一切思考都是从问题出发的，所有能启发他人的话语，本质上都是通透且深刻的好答案，它们必然来自关切着听众心智盲区和认识成见的"好问题"。

在本章的最后，我们会得到如下这幅概念图，它向我们展示了这样一个结论：语言世界中基于真问题思辨得来的好答案，帮我们调和了现实世界与经验世界的不对称。

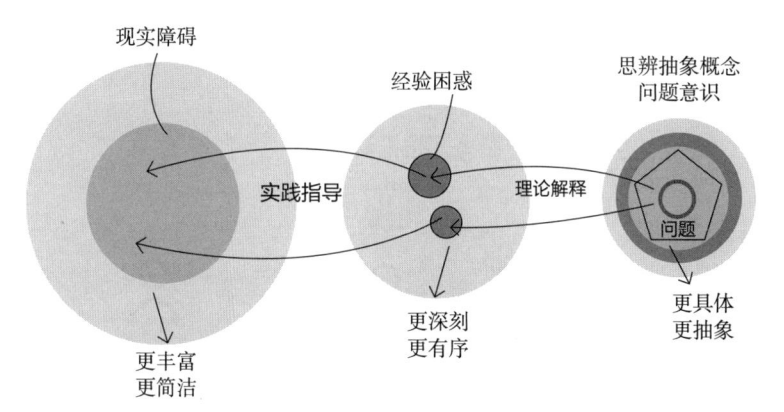

有经验的读者一定会发现,我在此处做了"问题先行"与"结论先行"的安排。几乎所有表达教程都会建议你,要问题先行、结论先行,却闭口不谈另一个更重要的问题——好结论到底从哪儿来?

结论先行也好,重点前置也罢,都属于文本的外观功能,像是一种"造型技巧"。所有外观功能和造型技巧,都属于注意力管理的范畴。当你成功引起了听众的注意,接下来你要给人家看什么?好看皮囊下的有趣灵魂在哪儿?

如果是**平庸的结论,先行或后置都没意义**;有启发性的观点,开门见山或娓娓道来都能收获认可。在上一章中,我们区分了关系侧和内容侧,这还不够。在内容侧中,还要区分外观造型维度和内涵意义维度,同时要将绝大部分注意力放在后者身上。搞定了万里挑一的灵魂内核,千篇一律的皮相造型几百字就能说清楚。

三个世界

让我们从最基本的概念开始推演。

事 —感知→ 说话人 —理解/表达→ 受话人

上图中有一个待表达的对象、一位说话人和一位受话人。惯常理解是，说话人基于对对象的观察和理解，组织出语言，传达给受话人。

首先要深究的是，将**现实世界**的客观对象，变成**心理世界**的经验内容，需要经过何种加工；其次要追问的是，我们的心智是如何将心理世界的经验内容处理成**语言世界**中的词汇、句子和篇章的；最后，我们才能搞清楚，到底发生了怎样的故障和错漏，才导致我们有这样的经验——自以为知道，却"无从下嘴"。

注意，我在上面这段表述中悄悄引入了"三个世界框架"。

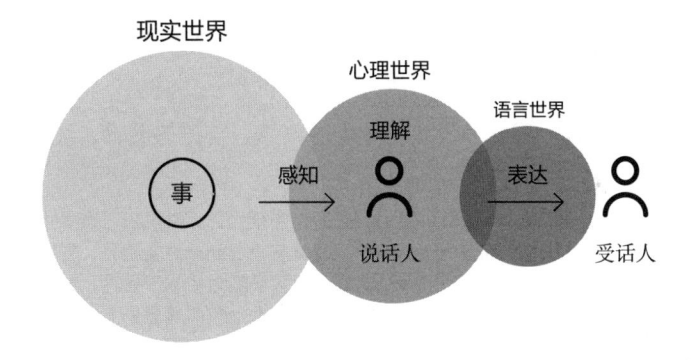

现实世界

心理世界

语言世界

事 →感知→ 理解 说话人 →表达→ 受话人

简单说明一下，基于心物二元对立的哲学传统，人们习惯性地把世界分成物质现实的和心理主观的。后来的哲人发现，有必要加入一个符号/观念/语言世界——只要世界上出现第二个能使用抽象概念的人，就会存在第三个世界，人类的交往活动、文化生活都在这个世界中展开。三个世界框架在处理人文社科类课题时相当好用,在不同理论家那里有不同的版本[1],但分类逻辑基本一致。

首先,**现实世界**的经验对象是无限复杂的,必须经过我们感官和心智的简化,才能成为**心理世界**的经验内容。这种简化,必须结合心理学中的完形理论[2]和认知科学中的框架理论[3]才能得到解释。我们的认知活动很大程度上是一种心理完形行为,而完形之所以可能,是因为我们心中存在着大量的原型框架,我们通过这些原型框架来简化外部世界的庞杂现象。

举个例子,你去电影院看完电影,你说好看,朋友问哪里好看,你支支吾吾半天,说了一堆空话套话,体验到了一种强烈的阻塞感,终于不耐烦地说:**总之就是好看啊**。

哪里好看?背景的设定、故事的寓意、构图的美感、运镜的精

---

[1] 英国著名哲学家卡尔·波普尔把世界划分为物理世界、主观知识世界和客观知识世界;法国著名精神分析大师雅克·拉康将世界划分为实相界、想象界与符号界;仍然在世的德国哲学泰斗尤尔根·哈贝马斯主张物理世界、经验世界和主体间世界的分类;中国著名语言学家沈家煊先生则将其区别为行域、知域与言域。上述理论家有各自的专业领域,却不约而同地将我们所经验的世界划分为物理、心理、语言三种类型。

[2] 格式塔学派又叫作完形心理学,是现代心理学的重要流派之一。该流派主张人类心理认知活动是一种具有"整体性"的认识过程。我们认识一棵树,并非将树的各种特征逐一进行组合形成认识,而是我们心中早已有了树的完整原型,这些原型在生活经验中大量存在,我们只需少量相关信息,便能迅速识别出一棵树。因此,我们对这棵树的认识,绝非仅仅来自眼前这棵具体的树,也来自关于树的各种印象与记忆。此前的相关经验直接影响着我们对当前事物的认识。

[3] 按照认知科学家马文·明斯基的说法,"'框架'是储存在记忆中的、表征特定情景的信息结构,是含有若干节点和连接的网络系统;人们可从记忆中随时调出框架中的信息作为背景知识来理解新的情景和语句。在一个总体框架的下层有很多'空位',有待于具体情景中的细节内容来填补"。转引自王寅. 认知语言学 [M]. 上海:上海外语教育出版社,2007:208.

妙……一名普通观众并不能分辨清楚，我们虽然把握了无数细节，但它们隐晦而模糊。大部分情况下，"好看"是一个总括性评价：总之，它就是符合我心中"好电影的样子"（好电影的原型框架）。

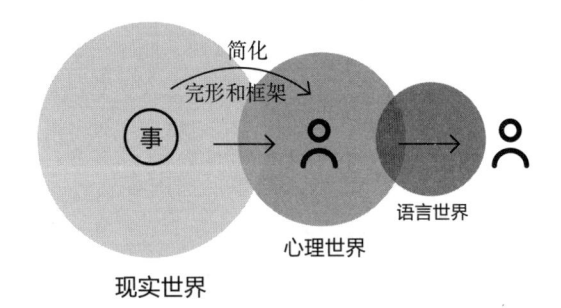

```
            简化
         完形和框架
    事 ────────→ 😊 ────→ 😊
                              语言世界
   现实世界     心理世界
```

认知语言学中有一个流派，被称为框架语义学，相关学者将框架定义为"能与典型情境相联系的语言选择的任何系统"。原型框架大大减少了认知活动所需的能量，使得我们只需少数能联系典型情境的关键信息，就能对事物形成"整体性理解"。这种高效且无意识的认知过程，其副作用很明显：一旦我们想在语言世界中具体澄清这些整体性理解时，就会发现根本"无从下嘴"，类似于让一个一直做完形填空题的学生写一篇命题作文——**自发地理解有多顺畅，刻意地表达就有多困难**，表达的阻塞感因此而生。

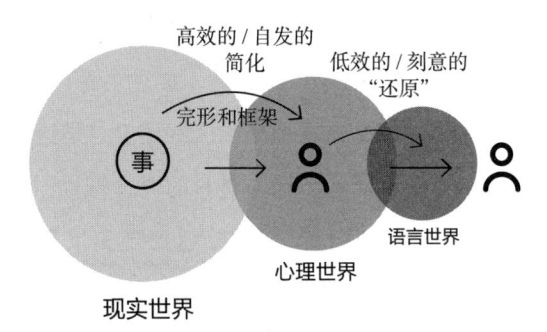

```
         高效的/自发的      低效的/刻意的
            简化                "还原"
         完形和框架
    事 ────────→ 😊 ────→ 😊
                              语言世界
   现实世界     心理世界
```

我们可以发现心理世界与语言世界的落差所在：在**心理世界**得到"总之"非常容易，我们的观念系统就是由无数个"总之"构成的。但在**语言世界**，"总之"有一个更正式的名字，叫结论（或结果），根据这个世界的法则，结论（或结果）必须和前提（或起因）结伴出现，并被一种叫推理或经过的东西关联起来，还必须受一种叫逻辑或常识的东西约束。最终，这些东西共同构成了我们言说的主要内容：论题和故事。按内容划分，我们的言说活动大致可以分为说理和叙事两类。

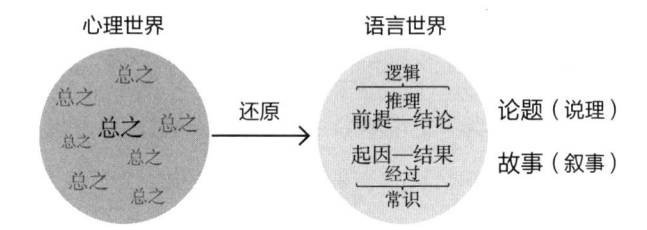

```
    心理世界              语言世界
      总之                  逻辑
   总之   总之              推理         论题（说理）
     总之      → 还原   前提—结论
   总之  总之              起因—结果    故事（叙事）
      总之                  经过
                            常识
```

我们之所以不能自在地说理或叙事，是因为我们无意中在脑子里完成了一次认知"大跃进"，跨度太大以至太多经验被遗留在了心理世界的深处，它们晦涩不明，在暗处涌动。当想在语言世界将其还原，并传达给另一个人时，我们才发现能调动的经验材料远远不够，与之对应的概念符号也严重短缺。只有在另一个人吐出某些"魔法词汇"把它们点亮时，你才会惊呼："没错，你说到点子上了，的确就是这么回事！"本质上，是这个说出魔法词汇的人，替你给出了能调动经验材料的概念符号，帮你开启了一次从语言世界经由心理世界，最终返回现实世界的"启发之旅"——原本含混的外部现象和内部经验被语言澄清了。

以上是对"为什么下不了嘴"最根本的解释，如果这个解释本身就让你感叹"下不了嘴的状况，的确就是这么回事"，那么我们就抓住问题的关键了。请你回头检查一下我们是如何展开这段表述的，其中有一个非常关键的操作，叫"**从最基本的概念开始推演**"。

为什么从最基本的概念开始推演是关键？在下图中，三个世界的大小是不同的，其中现实世界面积最大，心理世界次之，它是现实世界可经验的那部分，而符号世界最小，是可经验世界中可言说的那部分。这种缩小是**逐级简化**的结果，主观经验是对客观对象的简化把握，抽象概念则是对经验范畴的进一步压缩。

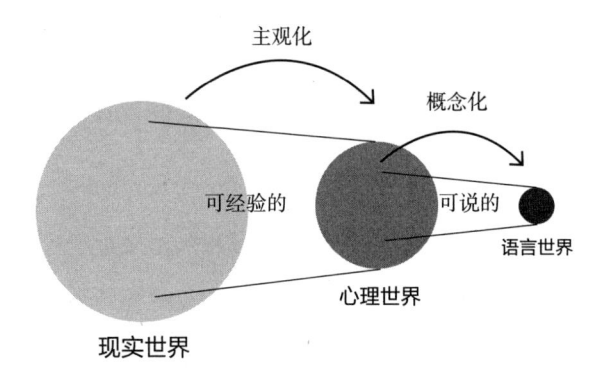

无论说理还是叙事，把话说明白了，在最朴素的意义上，无非是把因、果、关系三者给讲清楚了。而讲清楚它们之所以很难，是因为无意识的逐级简化压缩了我们的经验材料。如前所述——经验中有大量的默认框架和预设前提帮我们跨越了关于因果关系的思考，让我们直接得出了结论。我们以为自己是清楚的，而一旦要表达，才发现我们是糊涂的。

从最基本的概念开始推演，是一种刻意的**原路返回**，在理性的匡扶下，在概念词汇的牵引下，回头细看一遍之前匆忙略过的风景。比如好看的本质是什么？你凭什么用一个名为"好看"的标记遮蔽经验世界里的半边天？

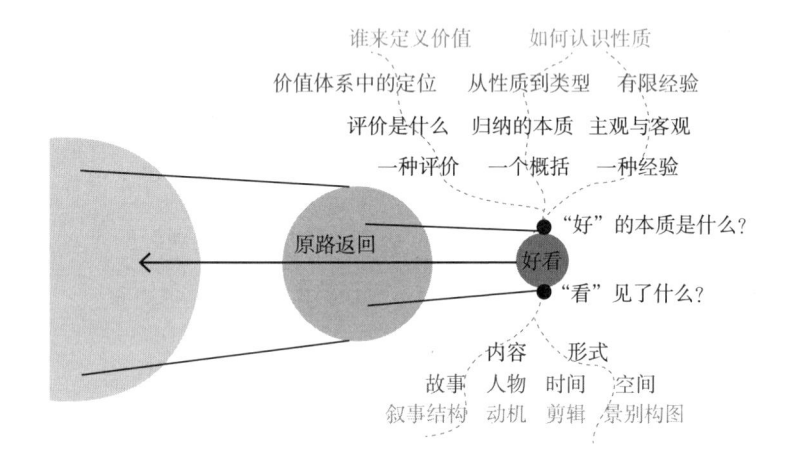

谁来定义价值　　如何认识性质
价值体系中的定位　从性质到类型　有限经验
评价是什么　归纳的本质　主观与客观
一种评价　一个概括　一种经验

原路返回　好看

"好"的本质是什么？

"看"见了什么？

内容　　形式
故事　人物　时间　空间
叙事结构　动机　剪辑　景别构图

这种"刻意的原路返回"的另一种说法叫"思辨"——用（刻意的）思维来辨认（自发的）思维。这样做能减少默认框架对我们的干扰，幸运的话，我们会得到一些深刻的简单命题。所谓深刻，是在心理世界的深处仔细琢磨的结果。我们会琢磨出一系列准确映射出特定经验范畴的概念，并将它们结成句子。如果有些心理经验此前没有被有序地整理过，这些句子便会带来极大的智力愉悦感，这种愉悦感本质上来自心理经验被澄清之后产生的确定性和秩序感。这些句子如果恰好兼具了内容的概括力与修辞的美感，就会被称作金句。

用关键概念来"打开"思路

在上一章里,我们通过一系列推演重新处理了"自信"这个概念以及与之相关的生活经验。本章我将以它为例,进一步阐明语言具体能如何整理经验,带来启发。

日常生活中,当我们谈论"自信"时,我们在谈论什么?先不管它是什么,"自信"首先是个词语,所有词语都是我们对特定经验范畴的标出,我们可以把这个标出过程称为范畴化或概念化,是对具体经验的抽象把握。

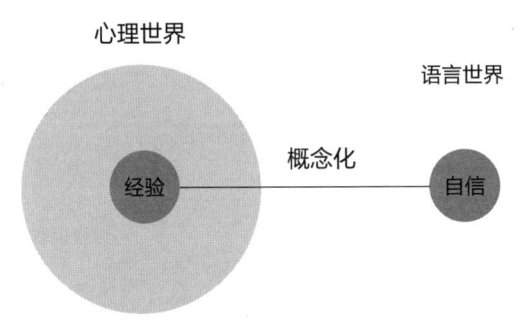

心理世界　　　　　　　语言世界

经验 ——概念化—— 自信

请注意,我们不是在纯粹理性的真空中划出一部分经验范畴,然后为其安排概念标记的,我们只能在经验中理解经验:只有在更大范畴经验的牵引之下,我们才能顺利地抹掉经验对象的诸多细节,为其贴上标签,使其成为概念,最终将其言说出来。

我们能在常识的意义上讨论自信这个概念,是因为自信背后的常识性经验框架本身不用讨论,这些常识框架是"自我和他人的独立存在",这个常识似乎必然正确。将它默认为真理,是我们理解自信的前提、背景和条件。

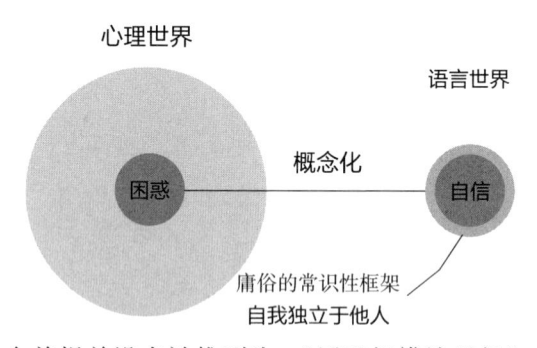

```
           心理世界
                           语言世界

                 概念化
          困惑 ————————— 自信

              庸俗的常识性框架
              自我独立于他人
```

但这个前提并没有被推到头，"用思想辨认思想"的工作还能继续。智者们发现，"自我与他人"并非彼此独立，而是相对而立的，这是那个更隐蔽的前提，没有他人就没有自我，没有自我，也就没有所谓的他人，由此得到了"互为主体"的说法。在逻辑上，它是"自我"与"他人"这两个范畴存在的前提和条件，如此一来，它当然可以成为自信的前提的前提。

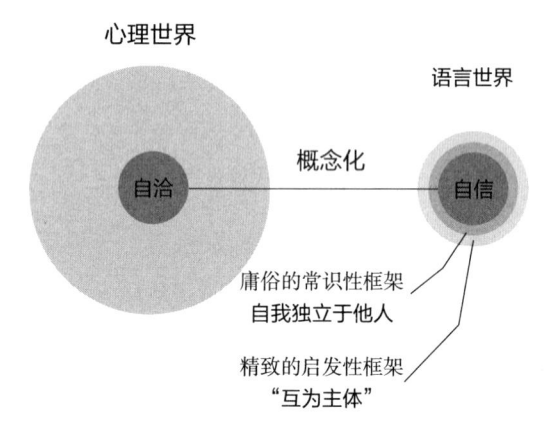

```
           心理世界
                           语言世界

                 概念化
          自洽 ————————— 自信

              庸俗的常识性框架
              自我独立于他人

              精致的启发性框架
                "互为主体"
```

意识到这一点，就是时候展现真正的技术了。我们用思辨超越既有的常识性框架，是为了得到一个更精致的启发性框架，然后用它来重新整理经验——从基本概念开始推演，我们马上就会发现：自我-他人框架不能解释的，互为主体框架能解释；自我-他人框架能解释的，互为主体框架解释得更深刻。

比如，在"自我和他人的独立存在"的框架下，"自信理应来自自身，却总是来自他人反馈"的心理经验是一种"何以会如此"的困惑，但在"互为主体"的框架下，它居然摇身一变成了"理应会如此"的例证。虽然"互为主体"和"自我和他人的独立存在"一样，都不是真理，但前者是一种更融贯的说法，它让我们的经验系统变得更有序。

所有使得含混经验变得清晰的知识都符合这个特征——包含能映射更精致框架的**基本概念**。类似的例子俯拾皆是：光怪陆离的商业现象，总是可以在**分工和供需**的意义上得到理解；纷繁复杂的生物圈，抽象到极点，居然只有**演化**二字；万年漫长的人类史，都可以落于**故事与技术**、**挑战与应战**的框架下。

在某种意义上，一个人的表达能力很强，是因为他的信息处理能力很强，更具体地说，是指他的"符号加工能力"很强。意思是：相比其他人，他不仅掌握了更多的基本概念，而且能更有意识地、更无碍地把经验拽进符号世界，利用这些基本概念进行整理加工，从而在相同的智力条件、阅历水平下，具备更强的感受、理解和表达能力。

譬如对供需理论烂熟于心的你，面对一个从来没听过供需理论的经济学"小白"，谈笑风生地解释着各种看似毫无关联的经济现象，在他看来，你俨然智慧的化身。这里的基本原理是：越基础的概念，它的外延越广，能激活的经验范畴越大；而在更大的经验范畴中，原本相对小的框架和背景被穿透，我们因此看见了事物间更普遍的规律和更广泛的因果关联，有思路打开了的感觉。

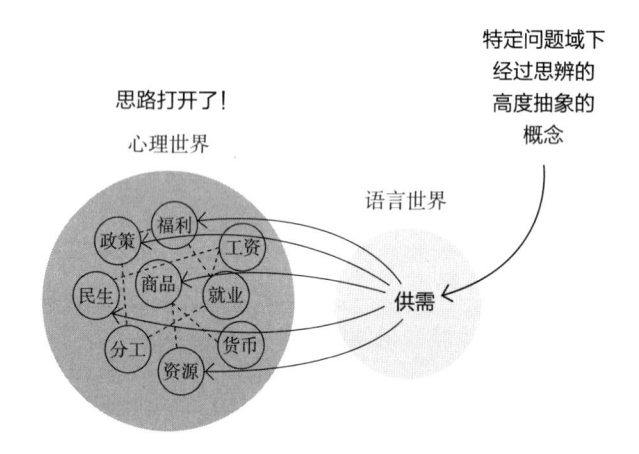

思路打开了！
心理世界

特定问题域下经过思辨的高度抽象的概念

语言世界

福利、政策、工资、民生、商品、就业、分工、货币、资源 → 供需

"思路打开了"这句话很形象。如果有脑成像技术，你应该会发现此时大脑被点亮的区域更多，更多神经元被激活，原来无关的事物，居然也有某种底层的同构性，到处都是可以用来说明的例子。

总之，心理世界中的经验永远是更广泛经验中的经验，符号世界中的概念永远是在某个前提之下被理解的概念，我们永远可以回头看，找到更抽象、更奠基的概念，在最广泛的背景中理解眼下的经验。智识成长，就是不断地用更抽象的概念，理解更广泛的经验的过程。

如果把人脑类比成计算机，你会发现此时大脑（中央处理器）的计算速度没有变快，记忆容量（内存）也没有增加，但语言组织的效率（代码效率）更高了。人们的智商和记忆水平呈正态分布,这意味着绝大多数人在不借助纸和笔的情况下,他的工作记忆[1]都只允许他同时处理4个左右的概念单位。换句话说,我们打腹稿的能力其实差不多,但我能用更少的符号笼络更多的经验,我谈论一个点,却能激活你经验中的一个面,这让我在相同智力、阅历水平下,相比你有更强的感知、理解和表达能力。

如何才能把握更基本的概念,提高语言组织效率呢?我们需要在心里放一把**抽象之梯**。

抽象之梯与问题之锤

"抽象之梯"不是什么新奇说法,这是语言学家塞缪尔·早川提出的一个概念,常常出现在各种写作教材中。抽象之梯的底部是最具体的概念,顶端是最抽象的概念。

我们使用的每一个概念都处于抽象之梯之上。好的写作教材会告诉你,要想办法让自己的语言停留在上或下的其中一端,避免悬于中间。也就是说,要么使用最抽象、最具概括力的表达,要么描述最具体、最精微的经验事件。这对我们的概念抽象能力和经验觉察能力提出了非常高的要求,多数时候,我们只能悬在梯子中间,说着一些两头不沾的话。

比如,文学作品里那些一笔扎进经验细节里的白描,就是在梯子底部"最具体、最精微的经验"话语:"一刻工夫,一碗肉已不见,骑手将嘴啃进酒碗里,一仰头,喉结猛一缩,又缓缓移下

---

1 与"工作记忆"有关的话题会在第七章详细论述。

来,并不出长气,就喝汤。一时满屋都是喉咙响。"(摘自阿城《遍地风流》)

惯常的作文写法,大概会写成"骑手饿极了,用大碗喝汤,满屋都是汤水咕咕下肚的声音"——这就是所谓两头不沾的话。

"饿"是压缩了巨量经验之后得到的抽象概念,"饿极了"相比"一碗肉已不见、啃进酒碗里、喉结猛一缩、不出长气"显得十分抽象;即使用"汤水咕咕下肚"依然抽象,"下肚"是他人的内在经验,是一个持续的过程,需要作者刻意去想象、去概括,相比"喉咙响",显得间接,难以凝结成意象。

又如,上文写道:**智识成长,就是不断地用更抽象的概念,理解更广泛的经验的过程**。这段高度概括的表达就处于抽象之梯的顶端,有效地归纳了我们本章前面所讲的全部内容。

话语两头不沾,是"体会"与"思考"两头不沾的结果。缺少体会,便无法具体,我们粗暴地把某类经验归为"饿极了",再也听不见喉结的响动声;缺少思考,则无法抽象,只能用"好看""糟糕""精彩""普通"这些笼统概念来应对复杂经验,活成一个"二极管"。我们觉得自己一直在体会生活、思考人生,殊不知我们的体会是卡在各种成见框架中间的"体会",思考是悬在各种默认前提中间的"思考"。

当觉察到抽象之梯的存在,想要强行向上或是向下突破时,你才能从体会下沉到体悟——感悟更直接无染的经验,从思考上升到思辨——辨析更抽离无碍的概念。

```
思辨            更抽离无碍的概念

悬在中间         欠抽象
两头不沾         欠具体

体悟            更直接无染的经验
```

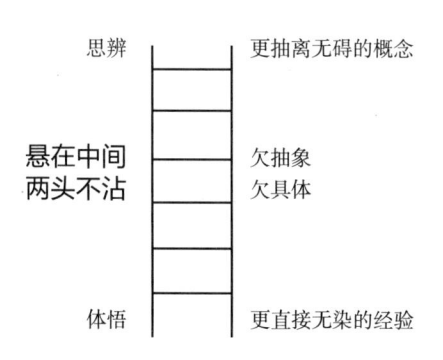

抽象之梯揭示了思考和表达的二八定律，鲜活、诚实的经验是我们登上楼梯的第一阶，高度概括的抽象表述是离开楼梯登上高处的最后一阶，它们是决定成败的"二"，要找到它们，得花费80%的时间和精力。剩下无关痛痒的"八"，中间的那些阶梯，都是为了制造一种连贯性而不得不用的填充物。

从真实的经验出发，从基本的概念推演，在这个梯子爬上爬下的你会发现：原有的概念是一种廉价的"方便"，概念可以更基本；原有的经验也许是一种粗糙的"幻觉"，经验总是可以更精微。这把梯子居然是无限长的。我们随即面临一个棘手的问题：我们不能陷入对漫无边际的经验和思绪的追索之中，我们总要开口说话——在实践中，我们应当如何用思考来引导我们的语言？

攀上抽象之梯还不够，我们还要拿起问题之锤。

如果我们问：思考的顺序是什么？答案似乎指向"从最基本的概念开始推演"，这显然不对，当你思考"思考的顺序是什么"的时候，思考早就已经开始了。**思考只能始于问题。**

来关注一个基本问题：话语的基本结构是什么？为什么是这

样一个结构？

前文中提到：在说理中，是前提和结论；在叙事中，是起因和结果。催生出这个结构的基本动力，是提问和回答。驱动说理的问题是"这是为什么"，是对因的疑惑；驱动叙事的问题是"然后怎么了"，是对果的追究。

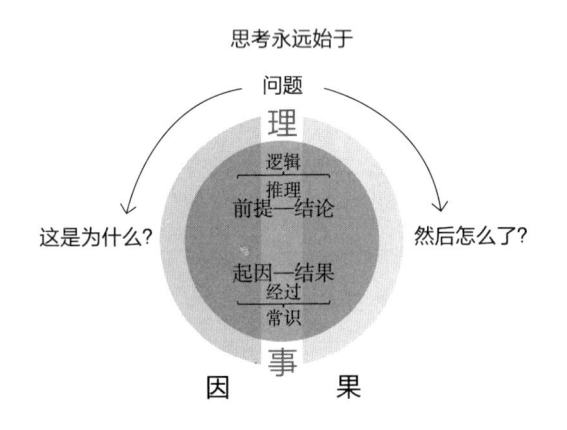

```
              思考永远始于
                问题
                 理
         ┌──  逻辑  ──┐
         │    推理    │
   这是为什么？  前提—结论   然后怎么了？
         │            │
         └  起因—结果  ┘
              经过
              常识
                 事
            因        果
```

以下这个假设并不是很难令人接受：人类语言系统的一切繁杂、一切精妙，都来自生存问题的逼迫。

在语言的信息传递功能足以满足生活所需之后，我们便需要语言的意义生成功能来回应存在的问题了。我们的语言极尽抽象写意之能，极尽具体写实之能，能建构出前提之前的前提，发掘经验之中的经验，折腾来折腾去，都是为了回答那几个令人头大的问题：我是谁？心和物的关系是什么？世界是什么？这一切有什么意义？

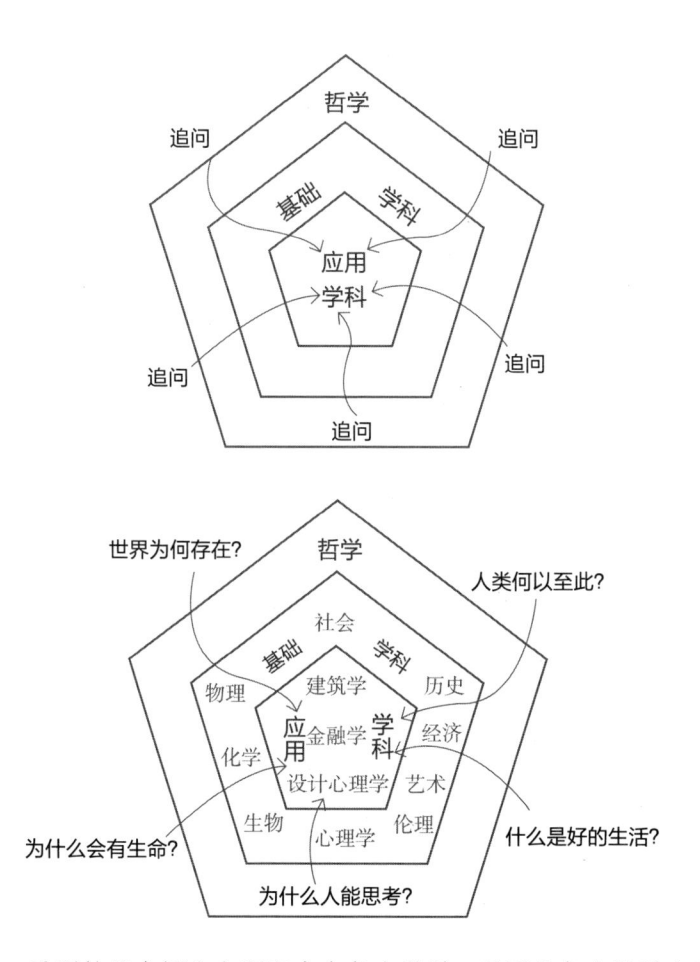

重要的基本概念之所以来自各个学科，是因为各个学科本质上就是各个特定问题域的答案集。而最能启发人的概念组合之所以经常来自哲学，是因为最开始、最基本的问题是由哲学提出，再分派给各个学科去研究的。当人们遇到最深奥、最无解的问题，依然会跑回来找哲学，让哲学问出更基本的问题，因此所有细分学科的博士学位，全称都是××哲学博士，比如数学哲学博士、经济学哲学博士。

人的一大困境在于，问题是语言的起点，但答案不是语言的终点，问题背后总有问题。哲学家海德格尔曾说语言是存在的居所，我们通过居所进入世界，在世界中存在，但它不是一个结构坚固的建筑，而是一个首尾相衔、无限扩张的"怪圈"。

我们之所以能在这个怪圈中"正常行事"，当然要感谢各种框架和成见封印了我们的惊异与好奇，感谢各种信仰传统、世俗教义阻断了我们无止境的追问。

一个显而易见的悖论是：使我们存活下来的东西，往往也是妨碍我们发展的东西，比如基因、语言。

妨碍我们发展语言组织能力的东西，不是别的，正是我们日积月累习得的语言本身，要破除这种障碍，除了要意识到抽象之梯，更重要的是要有一种回撤的自觉，回撤到语言被层层限定或过度发挥之前的状态，用一种相对更原始、更纯粹的方式使用它。

这种方式，就是**提问**。

能提出好问题的人，注定有与常人不一样的命运。对外部世界的疑惑和惊奇塑造了我们的生存结构，所有话语背后都有一大堆问题在牵引，正如今天的学科体系本质上是一堆特定问题域下的答案集，我们的自我认知根本上也是由一系列答案构成的，我们将自己浸泡在各种似是而非的答案中，才勉强寻得了生活的确定性。[1]

---

[1] 拉康有句名言：主体是实在界对符号秩序所提问题的回答。意思是，浑噩之日常，是潦草作答的结果。人生之僵局在于，世界扔给我们的问题，追究到最后往往无解。我是谁，从哪儿来，往哪儿去——一旦追思，便归于荒谬；放弃思考，则会陷于庸常。即便如此，我们依然能通过提问，寻求一种相对更清醒自觉的生活。

接下来，我们需要站在问题的视角，理解语言世界如何与心理世界相互作用，以及这种作用又是怎么进入现实世界，影响你我的生存处境的。

我们可以将语言世界粗略地分成三个部分，即已知域、问题域和未知域，它们在结构上对应了心理世界的舒适区、成长区、未知（恐慌）区。在这个意义上，进入问题域就是进入成长区。

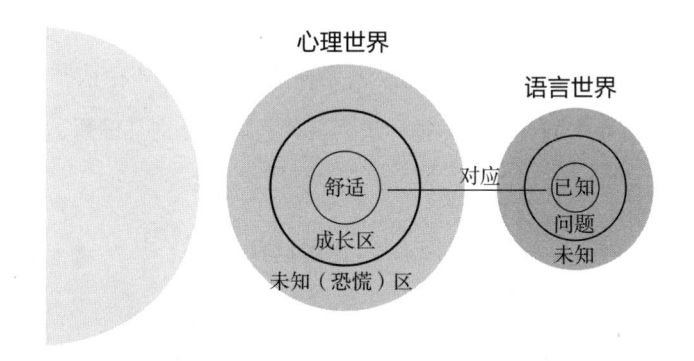

```
           心理世界
                        语言世界

          ┌─────┐      ┌─────┐
          │ 舒适 │──对应──│ 已知 │
          │     │      │ 问题 │
          │ 成长区│      │ 未知 │
          └─────┘      └─────┘
         未知（恐慌）区
```

"人永远是通过解决问题来获得成长的"这一道理只是悬在梯子中间的泛泛之谈，此处我们要细究的日常经验是："为什么提出一个问题，会帮助我们想/说清楚一件事"，以及"为什么很多时候**想清楚**一件事情，本身就是解决了一个问题"，为了说清楚这两件事，我们需要回到图示中，暂时离开语言世界，去往心理世界和现实世界。

前面说过，心理世界的认知过程是完形性的，我们总是需要在背景经验中处理对象。符合经验原型的，表现为理解，不符合的则体现为问题。而在现实世界中，问题具体指那些构成生存障碍的事件，当生存无碍时，我们便会觉得没有问题。

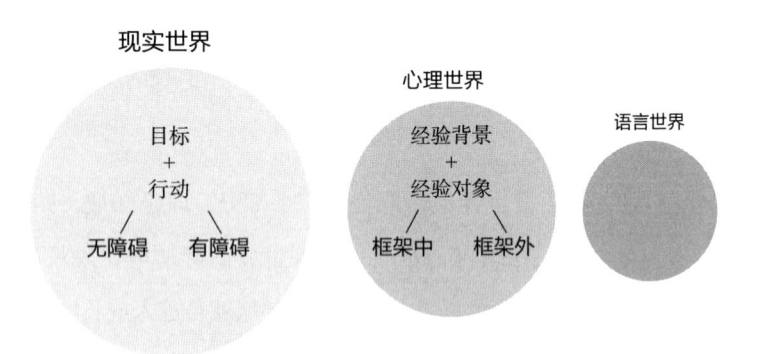

```
现实世界              心理世界
  目标              经验背景            语言世界
   +                 +
  行动              经验对象
  / \               / \
无障碍 有障碍      框架中 框架外
```

前两个世界的两种状态，两两交叉，能对应 4 种认知状态。在语言世界中，我们用 4 类标记词区分它们，分别是**理解、问题、成见和盲区**。

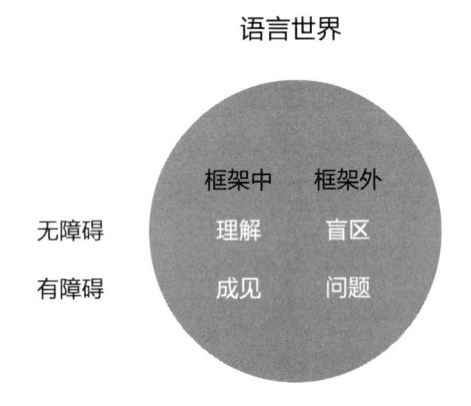

```
              语言世界

             框架中   框架外
    无障碍    理解     盲区
    有障碍    成见     问题
```

一个经验对象，如果既能被心理框架容纳，又不在现实世界中表现为障碍，那便是理解。理解是"已知的已知"。

如果这个经验对象和已有心理框架产生冲突，并且妨碍我们在现实世界达成目标，那便是问题。问题是我们明确"已知的未知"。

这里要特别关注的是成见和盲区。成见在框架中，是我们习以为常的隐含假设和默认前提，我们用它们来处理世界，不自觉地导致了各种问题和障碍，比如我们以为自己知道什么是真实，什么是理解，什么是知识，但我们并非真的知道。成见是"以为已知的未知"。

盲区在框架外，它和问题的区别在于，它并不直接妨碍我们的生活。注意，不直接妨碍，指的是我们没有意识到它在妨碍。它像经验疆域之外巨大的暗海，大陆上的气候、生态都和它有关，是小生态之外的大系统，以一种非常基础且宏观的方式影响着我们的命运。盲区是我们以为不是障碍的障碍，是"未知的未知"。

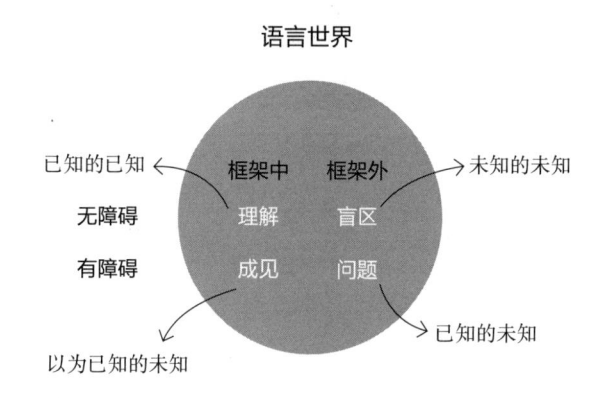

语言世界

	框架中	框架外	
已知的已知 ←	理解	盲区	→ 未知的未知
无障碍			
有障碍	成见	问题	
	↓	↳ 已知的未知	
	以为已知的未知		

盯着这个框架，你会有一个"重要的发现"：我们似乎必须在符号世界的标记中，才能发现成见和盲区的存在，在此之前，它们**是不存在的**，否则也就**不被称为**成见、盲区了。通过有意识的语言组织活动，它们被拎出来，贴上标签，进而映射出了心理世

界中的某些隐秘范畴。换句话说，盲区一旦被叫作盲区，真正的盲区就被点亮，因而不再是盲区，成了有待解决的问题。

通过语言的组织活动来点亮成见与盲区之所以可能，首先是因为我们有"问题意识"。下面这句话极其重要，你要认真领会：问题意识之所以重要，**是因为"问题"是揭示盲区和成见的唯一中介**。通过问题，我们才能发现那些"原来认为自己理解的不理解——成见"和"原来认为不是障碍的障碍——盲区"。

语言世界

	框架中	框架外
无障碍	理解	盲区
有障碍	成见	问题

经由问题，澄清成见与盲区

原因很简单，**正是成见和盲区制造了问题**——我们总以为自己知道，不知道还有不知道的东西，一旦它们刺入日常生活，我们便会感到迷惑、错愕和惊异，我们必须在语言世界中，通过对问题的探究来反向追溯、澄清它们。在逻辑上，我们永远只能通过"已知的未知"，以它为中介，抵达"未知的已知"（以为自己已知的未知）和"未知的未知"。因此，问题是唯一的线索。

那么接下来这个问题就很要紧了：如何才能提出一个好问题？

答案是针对差异性现象发问。[1]

好的问题必须面向具体的差异现象，而非某种含混不清的困惑经验。在这个意义上，"如何问出好问题"其实是个糟糕的问题，问得太宽泛，让人很难收拢线索，拎出一个清晰且具体的答案。相对好一点的问题是：好问题和坏问题的区别是什么？如此问，我们才有可能回答清楚"具体好在哪儿"，比这个问题更好的问题是"相比那些平庸的见解，那些发人深省的答案背后有什么样的问题意识"，此时，你需要在自己的生活中找例子，找到那些平庸的见解和发人深省的答案，将之对号入座。

仍然是一开始那个例子："自信来自自我的积极暗示"就是一个不怎么深刻的论断，"真正的自信是一种你中有我的看见"的说法则带来启发，于是我们要十分具体地问：两者背后的问题意识**有何不同**？

一旦如此发问，我们便能得到很多有启发性的答案，比如：有可能是前者诉诸自己的经验直觉——自信感总是由内而生，后者更关注经验直觉中的**矛盾之处**——但我们总需要他人的认可；或者因为双方使用了不同的前提假设，前者的前提是"自我与他人独立存在"，后者的前提是人的"互为主体性"，后者的前提处于大多数人的知识盲区之中，因而能从中推出更具启发性的结论。

原理在于，我们虽然无法直接知道自己有哪些盲区与成见，但我们总能感受到现象之间的不同与差别。有些差别是显然的，

---

[1] 关于针对差异性现象发问，详见赵鼎新先生的文章《如何提出一个好的研究性问题》，本节直接受惠于赵先生的启发。

有些差别却是微妙的,**那些无法被简单解释的微妙差别,往往直接指向你的知识盲区与观念成见**,并非笼统泛泛地指向,而是具体细致地指出。人与小白鼠的差别之巨大,会使追问变得冗赘烦琐,令人全无头绪;人与黑猩猩的差异之细微,则很有可能引导我们厘清人类语言习得、社会性产生的深层原理,因此要死死地盯住那些差异,穷追猛问。

类似地,"如何好好说话"当然是个糟糕的问题,"为什么我在情境 A 中能好好说话,在情境 B 中却不能"或者"为什么我说事件 A 时表述得很清楚,说事件 B 时却很含混"则好得多,这才是能逼得你直面复杂经验的问题,本书大量线索都由这些问题牵引而来。总之,好问题会倒逼我们去触碰更具体且复杂的经验事实,然后进行细致的比较,找出更多变量和细节,最终建立概念模型,让我们得出一个说法(命题),去解释现实世界中的复杂关系。

我们必须在上述意义上理解"人永远是通过解决问题获得成长的"这句话,从而明白问题之锤的重要性。

凭常识,我们知道,要获得心智上的成长,有两条路:一条是经验-实践进路:透过行动,进入真实世界,在舒适区的边缘,在生存障碍中,你会问出一个一个"真实的"问题;另一条是理性-思辨进路,即抽身而出,在符号世界中推演,找到具体问题背后的抽象问题、小问题背后的大问题,把问题类型化,增加知识的普适性与复用率。

所谓成长,就是舒适区的扩张,这个扩张的本质,是问题域的双向膨胀,我们不断地追问,给出回答,使得原本已知域/舒适区中的成见被识别出来，未知域/恐慌区中的盲区被辨认出来，它们被包含进一个巨大的问题空间。

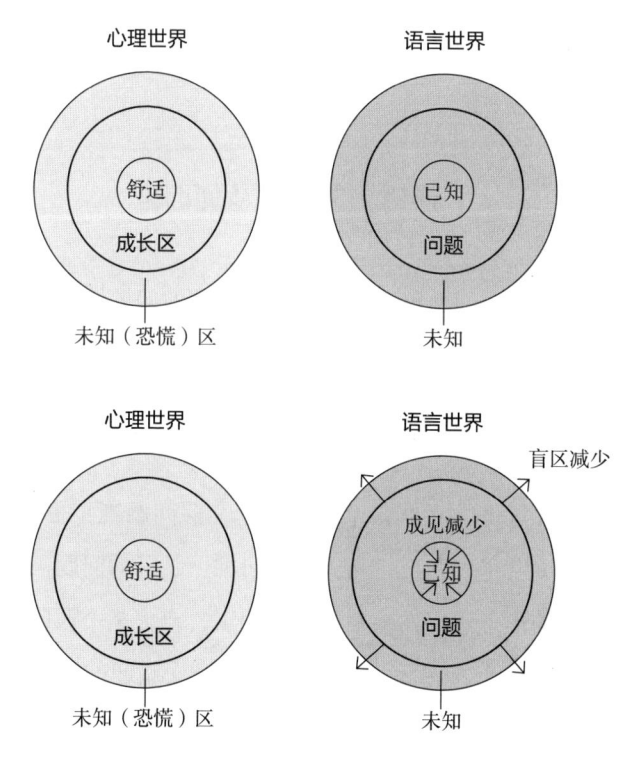

心理世界

舒适
成长区

未知（恐慌）区

语言世界

已知
问题

未知

心理世界

舒适
成长区

未知（恐慌）区

语言世界

盲区减少
成见减少
已知
问题

未知

参考"抽象之梯"，编造出"问题之锤"这个说法，是为了创建一种心理标记，拿着"锤子"，看什么都是问题，问题背后还是问题。一如无限延长的抽象之梯带来的困惑，这么多问题，似乎永远也回答不完。为什么要把世界搞得这么复杂？

我们真正的麻烦，不是问题太多，而是问题太少。准确地说，**在符号世界中成为命题的问题太少，会导致现实世界中成为事实的问题太多**。出于思维的惰性，每个人都希望能简单思考、轻松生活，这是人性，但世界本身是复杂的，问题一定会顺着你的盲区和成见以各种莫名其妙的方式刺入你的生活。我们别无选择，必须直面那个巨大的问题域，也必须接受"已知越多，未知越多"的窘境。

"通透"的理解从何而来

在无限伸展的抽象之梯之上，在巨大的问题域之中，持续保持一种积极进取的姿态，你的头脑会越来越清楚。表面上看似问题越来越多，本质里是"真问题越来越多，假问题越来越少"，或者说是"真命题越来越多，伪命题越来越少"。

当然，这里的真假是个辩证概念，假问题当年也是真问题，准确地说，它是我们抵达真问题的阶梯，是真的问题被盲区和成见遮蔽时的形态。比如在本书的视角下，自信是个假问题，人际关系的本质是个真问题；"如何成为一个受欢迎的人"是个假问题，"在社交活动中高评价行为的本质是什么"是个真问题；"如何说清楚一件事"是个假问题，"世界、心理、语言的关系"是个真问题。

我们发现了一个规律：后者明显比前者更抽象，但同时又比前者更具体，因此显得很"学术"。的确，本书每一个部分的知识点，都是在特定领域学术命题的基础上演绎阐发出来的。很多人会疑惑，为什么不能用日常语言来说清楚一件事？非要搞这些大词？因为完全使用日常语言进行思辨是一件非常困难的事，会卷进太多默认前提和含混经验。

学术知识，就是"在问题域中持续思辨获得的更抽离、更无碍的抽象概念组合"，在它的引导下，我们可以避开各种框架和成见，抵达"更直接、更无染的具体经验范畴"，而这些经验又指向了现实世界中更真切、更实际的障碍。过程中，问题使语言更具体也更抽象，语言使原本的困惑经验变得更深刻也更有序，我们用新的有序经验来克服现实障碍，现实在我们眼中变得更丰富却更简洁，最终，我们从问题出发，用语言贯通了三个世界，获得了一种通透的确认感。

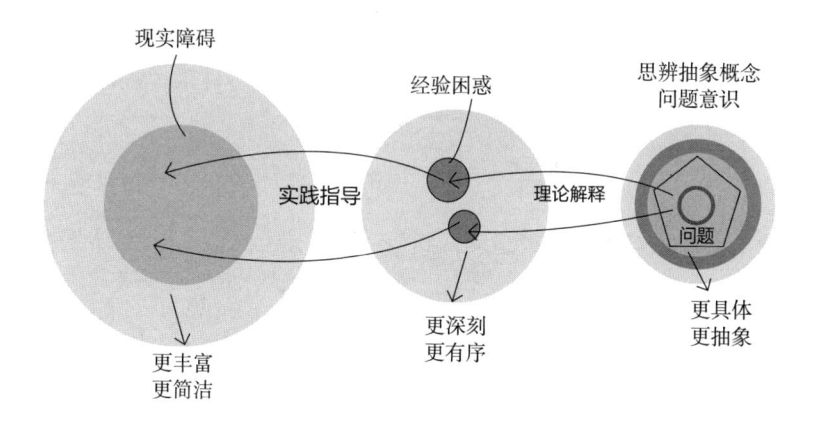

爱因斯坦曾说："如果只给我一小时解决一道难题，且这难题的解答攸关我的性命，那我一定会先花 55 分钟找出恰当的问题。"理解问题本身就是解决问题，不理解问题本身就是个问题，在不理解问题的情况下去解决问题，或者说，在缺乏思辨的情况下去实践，会导致更多奇奇怪怪的问题，比如我们基于自我和他人的前提，围绕着自信（这个悬在抽象之梯中间的含混概念）进行的

一系列心理建设，所导致的更隐秘、更纠结的自卑。

真假问题区分得多了，你会获得一种宝贵的主动性，敢于将问题进一步区分成想解决的和不想解决的。

比如，我搞清楚了社交活动的本质之后，却并不想解决"我不喜欢社交"的问题。人格特质是有差异的，价值实现的路径也是多元的，这些以前是我认知中的盲区。曾经各种成见告诉我，积极的社交是人生不得不做的事，不擅长社交你就没有价值。正是在知识的帮助下，它们被我标记为了盲区和成见。

换一个新的框架，消极社交也许就成了一种更好的说法，是更深入思辨之后得出的新结论。我会坦然忽略琐碎的社交活动，这当然是一种解决，是所谓的"单单是想清楚一件事，就已经解决了问题"。

对真正想解决的问题，你会生出一种盲目自信，觉得只要下功夫，深入辨析、持续追问，到最后就一定会解决，你会习得一种笃定的成长型心态。

我们痴迷于说话的技巧与方法，执着于外在的语言表现能力，但真正决定人与人之间能力差距的，是他们面对世界的存在姿态。"语言是存在的居所"，当我们用最纯粹的语言发问远处有什么，远处的远处还有什么时，话语所及之处都成了我们的圈地，整个世界都成了我们的居所，在那里，我们姿态昂扬，敢于向未知取乐，玩得忘乎所以。偶尔遇见从"小地方"来的人，他们总是肤浅而琐碎地谈论着这个世界，你随便插上一两句嘴，对方便惊为天人：你说到点子上了！

第四章
场景与内容
在任何场合都能好好说话

前面三章分别讲了"话""人""事"，本章讲作为背景存在的"场"。"场"指的是"场景"和"情境"，一切语言都是情境中的语言。

本章是被这样一个"妄念"驱动的："通过划分场景类型，梳理出各种场景下的言说策略。"与这个妄念伴生的各种欲求，被很多书籍、课程的标题表达得淋漓尽致："无障碍沟通术""开口说服所有人""和所有人都聊得来"……

之所以有这般妄念，以及出现这些喂养妄念的知识，与这样的生活经验有关：虽然大部分人都不是优秀的沟通者，但我们的确在某些时候"成为过"优秀的沟通者，也许是某次侃侃而谈的闲聊，也可能是某次有理有据的辩论。与其说我们追求的是一个能通吃所有场景的沟通原则，不如说我们是想通过搞清楚影响表达能力的诸多要素以及要素之间的关系，来追求"良好表达"的更高频率复现。

创建一个分类，然后考虑每个类型中的变量关系，制定行动策略，是一种"非常科学"的态度。但我希望你同时注意到另一类经验：日常生活中的良好沟通，有相当一部分是**无意间**促成的，也有相当一部分矛盾和紧张来自我们**刻意为之**的类型化的套路式表达。必须同时讨论这枚硬币的另一面，否则难免陷入"蜈蚣先生，您先迈哪条腿"[1]的窘境——越是刻意，越显笨拙。

很多时候，妨碍我们达成演讲目标的，正是我们对演讲场景的理解；妨碍我们达成说服目的的，正是我们掌握的说服技巧。毕竟演讲的目的不是完成演讲，说服的目的也不是说服对方。

在本章中，我会向你证明，常识意义上的场景划分，是对语言游戏的肤浅简化，过分关注场景，反而会让我们忽视语言游戏的**核心玩法**。

说清楚场景的本质，并揭示出语言游戏的核心玩法，是本章的任务，这将帮助我们更好地应对在沟通、说服、辩论以及谈判中遭遇的各种困境。

下面我们谈谈场景。首先是定义问题——当我们在讨论"说话场景"时，我们到底在讨论什么？

和所有概念一样，场景首先是一个"分类标签"。所谓场景，大致上是我们对"自我—他人—事件的特定交互状态"所贴的标签。我们可以将自我设定为想要达成某种意图的人，而这种达成需要他人的支持或是克服他人制造的障碍，他人就是影响你达成目标的人。说话，就是通过影响他人来使自身达成目标而执行的活动。

---

1 这个问题出自一则寓言故事。蜈蚣先生有很多条腿，走起路来威风凛凛，有好事者问："蜈蚣先生，您走路时先迈哪条腿？"蜈蚣先生开始认真思考这个此前从未想过的问题，结果它再也无法正常走路了。

据此，我们可以给出场景的操作性定义[1]：行为主体在**实现目标**的过程中遭遇他人正面或负面的影响，并试图通过语言来赢得支持或克服障碍的场域。

说话场景即
行为主体在实现目标的过程中

并试图通过语言来　　事件　　他人　　遭遇他人正面
赢得支持或克服障碍　　　　　　　　　或负面的影响

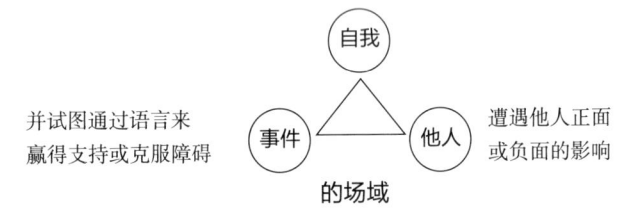

自我

的场域

接下来，请仔细辨析该定义中的关键词。"行为主体"当然指说话的我们，但有待实现的"目标"是什么？

人们各自有目标，这似乎不好归纳，但结合之前几章的演绎，我们认为，一个能够自主设定目标的理性动物参与社会交往，背后大致有两个目标——赢得权力，或是深化关系。

在实践中，赢得权力和建立关系这两个目的是交织在一起的，比如我们常常"通过赢得权力来建立关系"，所以此处要特别强调深化关系。不只是建立，还是深化。

原因在于，权力游戏是基于工具理性[2]的社会活动。比如，你

---

1 用哲学的视角来看，公认标准的定义是不存在的，我们在事前准确定义某个概念，是为了方便操作接下来的理论推演，因此定义也叫操作性定义。
2 工具理性是哲学家马克斯·韦伯提出的概念，指一种服务于特定功利目标的理性。工具理性强调对效益的计算，看似理性的思考只是手段和工具，最终目的是实现效益的最大化。与之相对的是价值理性/实质理性，指具有美学、伦理或宗教特质的非功利信仰，认为特定行为有绝对价值，该价值不以条件和代价的变化为转移。

通过展现自己的语言能力,赢得了一次辩论,完成了一次"圈粉"的精彩演讲,本质上都是在通过展现实力而赢得权力,以此来建立某种差序关系。

深化关系则是一种反思性的、基于价值理性的活动。比如,你希望修复你与家人的关系,想要向心仪的女生吐露心声,此时你无法靠赢得权力来达成目的——虽然你可以通过出人头地来"修复"和家人的关系,通过炫富来"赢得"异性的青睐,但你知道,那不是真正意义上的修复与赢得。后面会讲到,赢得权力和深化关系,表面上是手段与目的的促进关系,本质上却是此消彼长的对抗关系:**刻意放弃权力的行为,恰恰会导致关系的深化。**

接下来是"来自他人的影响"。"他人"可以是一个,也可以是一群,可以在场,也可以不在场,可以在当下,也可以来自过去的记忆或未来的期许——一群不在场的他人总是在记忆的深渊中凝视你,这并不是什么神秘体验。

影响有很多种表现形式,可以是无意的忽视、恶意的对立、殷切的期盼或是真诚的祝福。说话人体验到的莫名的紧张、隐秘的自卑以及存在感被剥夺,都是影响导致的。

"行为主体在实现目标的过程中遭遇他人正面或负面的影响,并试图通过语言来赢得支持或克服障碍的场域。"我们只是稍稍辨析了定义的前半句,便发现问题远比我们想象得复杂。如此复杂的你,有着如此纠结的目的,如此广泛的他人,如此微妙地影响着你,可想而知界定场景类型是一件多么困难的事。

```
              赢得权力  │  深化关系
                   说话场景即
                行为主体在实现目标的过程中
                        自我
      并试图通过语言来     △        遭遇他人正面
      赢得支持或克服障碍  事件  他人   或负面的影响
                       的场域
      对抗 │ 合作                支持 │ 阻碍
         引领
```

好在我们可以从权力这个概念入手,这是我们在第一章花费大量篇幅提炼出的一个核心概念。

之前提到,权力是维持主体间关系的基本作用力,没了这个抓手,关系将变得不可理解。为求简洁,我们可以在最朴素的意义上把权力理解为一种存在于主体间的强制力。

此处我们要问一个非常重要的问题:**在我们的生活经验中,为什么有些话语似乎天然具有普遍的强制力?**

根本上,我们探究的是下面这类经验是如何成为可能的:有些话天然地具有合理性,使你难以站在它的对立面,它无关乎说话的人是谁,也无关乎任何语言之外的强迫和威慑,一个人说出这些话,你就是服他。这种强制性是从哪儿来的?它是通过何种机制附着在话语之上的?它又是如何作用于我们的心智使我们服气的?

这也是在问:我们为什么会被说服?人可以被物理的力打服,但为何会被心理—语言的力给说服?被说服,到底是一种什么样的服？哲学家哈贝马斯说那是一种"没有丝毫强制性质的强制性"[1]，他也特别好奇：语言普遍有效性的基础是什么？这种没有丝毫强制性质的强制性到底是什么？这背后其实是在追问有关**语言规范性**的问题，问到了这里，我们才算摸到了真正的硬核，敲开这个硬核，才会收获超越场景的理论慰藉。

我会结合最新的学术理论，向你论证：与"说服"有关的心理活动以及语言活动，居于所有语言游戏的核心位置，人们说服他人以及被他人说服的心理—语言机制，直接规定了语言游戏的核心玩法。

新实用主义语言观

此处主要的理论资源来自美国哲学家罗伯特·布兰顿，他是著名的匹兹堡学派的领军人物，该学派的语言学理论也被称为新实用主义语言学。[2]

布兰顿的思路可以概括为"推论主义"。他的主要工作之一，就是用推论主义来辨析我们前面提到的那个"非强制的强制力"，

---

[1] 尤尔根·哈贝马斯.交往行为理论：第一卷.曹卫东译.上海：上海人民出版社，2004：24.

[2] 布兰顿的代表作是《使之清晰：推理、表现和话语承诺》，哲学家哈贝马斯认为此书令人信服地"阐明了主体间语言交往的实践形式……阐明了使用概念的有限心灵何以受到具有独立性的外部世界的限制"，就本章的主题而言，这两个"阐明"十分重要。

准确地说，就是阐明"语言的内隐规范性"。自维特根斯坦[1]以来，语言学界普遍认同"语言意义来自使用，语言的规范性是在语言游戏中约定俗成的"这个说法，布兰顿则进一步追问：这到底是个什么游戏，它最开始是怎么玩起来的，那些默会的规则和共识究竟从何而来？我们则要顺着布兰顿的研究接着问：是什么导致了规范性和强制力的差别？为什么有些人玩得好，有些人玩得很烂？

布兰顿认为，**语言游戏本质上是一个给出和索要理由的推论游戏**。[2] 理解和表达一个对象之所以可能，是因为它被我们置于了一种**推论结构**之中。一个命题只有在这种推论结构之中，才会被我们认为是有意义的，正是这种以推论为基础的意义组织方式，导致了语言规范性的出现。

举个例子，现在你面前有三个能够言说的他者：一位成年人、一个孩子和一只会说话的鹦鹉。他们分别当着你的面说出了下面这句话："你是个蠢蛋。"

---

1 维特根斯坦，20 世纪最重要的哲学家之一，其思想在很大程度上影响甚至引领了语言哲学的发展方向。我将会在第八章讨论他的思想。

2 "布兰顿认为在众多语言中存在着一种最为基本的游戏形式，那就是给出和要求理由的推论性实践。我们在给出和要求理由的活动中考察彼此做出了何种承诺性的断言以及做出此断言的资格，并在这种交互过程中表达自己。因此，要理解一个句子的意义，我们必须把它放在给出和要求理由的实践语境中。一个句子的意义是由它所处的全部推论关系决定的。"孙宁.匹兹堡学派研究[M].上海：复旦大学出版社，2018: 176.

你对三句完全相同的话的反应是截然不同的：成年人会激怒你；你会觉得这只鹦鹉很有趣；至于对孩子的话作何理解，要取决于这个孩子的年纪，一个十一二岁的青少年会让你升起略少于前面成年人的愤怒，若只是两三岁的小朋友，你可能会被他鹦鹉学舌式的表达逗乐。同样的五个字，一样的词汇，一样的语法，我们为什么近乎本能地得出完全不同的理解？换言之，是什么魔法让一串语音符号变成了有意义的话语？

这个魔法叫**判断**。

判断是一个极其重要的概念，在推论主义看来，意义的基本单位不是语词——概念，而是句子，具体来说，是一个有判断功能的命题，即断言。来自成年人和青少年的"你是个蠢蛋"被你"当真"，因为"你判断它是一个判断"，你对这串符号做出反应，不仅仅是因为你理解其中每个词的意思，你必须先判断出这串符号是一个人经由判断得出的断言，而非一种无意义的模仿。

断言是语言活动的基本要素。即便一句话不表现为断言，它也依然以断言为基础，"走开"断言了"你正在走过来"，"小心"断言了"这里有危险"。给出断言，才能在"给出和索要理由的推论游戏"中走出第一步。[1]

推论游戏

在推论主义的思路下，语言交往可以被理解为一种围绕着断

---

[1] 罗伯特·布兰顿.阐明理由：推论主义导论[M].陈亚军译.上海：复旦大学出版社，2020：13.

言展开的"积分游戏",下面我会为你说明这个积分游戏的内容,它是我见过的对语言交往活动最朴素、最清晰的描绘。

"给出断言,才能在'给出和索要理由的推论游戏'中走出第一步"的意思是,只要你以成年人的身份,在语言世界中交出一句断言,对一个人的主观看法也好,对一个对象的具体描述也罢,无论内容是什么,是真是假,它首先被他人理解为一种特定的"交往姿态",在这种姿态下,其他人会默认你认同自己的判断,相信自己说的话,并且为它的真实性负责,我们通常把这种姿态叫作"承诺"。

因为向他人展示了这个姿态,我们就进入了语言规范的世界,正式成为语言游戏的玩家。比如,当我在本书中给出"地球是圆的""语言活动可以被理解为一种积分游戏"这两个断言时,本质上我是做出了两个承诺,你作为读者,会下意识地在我的"承诺积分栏"中为我记上 2 分,但我随时有被扣分的风险,因为这些承诺马上会面临外部知识系统的裁决。

(记 2 分)
承诺
　　断言 1:"地球是圆的。"
　　断言 2:"语言活动可以被理解为一种积分游戏。"

由于"地球是圆的"这个断言符合知识系统给出的一系列结论,因此我不会被扣分。"语言活动可以被理解为一种积分游戏"却并非普遍常识,是个有争议的说法,这会让我面临被扣分的危险,我需要继续给出断言来支撑它。

这使我具备了第二种交往姿态,这种姿态被称为"资格"——

为断言进行辩护的资格。在他人看来，我之所以敢说一句可能会有争议的话，是因为我默认自己有继续为它提供理由的能力与资格。

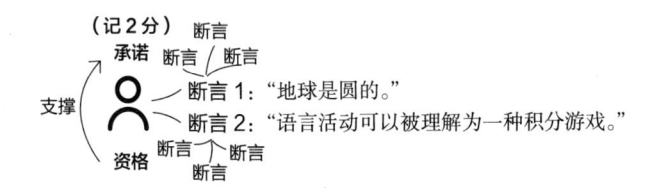

```
         （记2分）  断言
       承诺  断言 ／断言
   支撑       ○    断言1："地球是圆的。"
            ∧    断言2："语言活动可以被理解为一种积分游戏。"
       资格  断言↗断言
             断言
```

"资格"和前面讲过的"承诺"一样，总是处于危险中的、有待于事后判断的。一旦我后续提供的其他断言**证成**了"语言活动可以被理解为一种积分游戏"，我的承诺与资格积分将双双上涨；若提供的理由不足以支撑这些断言，则会遭到扣分。

这就带来了一个疑问：资格需要后续给出的理由支撑，可后续的理由本身也是某种断言。这意味着资格本身依然需要另外的资格来保证，这不就陷入无穷后退了吗？

实践中不会发生这样的情况，因为语言活动遵循着一种"资格的缺席与挑战的结构"：若没有明显更好的理由与之竞争，我们往往倾向于接受该理由，但这个理由永远面临未来可能出现的更好理由的挑战。[1]

在语言活动中，相信的优先级总是高于质疑，这符合我们的日常经验：我在此处断言"语言活动可以被理解为一种积分游戏"，并给出了一系列为之辩护的说法，你接不接受？事实上，如

---

1 "当一个人做出一个断言时，其他人如果没有特别的理由，通常会把它当真，也就是把它当作有理由的断言接受下来，但做出这个断言的人，必须随时准备面对质疑并给出断言的理由。" 罗伯特·布兰顿. 在理由空间之内 [M]. 孙宁, 周靖, 黄远帆等译. 上海：上海人民出版社, 2019: 18.

果你没有听过更好的理论，那么你会暂时接受，并期待可能到来的反驳和质疑——潜在的挑战时刻在场，这种机制保障了我们认识和表达的有效性。

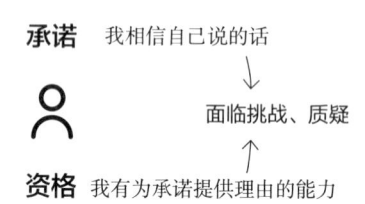

承诺 我相信自己说的话
↓
面临挑战、质疑
↑
资格 我有为承诺提供理由的能力

因此，当我们作为受话人参与语言游戏时，我们同样有两种规范姿态：一种是"接受"，另一种是"归属"。接受很好理解，就是同意这个断言。但这里的**同意**并非我们常识意义上的认同，它的实质是受话人将说话人给出的断言当成自己的断言，并且承担给这个断言提供解释的责任。你一定有这样的经验：在某公开场合赞同一个观点，当别人否认这个观点时，你会自然地认为别人也在反对你，有为之辩护的冲动。这就是接受。

归属则是不接受这个断言，归属不是常识意义上的**反对**，其内涵是将一个承诺归属于说话的那个人——我不接受这个说法，但我不反对你的话，我等你给出更多理由。这类似于我们平常所说的怀疑、观望、持保留态度。

请你注意归属与反对的区别，在推论主义的解释框架下，反对并非受话人的姿态，因为一旦你表示反对，你便做出了一个断言，马上进入了说话人的角色，开始接受他人对你的承诺与资格的记分。

说话人的两种姿态——承诺和资格，构成了语言游戏参与者的规范身份；受话人的两种姿态——接受和归属，构成了语言游戏参与者的规范态度。

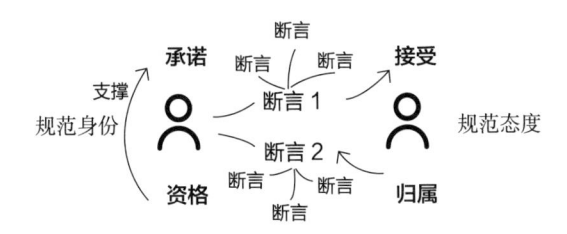

```
           断言
    承诺  断言 断言   接受
支撑  ↖  ↗  ↖  ↗
规范身份    断言 1        规范态度
         ↙  ↘
         断言 2
    资格  断言 ↗  ↖ 断言  归属
           断言
```

四个元素组合在一起，这个模型就形成了一个相互支撑的闭环：我们既是说话人，也是受话人。作为受话人，我们知道一个断言要么被接受，要么被归属。被接受，意味着作为说话人的你做出了一个需要为之负责的承诺；被归属，则意味作为说话人的你需要给出理由来证明自己有如此断言的资格。这就是规范态度的身份依存性和规范身份的态度依存性。我们之所以能成为一个规范的说话人，首先是因为我们心中有一个规范的受话人。这样的双重自觉导致了一种弥漫在主体内与主体间的规范性，成了人类一切理性活动的基石，上至知识共同体，下至个人交往，都受这种规范的统摄。

```
         承诺   接受
          ↓  ↑
规范身份    断言    规范态度
的态度依存性        的身份依存性
          资格  归属
```

这个模型能帮我们解释很多经验现象。

在日常交往中，我们说出一些话，别人还没来得及反应，我们自己就已经觉得非常尴尬了，这是因为它触及了那种弥漫的规范性；我们做出一番表达，别人还没来得及反应，自己就已经暗自叫好，觉得这话说得太漂亮了，这也是存在这种强制性的缘故。那些自惭形秽和自鸣得意，本质上都是拥有他人视角的你的规范身份得到了承认和否认的结果。

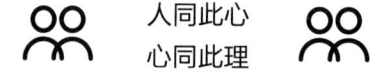

人同此心
心同此理

多数时候，这些羞愧和得意是靠谱的——靠谱的意思是，此时别人也觉得你应该羞愧或得意。但有时也错得离谱，毕竟这个别人不是真的别人，只是你心中规范的受话人——一个泛化的他人[1]。靠谱还是离谱，最终取决于我们的规范敏感度——对那些弥漫在主体之间的规范感知有多准确，或者说，取决于我们的心智到底有多成熟。一只鹦鹉不会惭愧，因为它没有语言规范。一个孩童很少羞愧，他只是隐约觉察到了规范。少年常常羞愧，他进入了规范，却无从确认自身的规范身份。因为文化间的差异性，成年人的情况最为复杂：若对方与你处于相似年纪、相同圈层，有接近的教育背景，你的自鸣得意和自惭形秽可能是准确的；若对

---

[1] 符号互动理论的创始人米德有一个很重要的观点，叫"泛化的他人"，他说："个体对他自己的刺激和其他人一样做出反应。于是，刺激成了表意的刺激；于是，人们说的话有了意义。我们多少是无意中看着自己，像其他人看着我们一样。我们不知不觉地像其他人对我们说话那样对自己说话。"乔治·H. 米德. 心灵、自我与社会[M]. 赵月瑟译. 上海：上海译文出版社，2005: 53-54.

方的阅历与圈层远高于你,那么在对方眼中,你的表现犹如孩童般不成熟,我们在权威面前变得拘谨少言,是因为"你判断他会那样判断你"。对规范的敏感是第一章中给予与流露导致自反馈循环从而导致紧张的根本原因,在进行公众表达时,这种拘谨感和紧张感会到达顶峰,即便公众并非真的在场。[1]

规范敏感度

紊乱的成年人

这引出了一个特别有趣的命题,我称之为"羞愧感、社会性和理性之间剪不断,理还乱的关系"。如果你认同前面这一系列演绎,那么下面这个说法几乎一定是错的:局促和紧张是一种非理性的表现(这里的理性是指一种自我掌控的意识)。三四岁的小朋友没有什么理性可言,可以旁若无人地当众表演节目,丝毫没有羞耻感,而理性的成年人往往需要经过大量的心理建设和练习,才能达到类似的自然状态。需要我们翻转认知的地方是:局促、紧张、不自然是意识到了规范性的表现,恰恰是理性乃至过度理性的结果。

---

[1] 电视行业有"晕镜"的说法:只要摄影机镜头挂在前面,当事人就会非常焦虑。当全世界都看着你的时候,若不是精心准备,流利表达,你一定会被嘲笑——你判断镜头背后的人会如此判断你。

说清楚了游戏的基本规则，接下来就要教授具体的游戏策略了，后面的内容分成三个部分：核心玩法——语言游戏中唯一重要的事，进阶攻略——角色、舞台、严肃感与角色紧张，作弊技术——"后理性"技术与"幽默"。

核心玩法——语言游戏中唯一重要的事

如果语言游戏的内核是给出和索要理由的"推论游戏"，那么下面这个说法就很容易被接受了：创造强有力的论证，是整个语言游戏中最重要的事。[1]换句话说，我们必须成为"提供理由"的高手。

我们在第一章列举了五类表达场景（沟通、谈判、演讲、说服和辩论），其中说服具有核心地位。细究之下，你会发现所谓谈判、辩论以及演讲完全是由一系列说服行动，更具体地说，是由一系列提供理由的活动组成的。在辩论中，理由支撑了某个持方立场；在谈判中，理由改变了对方的某个观念；在演讲中，理由使演讲者获得了某种资格。

在彻底理解"说服"的原理之前，区分各种场景的意义并不大，针对性地训练各种辩论诀窍、演讲技能、谈判技巧，只能是隔靴搔痒，反过来，一个论证能力很强的人，稍加训练，便能成

---

[1] "生产和消费理由的推论实践在语言实践区域中位于中心地带。边缘地带的语言实践使用并依赖在给予和索取理由的游戏中所锻造的概念内容，是寄生于它的。"罗伯特·布兰顿.阐明理由：推论主义导论[M].陈亚军译.上海：复旦大学出版社，2020：13.

为辩论、演讲和谈判的高手。

关于说服,有一种很常见的观点:在多数情况下,一本正经地讲道理往往没用,相比之下,煽动情绪、身份碾压、威逼利诱、道德大棒才是更有效的说服手段。但这个观点是错的。

社会心理学中有一对概念,专门用来讨论这个问题:中心路径说服与外围路径说服。中心路径说服,是我们这里讲的说理论证,是基于论据的说服;外围路径说服,则是透过各种外围因素进行影响,比如洗脑口号、明星代言、意象营造。

同样是汽车广告,展示内饰、外观、加速成绩和优惠售价,是中心路径说服;镜头中成功男士开着车与妙龄美女有说有笑,则是外围路径说服。同样是演讲,那位专注于说理论证的演讲者是在进行中心路径说服,另一位操着播音腔,强调他的光鲜履历,把观众搞得热血沸腾的人则是在进行外围路径说服。网友经常调侃某网站用户在回答问题之前习惯先声明自己"刚下飞机,人在美国",这也是外围路径说服。精致装扮、播音腔、学历头衔,都是"高价值符号",用符号学的术语来说,它们是能强化资格的"伴随文本"[1]。为什么人们要买一辆贵得不像话的车?除了虚荣心,它们本身也是一个重要的生产力工具——能让你少说很多话。

我们会自然地认为外围路径说服能更高效地影响他人,然而,不管是社会学、心理学的研究,还是我们的日常经验,都指向一

---

[1] "这些语言之外的语言,围绕着主文本的文本,也叫'伴随文本',在符号学的意义上,你的口音、语速、肤色、长相、举止和着装都是伴随文本——服装就是一段无声有形的自我介绍,口音则是一张有声无形的人生履历表。"赵毅衡. 符号学:原理与推演[M]. 南京:南京大学出版社, 2016: 139.

个事实：中心路径说服对人的影响要更加深入、更加持久。[1] 我们会认为外围路径说服效率高，是因为创建一个高质量中心路径说服的难度太大。两者的根本差异是：中心路径说服会向受话人的心智直接展示因果关系，它能回答"为什么"的问题；外围路径说服则试图用大量的相关性来制造含混的因果印象，它有效的前提是"为什么"没有得到清晰的回答。

说理论证

中心路径说服
（直接展示因果关系）

外围路径说服
（制造含混因果印象）
喜好　　　　　　　互惠
　权威　　　稀缺
　从众　一致性

在知识爆炸的今天，再回头去看成功学大师的表演，会觉得对方非常可笑；在真正的富人面前，名车傍身并不能带来多少说服力；真正的智者，会直奔主题，看你肚子里到底有没有"货"。

公平地说，知识面越宽、对规范理解越深刻的人，越不容易被外围路径说服；圈层段位越高，越注重真材实料。中心路径说服的缺点是创建难度高，优点是一旦创建完成，它所蕴含的强制力就是无差别的。无论你是何种身份，面对任何身份的人，都可以通过周密的论证获得一种毫无强制性的强制承认，无名之辈皆可一战成名。在这个"因言举人，因言废人"的世界里，擅长说

---

[1] 戴维·迈尔斯. 社会心理学 [M]. 侯玉波，乐国安，张志勇译. 北京：人民邮电出版社，2014：227.

理论证作为一项能力，权重简直高得不像话。

接下来，我们要回答的问题便是：使一个论证（推论）有效的根本原理是什么？换句话说，**一个擅长论证说理的人，他擅长的究竟是什么**？彻底澄清这个问题之后，我们才有资格继续追问：如何创建一个强有力的论证？

论证的本质

论证的标准定义是：根据已知的真实的判断来判断某一判断的真实性的过程。心理世界的"判断"对应着语言世界的"断言"。

判断是思维的基本形式之一，是对思维对象有所肯定或否定的思维过程，但这种"基本形式"具体是怎样的，为什么能让我们对思维对象产生肯定或否定的认识，其依据是什么？这些问题不问还好，一问出来，就会发现答案并不那么显而易见。在今天的学术系统中，它们属于认识论哲学要处理的课题，对于这类问题，皮尔士在100年前给出的答案直到今天依然非常有说服力。

皮尔士认为，判断并不是一个过程，而是一个结果，导致这个结果的理性活动，叫溯因。溯因是比判断更基础的认知活动，一个判断是一个或是多个溯因完成的结果。

溯因的基本形式是：某人观察到了惊异的**事实 C**；如果**命题 A** 是真的，则事实 C 是**理所当然**的；所以，有理由相信命题 A 是真的。

溯因

> 观察到了惊异的事实 C
> 如果命题 A 是真的,则事实 C 是理所当然的
> 所以,有理由相信命题 A 是真的
>
> 肯定　判断　否定

令人惊异的**事实 C** 指那些心智无法理解的事件,比如"天上居然会漏水"。张三告诉你**命题 A**,比如某些气象学知识——"云是由水汽凝固造成的"、"上升的气流会导致云层里的水滴增多、体积变大,最终落下",这些气象学知识(命题 A)使得天上居然会漏水(事件 C)成了**理所当然之事**,于是你有理由认为气象学知识是真的。当然,李四也许会告诉你,还存在另外一个命题 A "龙王发怒了",这似乎也可以让"天上居然会漏水"成为理所当然之事,但前提是"海里有龙王"并不令你惊讶。很明显,龙王的存在和我们知识系统中的几乎所有命题相抵触,而气象学则与物理学、化学、天文学、地理学等诸多学科高度融贯。

因此你肯定气象学,否定龙王。

溯因

A:水汽遇冷凝结成水滴	C:天上漏水了?!	C:海里有龙王?!
C:凝结?!	A:气象学知识　A:龙王发怒了	A:世上有神仙
A:气体因温度降低变为液体	下雨理所应当　下雨理所应当	C:世上有神仙?!
C:温度?!	气象学可能是真的	A:我亲眼见过
A:指分子热运动的剧烈程度		C:你亲眼见过?!
C:分子?!		A:老夫当年……
原来如此 →　肯定　判断　否定　← 我不信!

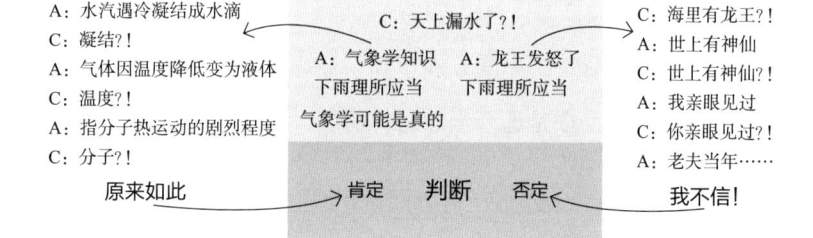

溯因无处不在，上面这段内容本身就是对"我们居然能进行肯定或否定的判断"这个惊异事实给出的说法，如果它让这个事实变得理所当然了，且你没有听过更好的说法，那么你就有理由相信我和皮尔士。

皮尔士说："在假定推断中，一个单独的强度较高的感觉，代替了这种线索无穷的感觉。"[1] 你会发现，若非在社会关系中，在公共知识中，这种强度较高的感觉是不可能出现的，它在很大程度上来自对"他人也会产生类似感觉"的确认。

总之，论证由判断组成，判断是溯因的结果，溯因是认识的基本形式。这种基本形式：（1）始于惊异；（2）是社会性的、主体间的；（3）是含混的，总是可以被进一步澄清。**若没有与之竞争的更好选择，当前这个就会被暂时接受下来**，前述的"资格的缺席与挑战的结构"在根本上源于此。

论证的结构

现在，我们可以来回答第二个问题了：如何创建一个更容易被接受的论证？我要向大家介绍大名鼎鼎的图尔敏论证模型。

图尔敏的《论证的使用》是论证研究领域的扛鼎之作，整本书回答的问题便是：如果经验证据和逻辑都不足以为日常的推论活动提供规范性，那么我们该如何进行公正且有效的说理？他将法学中控辩双方的对抗模型引入生活化的论证场景，最终整理出了图尔敏论证模型。当你准备靠讲道理来说服他人时，应该第一

---

[1] 转引自赵毅衡. 符号学：原理与推演[M]. 南京：南京大学出版社，2016: 107.

时间想到它。

为了说明问题，我们用图尔敏论证模型来构建一个"所以我希望您给我涨工资"的主张。这是典型的低权力场景的关键对话，也很有现实意义，让我们看看图尔敏论证模型是如何让这个主张变得极其规范、充满强制力、令人难以拒绝的。

最平庸的论证结构是：我觉得我的工作做得很好，所以我希望您给我涨工资。很明显，"我认为我的工作做得很好"理所当然是主张涨工资的前提，但这个所谓的前提本身是需要其他断言支撑的。因此，在图尔敏论证模型中，该前提并不需要出现，你只需给出**能必然推出该前提的那些前提**就好，它们是更基础、更牢靠的前提，有三种类型。最基础的，叫作数据，也就是基本事实依据——"我已经连续三个月超额完成了公司的KPI（关键绩效指标）"；其次是理据，理据说明数据如何与断言有关，说明基于事实如何能推出主张，这里的理据可以是"高绩效的员工理应得到更好的待遇"。"理应"，即按照某个**道理**，**应该如何行事**。

数据与理据的区别在于，前者是显性的、本来如此的（实然的），后者是隐性的、应该如此的（应然的）。棘手之处在于，相比毋庸置疑的数据事实，理据往往缺乏可靠性，对于"为何应该如此"，人们并不总能达成一致，因此理据背后往往还需要有个支撑，也叫根据，它相当于理据背后的理据，用来说明理据为什么是有效的——这里的支撑可以表达为"根据激励理论的基本原则"。

理据和支撑的区别在于，前者是主观假定性的，后者是规范

共识性的，因此支撑往往免受质疑，或质疑成本非常高。比如，在法庭辩论中，支撑往往就是法典中的具体条款，理据则是对条款的主观阐释，以说明证据与论辩主张之间的关系。我在本书中不时引经据典，某学科有某理论，某哲人曾如是说，本质上都是在寻求支撑，以应对可能会有的质疑。

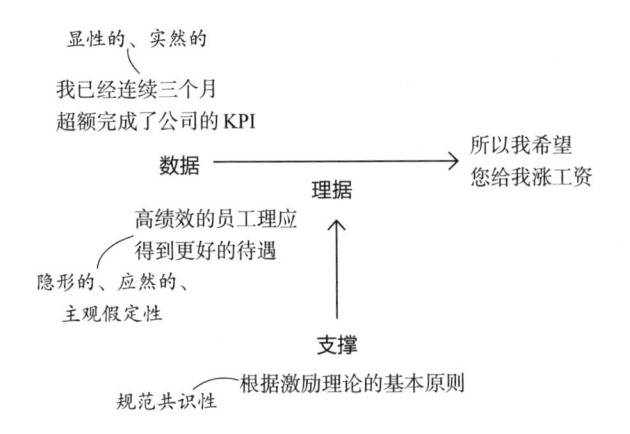

```
       显性的、实然的
         ／
   我已经连续三个月
   超额完成了公司的KPI
数据 ─────────────────→ 所以我希望
              ↑              您给我涨工资
            理据
      高绩效的员工理应
      ／ 得到更好的待遇
隐形的、应然的、
主观假定性
            支撑
      ／ 根据激励理论的基本原则
规范共识性
```

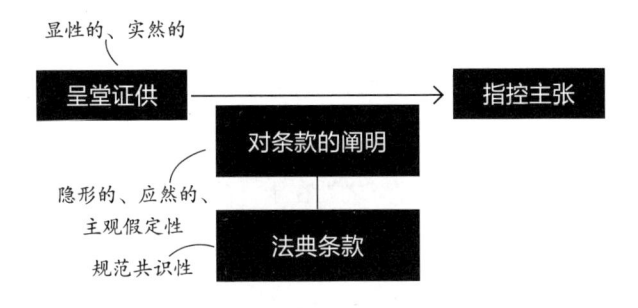

```
       显性的、实然的
         ／
   ┌────────┐                    ┌────────┐
   │ 呈堂证供 │ ─────────────────→ │ 指控主张 │
   └────────┘                    └────────┘
              ┌──────────┐
              │对条款的阐明│
              └──────────┘
                   ↑
   隐形的、应然的、
   主观假定性
              ┌──────────┐
              │  法典条款 │
              └──────────┘
   规范共识性
```

此处有两个关键点值得注意。

首先，在日常对话场景中，说出下面这些话是很蠢的："我已经连续三个月超额完成了公司的KPI，根据商业激励理论的基本原则,高绩效员工,也就是我,理应得到更好的待遇。"在这个例子里,这三种类型断言的齐备似乎不是必要的。

其次,即便这种齐备只在理论上是必要的,它也依然不具有我们期望的那种强制性,断言依然处于被驳斥的危险中。比如你的老板会说,高绩效并不等于优秀,短期效益的增加也不一定有助于长久的发展,传统的激励理论并不适用今天的组织,公司目前的条件不允许,等等。

目前为止,我们只说了这个模型的左侧,也就是前提侧,接下来,模型右侧(结论侧)的一系列操作将完美回应上面这些问题。

我们可以用一个短句来记忆图尔敏论证模型:数理B,反限C。数理B当然是前提侧的三要素:数据、理据和支撑。反限C则是结论侧的三要素,分别是反驳条件、限定词和主张。

反驳条件,指断言者需要自己先指出这个断言可能被反驳的点,并为此做补充性说明,这种说明必须和断言一起出现。比如,"除非公司经济条件不允许,或者绩效并非公司最看重的考虑要素,否则我希望您给我涨工资"。在《关键对话》这本书的理论中,这叫"软化措辞",神奇之处在于,被软化过的措辞反而能强化你的立场,因为你已经把对方可能会有的反驳提前堵死了。根据论证的规则,如果没有更好的反驳理由,当前的主张就倾向于被接受——说服效果由此得到了强化。

限定词,是对断言的修饰与限制,使其不至于沦为武断和专横的主张。限定词会从另外一个角度软化措辞并强化立场——"除非公司经济条件不允许，或者绩效并非公司最看重的考虑要素，否则，在我的个人意愿上，我真的非常希望您给我涨工资。"

你会发现，人类的语言中充满了各种限定词，比如"据我所知""某种意义上""不严谨地说""很大程度上"等。限定词能让一个断言在逻辑上立于不败之地，因为在"很多情况下"全称断言的命题"几乎"是错的，比如所有天鹅都是白色的，而被限定的特称命题"几乎"永远有继续辩护的空间，即便是"对我而言，所有天鹅都是白色的"这种主观独断的表达也不例外。

所以，"我觉得我的工作做得很好，所以我希望您给我涨工资"这个平庸主张的图尔敏加强版是"我已经连续三个月超额完成了公司的KPI，根据激励理论的基本原则，高绩效员工理应得到更好的待遇。除非公司经济条件不允许，或者绩效并非公司最看重的要素，否则，在我的个人意愿上，我真的非常希望您给我涨工资"。

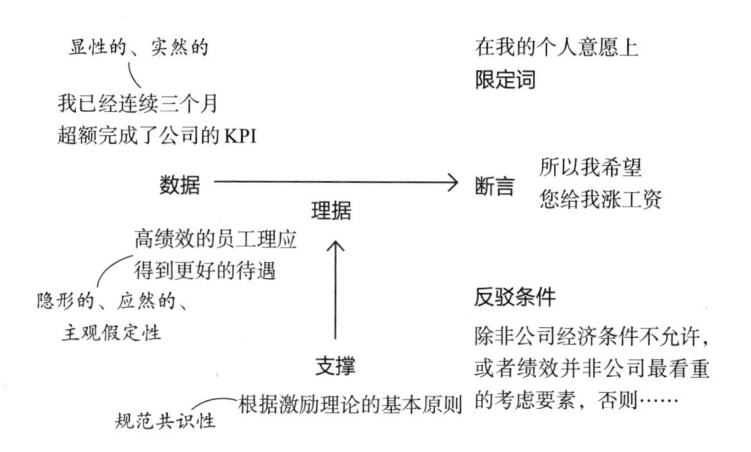

显性的、实然的
我已经连续三个月
超额完成了公司的KPI

数据 ⟶ 断言

理据
↑
高绩效的员工理应
得到更好的待遇

隐形的、应然的、
主观假定性

支撑
↑
根据激励理论的基本原则

规范共识性

在我的个人意愿上
限定词

所以我希望
您给我涨工资

反驳条件
除非公司经济条件不允许，
或者绩效并非公司最看重
的考虑要素，否则……

这段表述虽然完整了,但显得十分生硬,所以我还需要为前面这部分讲解加上一个反限:我们要承认,实际情况是复杂的,不能生搬硬套。真要谈涨工资,你当然得配合一些外围技巧,比如说自己经济上的困难、营造一个未来愿景之类的。此处论述的主要目的,是展示一个论证的硬核,有了一个强硬的内核,我们才可以讨论所谓的场景适用性。

论证与场景

有求于权力者的非对抗场景,理据和支撑往往需要隐去,没有人会蠢到去教老板如何激励员工,相反,我们要特别强调结论侧的"反限"工作,以表明我们**充分考虑了对方的顾虑和自身认知的局限性,才审慎地提出了这些主张**。就上面这个案例来说,有清晰的事实罗列,有被反驳限定软化过的主张,再点缀一些外围路径说服技巧,完全可以组织出一段优雅得体、合情合理、对方拒绝起来会显得自己很不合适的说服内容。

相反,在对抗性场景中,则必须在数据、理据和支撑上下足功夫,它们能使说话人站在规范支持的一边,获得强制力。比如,围绕既定事实证据的法庭辩论简直就是理据和支撑的战场,虽然事实证据是既定的,但可以有很多解释角度,不同的角度能找到的支撑(法律条款)也不一样,"辩护"由此成为可能。

还有一种对抗场景是围绕着价值命题展开的,典型的如辩论比赛。和法庭辩论的区别在于,因为辩题有充分的歧义性和两难性,所以天然不受限定词约束,裁决性的判断很难产生,《奇葩说》

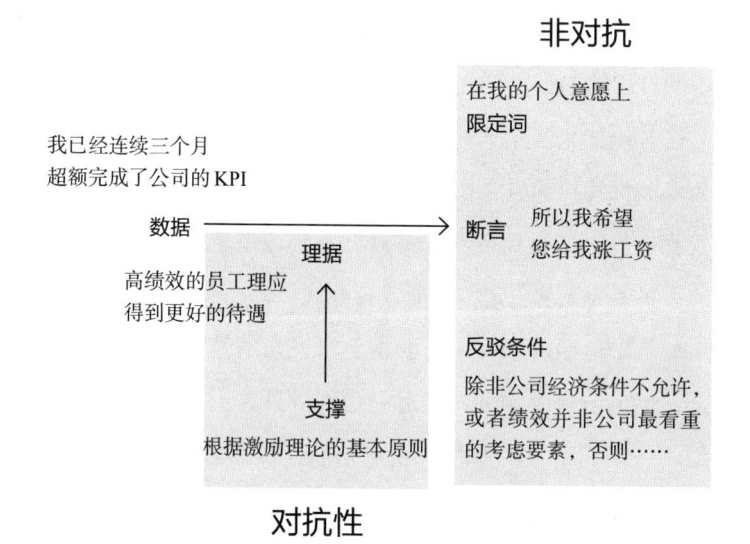

```
                                          非对抗

                              在我的个人意愿上
                              限定词

我已经连续三个月
超额完成了公司的KPI
          数据 ─────────→  断言   所以我希望
                   理据              您给我涨工资
           高绩效的员工理应
           得到更好的待遇
                    ↑         反驳条件
                              除非公司经济条件不允许，
                   支撑         或者绩效并非公司最看重
           根据激励理论的基本原则    的考虑要素，否则……

              对抗性
```

有一期辩题是："奇葩星球新科技，人们可以自由买卖生命时间，你支持吗？"你会发现，这个充满歧义的命题可以被重新表述成以下几种说法：

一个能带来更多自由的新科技，你支持吗？

一个能让生命体验更加丰富的新科技，你支持吗？

一个把人商品化、明码标价的新技术，你支持吗？

一个摧毁了人类最后的公平（时间）的新技术，你支持吗？

某位知名辩手曾说：**说服的本质，就是让人们相信你讲的东西和他本来就相信的某些东西是一样的。**辩论双方的工作，就是用各自的"数理B"来论证完全不同的主张，这些主张在同一串符号（奇葩星球新科技，人们可以自由买卖生命时间，你支持吗）的掩护下才成了对立观点。在这类辩论中，最主要的反驳方法，无非是指出对方论证的不是辩题本题,而是它的某个歧义版本,并说明自己的主张才符合题旨。

这时候如果有个人跑出来说"我所说的新技术,仅指那些受到公众监督管控的科学技术;我所说的自由买卖,是真正充分的、不受寡头操纵的自由买卖。请对方不要混淆概念……"是非常无力的。正因为无从限定,才能成为游戏。

参与辩论活动,有一个获得上帝视角的笨方法:把辩题写在纸上,标出所有关键词,然后一道线划开,上面写价值,下面写弊端,一整期节目的脉络就清晰可辨了。新技术的价值与弊端、自由的价值与弊端、买卖的价值与弊端,生命时间的价值与弊端……如法炮制,每一个概念都能延展出一系列命题,每一个命题都值得大说特说。在那期节目中,陈铭用"时间是最大的公平"这个断言力压众人,最后蔡康永则用"时间是人生最后的枷锁,无差别的公平等于没有公平"进行反驳。

价值

奇葩星球 新科技,人们可以 自由买卖生命时间,你支持吗?

弊端

结合上一章的知识,我们还可以进一步对每个关键词进行左右分割,左边是成见(旧观念、新解释),右边是盲区(新事实、新观察)。击穿成见和揭示盲区是观众的兴趣点所在。倘若你真花精力做研究,把所有关键词上下两端和左右两侧的内容都填满,你大概会成为对这道辩题最有发言权的人，对方辩手的大部分发言也将落入你的预期。

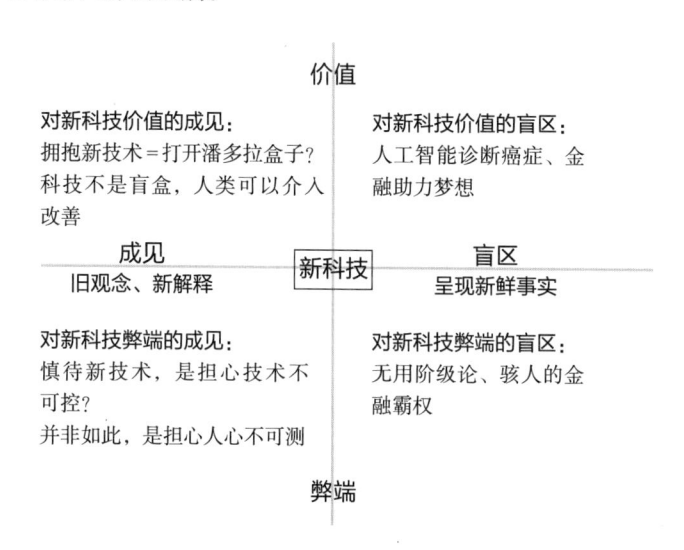

	价值	
对新科技价值的成见： 拥抱新技术＝打开潘多拉盒子？ 科技不是盲盒，人类可以介入改善		对新科技价值的盲区： 人工智能诊断癌症、金融助力梦想
成见 旧观念、新解释	新科技	盲区 呈现新鲜事实
对新科技弊端的成见： 慎待新技术，是担心技术不可控？ 并非如此，是担心人心不可测		对新科技弊端的盲区： 无用阶级论、骇人的金融霸权
	弊端	

离开应用场景，回到图尔敏论证模型，你会发现一个绝妙的断言检查清单，我们既可以用它来整理自己的断言，也可以用它来检查他人的主张，我们至少能得到下面三个重要启示：

（1）"数据大一级压死人"：事实是雄辩的基础。在业绩一塌糊涂的情况下，和老板谈涨工资是个伪命题；在证据确凿的情况下，有些主张是不辩自明或不攻自破的；即便是围绕价值命题的辩论游戏，也必须围绕鲜活的案例和数据展开。正所谓"数据大一级压死人"。

（2）"道理需要支撑"：道理需要规范共识支撑。支撑的重要性仅次于数据，它们是唯二能强力终止质疑的推论元素，理据在事实与主张之间架起桥梁，桥梁的韧性和强度是支撑提供的，我们必须在支撑上花大力气。

（3）"反限让你更强韧"：预先反驳以及自我限定能让论断更具韧性，使其难以被反驳。

小结一下，核心玩法模块的基本脉络是：**若我们接受语言游戏本质上是一个推论游戏的假设，那么给出理由的论证活动将是玩家最关键的游戏行为。**于是我们问以下几个问题。

（1）什么是论证？论证有效的原理是什么？为什么有些论证会显得更强？

这个问题帮我们引出了这些知识点：中心路径说服与边缘路径说服；论证的本质是用一个判断来支撑另一个判断的过程，判断是溯因的结果；我们的判断模式其实很粗糙——若没有更好的理由，当前的理由就会被暂时接受，在这个意义上，一句话之所以被我们认为是"说到了点子上"，本质上是因为这句话让其他与之竞争的话显得"不在点子上"了。

（2）强力论证的基本结构是什么？

这个问题把我们领到了图尔敏老师的跟前，我们因此学到了经典的图尔敏论证模型：数理 B，反限 C。

（3）不同的说理场景，论证活动的侧重点有何不同？

我们先区分了对抗场景与非对抗场景，它们分别侧重论证结构的前提侧和结论侧，用前提犀利果敢地进攻，用结论温柔坚定地防守；后来区分了事实命题与价值命题，以《奇葩说》的一个辩题为例，分析了围绕价值命题的对抗逻辑——使话题朝对自己的主张有利的方向倾斜。

论证始于判断，判断始于溯因，这个过程构建了人与人之间的语言规范，强有力的论证结构最大限度地利用了这种规范。

进阶攻略——角色、舞台、严肃感与角色紧张

如前所述，我们在社交场合体验到的局促、紧张与不自然并非不理性，恰恰相反，它们是理性甚至过度理性导致的结果，是我们意识到了交往规范性的表现。

在第一章中，我们受欧文·戈夫曼的启发，通过区别给予和流露来说明"因为意识到交往规范而陷入自我指涉的怪圈进而导致紧张"的状况。这里要追问是：并非所有人在任何时候都会如此，那么这种张力是如何被解除的？换言之，玩家在语言游戏中姿态转变的原理是什么？

在此之前，我们必须搞清楚"羞愧感、社会性和理性之间的关系"。

很多理论洞见都是跨界类比的产物，图尔敏的《论证的使用》是用法学模型来解决说理论证的问题，戈夫曼的《日常生活中的自我呈现》及其背后的拟剧论则试图用戏剧表演理论来澄清社会交往的原理。基于戏剧理论，在明确区分给予和流露之后，戈夫曼还强调了两组概念：交往活动中的**个体**需要被区别为**表演者**和**角色**，所处**环境**必须被区分为**前台**和**后台**。

它们之间的关系如下图所示。

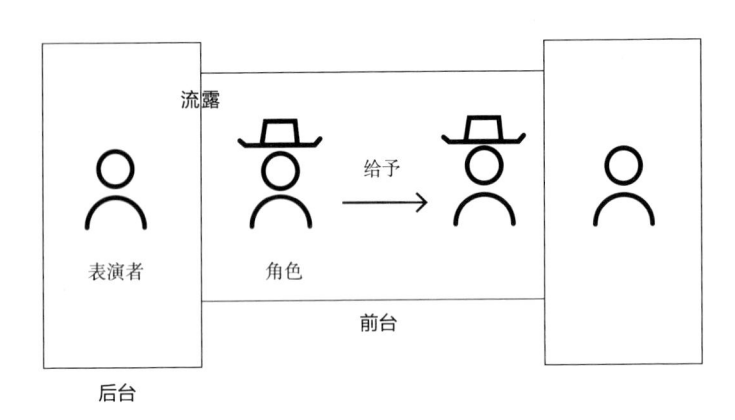

前台是他人目光在场的规范空间,后台则是免于他人注视的私人空间,是我们化妆、卸妆、管理服装道具、背台词的地方。按照戈夫曼的说法,印象管理的本质就是隐藏后台。[1]

表演者和角色的区分也很好理解,戈夫曼认为,角色通过四类表演(有意识的给予)在人间行走。

一是自我理想化,即对某种理想原型的模仿,比如刻意使用播音腔追求磁性嗓音。

二是制造误解,即有意错误地表现、欺骗、谎言。

三是神秘化,即保持距离,意图让对方产生某种陌生感崇拜,比如刻意让自己显得"忧郁""高冷"。

四是补救,即对之前的某个错误印象进行纠正,最典型的就是袒露心声和赔礼道歉。

---

[1] 欧文·戈夫曼.日常生活中的自我呈现[M].冯钢译.北京:北京大学出版社,2008:99.

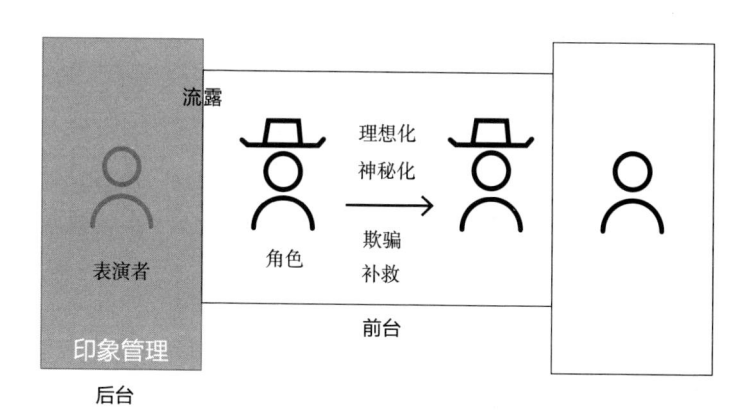

其中，**理想化**的表演最常见。表演者通过约束自己的"自由"来获得一种稳定且理想的形象。用哲学家詹姆斯·卡斯[1]的话说，这种约束也叫自我遮蔽[2]。诡异的地方是，这种约束或遮蔽不能过于刻意，明确表现为约束的约束，会导致表演失败。为了避免这种状况发生，表演者需要让自己进入一种双重自我欺骗状态，这种状态叫作"严肃"。

---

1 詹姆斯·卡斯，美国哲学家，代表作有《有限与无限的游戏》。
2 "在表演的过程中，这个女人一直都知道自己在演戏，她从未忘却自己遮蔽了自身来展现这个角色。自我遮蔽是一种矛盾行为，一种对自由的自愿抽离。我无法忘却自己已经忘却，我可能掩饰得非常成功，就连自己都相信了自己的表演……但这些确信永远不足以消除自我遮蔽的矛盾性。'相信是知道自己相信，而知道自己相信是不相信'。……如果不论怎样的遮蔽都无法掩盖掩饰本身，那么问题就变成，我们对于自我遮蔽能有多么严肃，以及为了让别人与自己共同表演，我们能做到何种程度。"詹姆斯·卡斯.有限与无限的游戏[M].马小悟，余倩译.北京：电子工业出版社，2013：15.

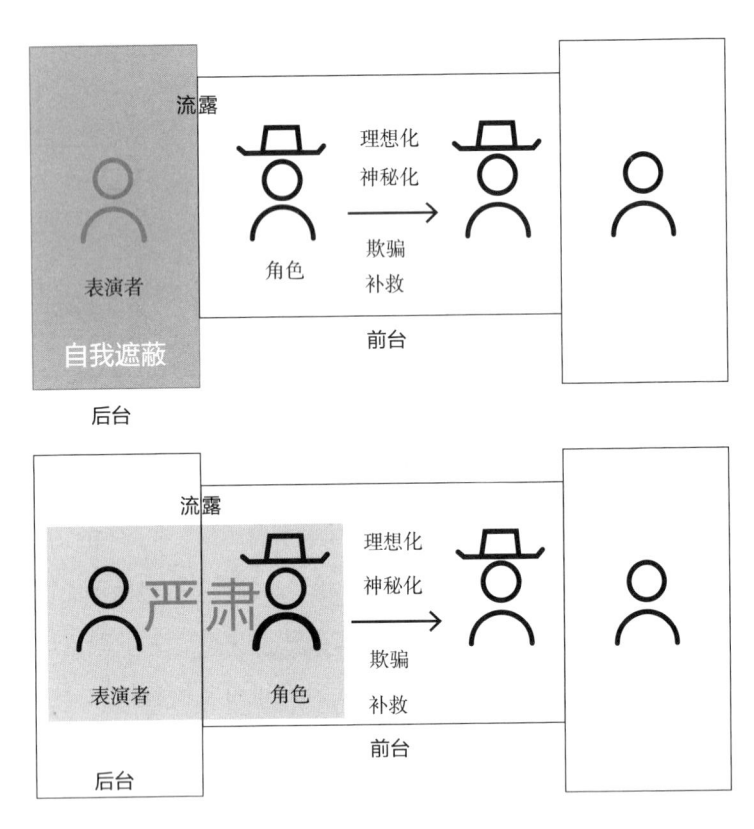

严肃性来自一个悖论:我们明知道某件事是个虚幻的游戏,但我们要刻意忽略"我们知道它是游戏"这件事,才能使游戏成立。

严肃性的悖论性质与我们日常体验到的紧张感有千丝万缕的联系。在某种意义上,紧张体验可以被理解为严肃性的反噬,成年人在社交场景中体验到羞愧与紧张的必要条件至少有两个。

(1) 对权力结构以及紧张姿态的他人视角的理解。也就是站在他人的立场上,判断某种场合下处于某种地位的角色理应紧张,换句话说，他是认可严肃性的。

（2）有否认严肃性的冲动与自觉。认为这是一个表演、一个游戏，我有控制自己表现的主动权，**我不应紧张**。

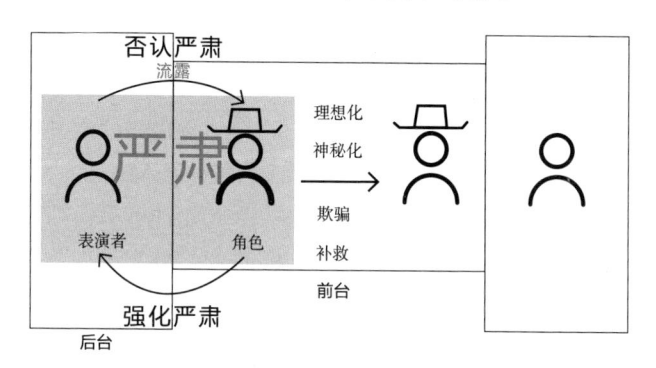

```
否认严肃
  流露
[严肃] 表演者  角色  →  理想化
                         神秘化
                         欺骗
                         补救
                         前台
  强化严肃
后台
```

问题在于，一旦你试图否认，便马上被卷入悖论的旋涡——我必须在不严肃的、认为它只是个游戏的情况下，才能这样否认，但为了否认我变得无比严肃，因为我在内心深处急切地希望把这个游戏玩得更好。正是这种急切破坏了理想化的角色形象，所以你急切地否认这种急切，想要进行"补救"表演，但这种补救行为本身就破坏了你理性化角色的塑造，最终陷入恶性循环，于是，"你急了"——角色垮掉，道具穿帮，前台消失，慌张的表演者和凌乱的后台暴露在众目睽睽之下。[1]

---

1 詹姆斯·卡斯写道："当我们严肃地（而非怀着戏谑的心）进入有限游戏的时候，我们现身于一群意识到我们不可见的观众。因此，我们感到迫切需要向他们证明，我们不是他们想的那样……在这一努力的中心，迅速出现一个尖锐矛盾……除非按照观众的想法将自己真正看作失败者（自认为是蹩脚角色），我们就不会有足够的获胜欲望（想要塑造理想角色）。我们越是负面评价自己，就越是要扭转别人对我们的负面评价。结果便是将矛盾推进到最高潮：通过证明观众们是错的，我们证明了他们是对的。"詹姆斯·卡斯.有限与无限的游戏[M].马小悟，余倩译.北京：电子工业出版社，2013：93.

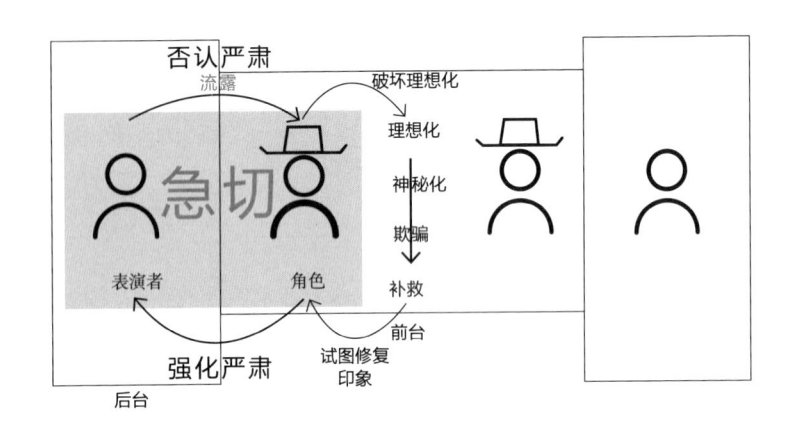

[图示：否认严肃 / 流露 / 破坏理想化 / 理想化 / 神秘化 / 欺骗 / 急切 / 表演者 / 角色 / 补救 / 前台 / 强化严肃 / 试图修复印象 / 后台]

因为否认严肃性，我们变得严肃起来。我们不能反思这种严肃性，一旦反思，就会陷入紧张的循环，对于这种内在矛盾，似乎只有两种解法：

第一种解法，是屏蔽反思，不去思考"现实—虚假"的辩证关系，具备所谓的"信念感"，让自己彻底人戏不分。在这种情况下，人要么不紧张，要么紧张而不自知。不自知的紧张严格讲不算是真的紧张，因为它不会触发补救的恶性循环，我们在很多情况下需要这种信念感带来的笃定与投入。需要提醒的是，屏蔽反思是有代价的，我们常常遇到这样的人，比如一个被组织洗脑的推销员，能在对方极其尴尬的情况下激情不减，遭遇多少白眼依然迷之自信。有个调侃的说法是：只要我不尴尬，尴尬的就是你们。很明显，这是对规范性认识不足的结果，他们没有对紧张姿态的他人视角的理解，是最直白意义上的"心外无物、目中无人"。说它是个解法，不如说它是个症状。

第二种解法则非常有智慧，那就是非但不要否认严肃性，还要刻意**表演**严肃性，甚至刻意表演你的紧张。本质上，是将表演者与角色之间的严肃性张力转移给角色，当紧张成为表演的一部分时，紧张便与你有了距离，你会觉得自己依然是安全的。

（1）对交往姿态的他人视角的理解（默认严肃性）
（2）有否认严肃性的冲动与自觉

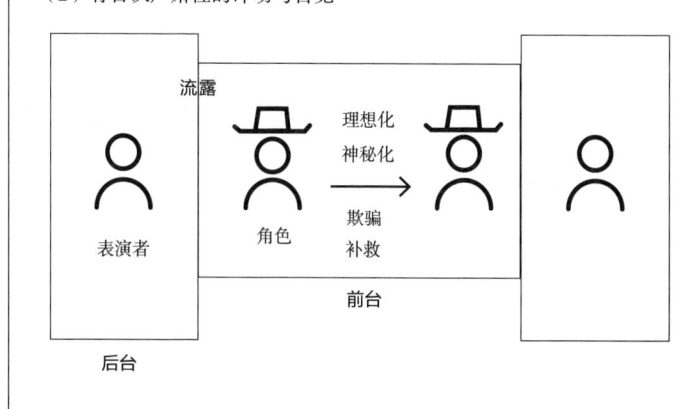

[图：表演者与角色在后台，角色在前台通过"理想化/神秘化""欺骗/补救"面向观众，"流露"标注于角色上方]

有表演严肃性的冲动与自觉

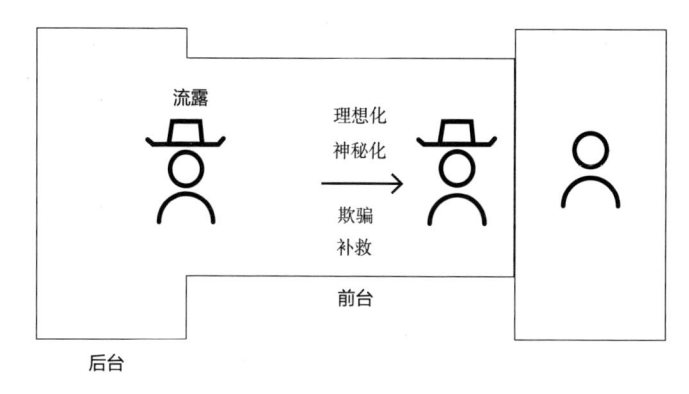

[图：表演者（戴帽）在后台，角色（戴帽）在前台通过"理想化/神秘化""欺骗/补救"面向观众，"流露"标注于表演者上方]

我以前在企业做管理工作时，总担心在公众场合"嘴瓢"、说错话，认为这样会破坏我理想化的表演，后来我掌握了一个非常有用的小技巧——刻意强化这种"出错"和"在意"。当我思路有些混乱时，我就会刻意面露难色，说："哎呀……我得想想怎么说才能让我显得深刻一点。"

第二种解法之所以有效，可做两层解读。表层的解读与角色紧张有关：根据符号互动理论中"泛化的他人"的说法，若一种心理状态在"你心中的他人看来"不属于紧张，它就不会让你真的紧张。我们知道，即便角色再紧张，也与表演者无关，只要你认为"他人眼中的你"仍然是受控的、安住于后台的，你就不会"真的"紧张。

深层的解读则与理性思维的悖论性有关。《改变：问题形成和解决的原则》一书中记录了一则心理治疗案例：一位名叫寇先生的治疗对象有严重口吃，却偏偏需要一份推销员的工作，可想而知这对他来说有多难，而治疗者干了一件匪夷所思的事：特别要求他在推销工作中保持严重的结巴，结果是他的症状居然逐渐减轻了，这就是所谓的困惑技术。[1]

我们可以用一个简单的命题概括上面这段内容：正是对严肃的否认导致了真正的严肃，正是这种严肃感妨碍了你理想化的表演。这个命题可以提取出这样一个悖论形式：因为否认，所以生成。因为否定严肃性，生成了真正的紧张；因为想要避免口吃，反而表现出了口吃；因为想要无视他人的存在，反而强调了他人的在场。

理性思维的惯性让我们以为，我们对事物的肯定态度导致了

---

[1] 保罗·瓦茨拉维克，约翰·威克兰德，理查德·菲什.改变：问题形成和解决的原则 [M]. 夏林清，邓村棋译. 北京：教育科学出版社，2007: 82.

事物的存在为我们所确认，但在后现代理论家眼中，"否定"有着绝对的优先性，我们的心智在一个更基础的无意识层面进行"否定"，导致了一种更明确的绝对肯定。一个对象之所以能被意识予以否定，是因为心智事先默认了它的"肯定存在"。

我们要用"**因为否认，所以生成**"这八个字来切入语言游戏的最幽深处。接下来，我们进入作弊技术——"后理性"技术与"幽默"，它将会是最开脑洞也是对你的帮助最立竿见影的一个模块。

作弊技术——"后理性"技术与"幽默"

后现代理论[1]的"后"，体现在对理性的颠覆和解构，这种颠覆必须建立在对理性的深刻认识之上。

我们可以将符号动物（人）的心智成长划分为三个阶段，即前理性、理性和后理性阶段，以对羞愧感的克服为例，将其看成三种游戏状态。

在前理性阶段，我们是不知羞愧的。我们还未进入游戏，停留在创建角色的界面。

在理性的初级阶段，我们能够判断他人的判断，也知道他人

---

[1] 后现代性的内涵必须对照现代性来把握。最粗略地说，后现代思维对传统理性背后的诸多价值预设，以及随之产生的结构化解释、宏大叙事持"怀疑"或"消解"的态度。后现代理论的内部是纷繁复杂的，正如后现代思想研究者道格拉斯·凯尔纳所说，"并不存在什么统一的后现代理论，各种立场之间甚至连基本的一致性也没有"。

正在判断我们的判断，正式成为玩家。为了赢得游戏，我们变得严肃，并常体验到羞愧。我们厌恶这种感觉，并依靠我们的理性对类似症状进行归因：权威、道德、纪律、荣誉、良心。表面上，我们找到了原因；本质上，正是因为这种庸俗的理性归因，我们强化了自己对符号秩序和语言强制性的认同。

理性发展的高级阶段，我们开始反思，并且反思这些反思，但这个动作无论循环多少次，都无助于我们跳出理性的悖论。否认严肃导致严肃，否认紧张导致紧张，否定他人的目光导致他人的目光无处不在，否认权威使得权威成立。直到认识到了理性本身的局限，甚至意识到了理性本身是问题的最大肇因，我们才真正进入了后理性阶段。

在后理性阶段，我们的身份不是玩家，而是黑客，我们会用各种匪夷所思的方式切入眼前的生活，比如刻意表演紧张、有意识地磕巴和短路。说这些把戏"匪夷所思"是不公平的，它们背后的原理其实是可以被说清楚的，用今天的理论来解释就是：不是先有了紧张/严肃/权威所以我们要克服紧张/严肃/权威，而是我们因为要克服紧张而制造了紧张，一切对立面都是因为反对而生成的。

紧张是一种建构，当思维告诉身体不要紧张时，其实已经创建了"紧张是真的""我正在紧张""这很要命"等一堆信念。而一旦我们想要主动紧张，这个看似荒谬的命题所隐含的信念是：我现在不紧张，但我想要紧张，紧张不是什么毛病，我一点也不介意。理性结构中那个需要克服的对立面突然变成你想要的那一面，巨大的困惑出现，而在混乱之中，你夺回了控制权。

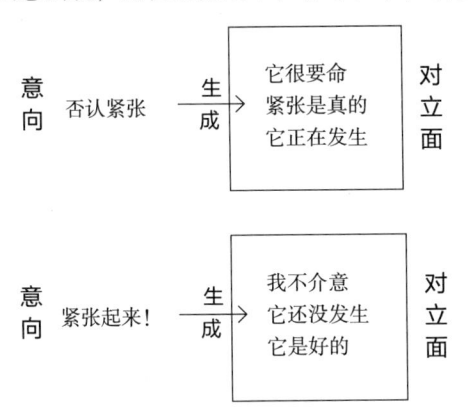

| 意向 | 否认紧张 | 生成→ | 它很要命
紧张是真的
它正在发生 | 对立面 |

| 意向 | 紧张起来！ | 生成→ | 我不介意
它还没发生
它是好的 | 对立面 |

除了前面提到的困惑技术，我们还可以用一种图像化和戏剧化的方式来制造困惑。比如，当你面对一个权威人士，并感到畏首畏尾时，请生动地想象他威严庄重地蹲在厕所拉肚子时的样子。这会大大化解你的紧张感。原理在于，他人的权威是一种符号的委任，是一种抽象性的约束。一个具体且戏剧性的画面会制造一连串困惑，从而卸除那种委任。

也许你会说，这不是另一种否认权威吗？这不是否认，是消解。否认是理性思考的产物，目的是使之清晰，而消解是一种把戏，目的是使之含混，更好的说法是使之"幽默"。

刻意的假装会导致严肃与紧张，刻意表现你的刻意却能引起幽默——"让我想想怎么样才能让自己显得深刻一点"。

学者对幽默有两种常见的解释。一种是释放论。弗洛伊德认为，幽默的本质是把社会所禁止的侵略性冲动转换为社会可接受的行为，从而不必耗费额外的心理能量来抑制这种冲动。另一种是乖讹论。黑格尔认为，任何一个现象与本质的对比，任何一个目的与手段的对比，如果出现了矛盾和不对称因而导致了**现象的自否定**，或者使对立面落了空，这样的现象就被认为是可笑的。[1]

在今天的语境下，我们可以把幽默定义为"严肃性的自我否定"，幽默感产生于对严肃感的"消解"，由此衍生而来的"自嘲"，被认为是最好用的幽默技巧之一。当你竟然敢于对世间最严肃之事（自我认同）报以嘲讽与戏弄时，你便会瞬间消解交往场景中原本紧绷的关系张力。通过你的"自否定"，听众感受到了优越感与安全感，你也因此获得了一种真正意义上的幽默与松弛。

我们的游戏之路，就是从混沌之域走向清晰之境，在清晰之境中回归幽默的过程。

假如还有更重要的事

本章始于"在各种场景下都能好好说话"这样一个妄念，我们的理想目标是：能说服所有想说服的人，和所有人都聊得来，谈吐优雅，不卑不亢，让他人承认自己的权力，获得很高的社会评价。回顾本章，我们能看到两条相互交织的主线：一条是推论，另一条是否定。推论是语言活动的核心要素，所有的场景都围绕着推论展开；否定是理性悖论的关键环节，这种悖论导致我们总是与自己的理想化目标背道而驰。

我们把说话之道想复杂了，因为万法归一，推论是唯一的核

---

[1] 尉万传. 幽默言语的多维研究[D]. 杭州：浙江大学，2009.

心；我们也把说话以及与之相关的交往行为想简单了，因为数据无法造假，理据需要累积，表演需要训练，更重要的是，悖论永远存在。

在本章的论述中，我特别关注羞愧感，并靠它串联起了看似分散的几个模块。如果你和我一样，也是天性内向敏感之人，那你大概也是最容易被困在严肃游戏中的那类人——既察觉到了世事的荒诞，又无法通过理性克服，正是那种克服，使问题变得更加棘手。

抛开前面的假设、模型和结论，我想和大家分享我自己的深切体会，分享我作为一个内心敏感之人，在世间行走这么多年，做的最重要的心理建设：在"给予"已然形成了强制力的情况下，"流露"羞愧是比得意更友善的表现。

羞愧感有两个源头，一是对自己的贬低，二是对他人的强调，这两个源头是互为因果的。若一个在交往规范中明确获得了权力的人依然流露出贬低自己、在意他人的信号，那么这种"羞愧"就会被理解成巨大的善意。

事实上，羞愧本身就包含巨大的善意，只不过这种流露背后的心理意图被世俗的成见遮蔽了——对"我为什么会羞愧"的溯因结果总是：相比他人，我自觉不够好而羞愧。我们一旦在实践中排除了这个理由，那些被遮蔽的意义就昭然若揭了——即便没人能否定我，我依然能察觉到这个在社会规范之中、符号委任之下的自我认同是彻头彻尾的幻觉和谎言，在这荒诞人间假装正经，我为此感到羞愧。

这是我作为一个内向之人最后寻求的自洽。我花了很长时间来克服扮演理想角色的欲望和冲动，而那是一条看上去光明正大的歪路。想想这些形象从何而来。影视剧中的精英，演讲台上的人生导师，访谈节目中的人生赢家，且不说其中有多少你看不见的媒介魔术，且不说过分关注角色表现会导致你忽视真正重要的事，且不说这本来就是一条被悖论缠绕的歧路——愈心向于此，愈背道而驰。

人们在意你的资格，在意你在规范中的相对位置。职位、荣誉、头衔，没有这些"符号委任"，他人无法与你快速缔结关系，但这种关系总是充斥着工具理性且十分脆弱。而你如果在具备资格的情况下否定自己的资格——这种否定不是给予性的自谦，而是一种不自觉的流露，你就突然从一个符号动物成为一个人。当一个符号动物看见一个人时，他会被触动——深度关系由此开始缔结。

社会心理学中有一个差错效应，说的是能力强但表现有瑕疵的人最受欢迎。我认为上述说法是对差错效应的终极解释。我在之前的章节中强调了打破预期—顺应张力：对预期的顺从本质上是对规范缺乏反思的服从，想要突破的张力总是来自对这种秩序的穿透和超越。如此，我们终于呼应了开篇留下的命题：**刻意放弃权力的行为，恰恰会导致关系的深化。**

本章要旨一言蔽之就是：语言游戏纷繁复杂，而唯一重要的事，是创造强有力的论证；假如还有更重要的事，那便是以某种更特别的理由来反对、抛弃、超越这个强有力的论证。这个更特别的理由,就是"人",就是在我眼前的"你"。你比我要说的东西更重要,与你的关系比我的主张更重要。还记得第二章中那个"让自己不舒服的坦诚"吗?当我"不舒服"(否定)时,当我放弃使用强制力来约束这段关系时,"你"出现了,因此,"我"也出现了。

我因为在意你而羞愧与拘谨,这是我的"流露",但我不在意你在意我的羞愧和拘谨,这是我的"给予",你明白了这一点,我因此不再羞愧、不再拘谨。

游戏就是这么有趣。

第五章

关于"倾听—回应"的一切

翻转认知，重塑"倾听—回应"观

本章的主题是"倾听与回应"，我将回答下面两个问题：

（1）倾听、回应这两种行为在我们的解释框架中处于什么位置，和我们的日常理解有何区别？

（2）如何"更好地"倾听和回应？

最朴素意义上的"听"，指通过听觉通道获取信息并加工信息的过程。它之所以有资格成为我们的课题，被各种沟通教材专门划出章节来讲，就是因为我们从来没有在如此朴素的意义上"听"过。交流实践中的"听"是复杂的，我们不仅用"听"处理内容，而且用"听"处理关系，"听"自身亦是一种无声的交往姿态。

关于"如何倾听"，有两类常见的指导意见：一类认为我们没有真的在听，总是带着各种成见和框架，错误地过滤掉了太多信息，所以应该不带成见、全然投入地听，"倾听"往往是在这个意义上说的；另一类则正相反，正因为我们缺少一个分析他人话语的有效框架，所以我们无法捕捉到关键信息，听不出话里的门道，所以要带着脑子听，分析地听、批判地听。两种意见相左，由此衍生出的困惑便是：一串声波灌入耳朵，应该走脑还是走心？

这个表面矛盾很容易化解，我们要具体情况具体分析。

哈贝马斯认为我们的世界可以一分为二，分成贯彻着工具理性的**系统世界**（比如公司职场）和以价值理性为主导的**生活世界**（比如个人家庭）。[1]

在系统世界—工具理性的场景下，往往侧重内容，你需要在脑子里预埋框架，用框架过滤、挑拣重点信息，化繁为简。最典型的就是商业咨询，你要在脑中装下足够多的分析模型，才能给出专业的回应。对方愿意与你沟通，求的就是你的回应——解决问题，提升效率。

在生活世界—价值理性的场景下，比如在亲密关系中，你要侧重于关系，心无旁骛、不带成见地全然倾听，并引导对方充分表达自己。对方与你交流的最重要目的之一，就是让自己被看见、

---

[1] 哈贝马斯将我们的生存空间分为系统世界与生活世界，经济、政治、军事、教育——系统的高效运转为生活世界提供了物质基础，权钱的生产、分配与交换是这个世界运行的基本特征，系统世界的交往受工具理性的支配，一切活动都能被置于"利弊"与"效用"的尺度之下进行度量，比如考试的分数和职场KPI。无论如何，系统世界是从生活世界派生出来的，商业、政治、知识的出发点都是服务于"人"的根本性生存，生活从一开始就是与他人共享的，亲缘关系、道德伦理、宗教信仰、文化艺术共同构成了生活世界的丰富底色，生存本身必然是一种超越功利的、没有单一标准的活动，因而生活世界是一个价值理性占主导地位的世界。现代社会最典型的精神面貌，是工具理性的过分扩张，我们算计"人情"的投入产出比，衡量亲情与婚姻的风险和质量，问"信仰值几个钱"，工具理性对价值理性的侵犯与僭越，被哈贝马斯形象地概括为"系统世界对生活世界的殖民"。

被听到,至于你具体听到了什么,反倒是次要的。

> 生活世界
> **用心倾听**
> 价值理性
>
> 与
>
> 系统世界
> **分析框架**
> 工具理性

拆分之后,似乎很清楚了,我们的麻烦只在于以下两点:在系统世界的专业领域中缺乏足够多的分析框架;在生活世界中又过多地使用了系统世界中的倾听策略——该分析的时候不能好好分析,不该分析的时候又瞎分析。但这还不是问题的全部,在这个粗暴的二分之中,其实有一个更深层的麻烦要处理,这个麻烦源自我们对"倾听—回应"行为所持有的一种根本性误解——当这对范畴出现在我们的脑中时,我们总是在这样的关系中把握它们:"倾听是为了更好地回应。"这是一种非常畸形的"倾听—回应"观。

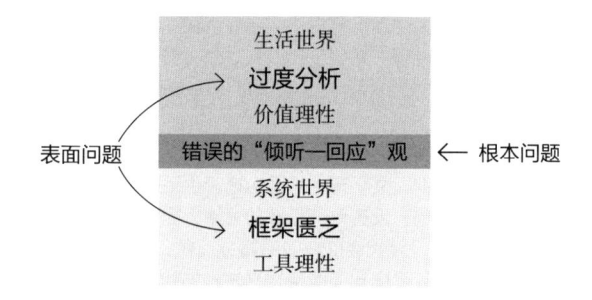

> 　　　　　　　生活世界
> 　　　　　→ **过度分析**
> 　　　　　　　价值理性
> 表面问题　　错误的"倾听—回应"观　← 根本问题
> 　　　　　　　系统世界
> 　　　　　→ **框架匮乏**
> 　　　　　　　工具理性

我们总认为倾听是手段，给出回应才是目的。扪心自问，我们之所以关心"如何倾听""如何心无旁骛地在关系中听"，也是为了满足"更好地回应"这个目的，即便是前文中说到的"心无旁骛、不带成见地全然倾听，并引导对方充分表达自己"这句话，其中也暗含了"更精致地听是为了更精致地回应"的小心思。

为什么我们如此重视"回应"？当然是为了获得更好的身份和资格。正在倾听的你，虽然在交往活动中处于被动地位，但一直**试图通过间歇性的回应来塑造自己的身份**，这背后是一种按捺不住的希望被他人认可、被听见的欲望。我们既带着想要被他人认可的欲望认可他人，也带着想要被他人倾听的欲望倾听他人，真正的麻烦就在这里。

如此一来，倾听必定是困难的。我们在倾听时，心智当然是过载的——不仅需要考虑信息层面的主次轻重、因果结构，还要顾及社会权力关系中潜在的规范要求，在穿插着表现自己的同时，亦在思考着如何抑制这种表现，使其显得自然……

生活世界
关系处理
价值理性
主体间 **欲望张力** 主体间
系统世界
内容处理
工具理性

在解决这个麻烦之前，讨论"如何分析对方的话语""如何区分场景""如何区分关系和内容"这些衍生于"如何更好地回应对方"的隐秘诉求的议题，无疑是舍本逐末，我们需要彻底重置我们的"倾听—回应"观。

本章我会向你证明：庸俗的倾听和高明的倾听之间的最大差别就在于，前者是"为说而听"，后者是"为听而说"。这不是两种倾听思路，而是两种完全不同的会话结构。

"为听而说"是本章最核心的概念，把它辨析清楚，本章就功德圆满了，余出来的部分，算附送的。

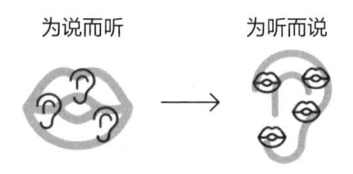

同一句回应，比如嗯、了解、怎么会这样、后来怎么样了、原来如此，在不同的会话结构中，意义迥然不同：在"为说而听"的会话结构中，它们是一系列铺垫、无意义的僵尸话语，它们存在的唯一意义，就是为将来的某个精彩回应开辟道路，而那个预期中的精彩回应则像个飘忽不定的幽灵，一直诱惑着正在假装倾听的你。相反，在"为听而说"的会话结构中，"嗯"就是如其所是的嗯，"了解"就真的是了解，"怎么会这样"就真的是好奇和不了解……

重点来了，那些看似孤立的"嗯""了解""怎么会这样"并不是孤立的，它们的意义来自它们与会话中其他命题的结构关系。当"为听而说"时，你所有的脑细胞都被调动起来参与话题，你的好奇写在脸上，根本没空考虑"应该用什么框架理解，然后给出一个高屋建瓴的漂亮概括"或者"应该怎么回应，才能深化彼此的关系"。

比如，面对同样一番令人费解、难以应答的话语，当"为说而听"时，你可能会不懂装懂、强行回应；当"为听而说"时，你则能够坦诚地说"不好意思，我没理解"，更重要的是，如果你能诚实地直面自己的不理解，则很有可能在接下来的对话中问出一个切中要害的好问题，虽然你没有如此刻意谋划。

两种会话结构从根本上区分了什么是有意义的谈话和无意义的闲聊。如果双方都把关注点放在自己的语言组织上，非但话题本身无法深入，反而会交互出一个彼此争夺权力的会话场景。人们常常为说而听，满足于炫耀知识带来的廉价满足感，这将导致我们无法真正深入一个话题并与对方共鸣，长此以往，甚至会沦为一个丧失"听觉"的麻木之人。

有人会觉得奇怪，"我该如何听"这个问题的答案居然是"你该这样说"，不是如何"听"，而是如何"说"，为了听到更多而"说"。

解决方案看上去"很迂回"，其原因在于，当我们讨论"如何倾听与回应"时，就已经陷入一种悖论：某种意义上，不存在什么"倾听"。"听"应该是一种被忘却的、不在场的存在——当你刻意提醒自己"要认真听"的时候，你反而因为这种刻意而无法认真听。

很多时候，我们的"倾听"不仅在场，而且十分刻意。按照书上教的，我们一板一眼，身体前倾，面露微笑，甚至可以模仿当事人的动作，脑中同时疯狂盘算着接下来要说的话。只有当我们不再刻意强调"听"之名时，才能真正行"听"之实。刻意创造这种被忘却的、不在场的最佳方式，就是积极地去把握那个在场的"说"——为听而说的"说"。[1]

听与说是一体两面的。那些教导你"要少说多听，因为你有一张嘴、两只耳"的书，都应该扔进垃圾桶。因为这个说法会被非常自然地解读为：少说多听，言多必失，你要留心地听，在关键时候，一语中地"说"。越是打压，就越是在强调，世俗智慧的教导让我们少"说"，其实是侧面强调了"说"的主导地位，暗中突显了"说"的重要性。"多听少说"和大部分经验教条一样，暗含一种精致的愚昧，它打着实践智慧的幌子践行着庸俗的工具理性，不但无助于你真的听懂对方——因为你压根不想听懂，而且会妨碍你给出恰当的回应。

跳出这个教条，你会释然。在一个具体的交往场景里，如果为了"听到更多"，你必须"说得更多"，那么此时你就应该说得更多，而非刻意压抑自己的表达，如此你反而会因为深入主题而不自觉地给出很多恰到好处的回应，展开一场自然流畅的对话。你不能自作聪明地刻意追求这种高质量回应，本书反复出现的那个"主体间的反馈悖论"，在此处仍然成立——越是想回应得大方得体，往往就越是显得自己笨拙刻意。

---

[1] 在练习冥想时，我们往往被要求放空心思，但刻意放空心思的心思本身会妨碍我们放空。对初学者来说，不如刻意将注意力放在某个具体的事物上，比如观察一朵花，或数自己的呼吸，反而更容易达到忘我放空的状态。这种"为空先有"的思路与"为听而说"有异曲同工之妙。

这段内容是对"倾听、回应这两种行为在我们的解释框架中处于什么位置，和我们的日常理解有何区别"这个问题的回答。接下来，我们来尝试回答第二个问题：如何"更好地"倾听和回应？

倾听：一个通用框架

沟通心理学的经典教材《沟通的艺术》把倾听过程拆分为听到、专注、理解、回应、记忆 5 个元素，并将回应的类型分为顺推、问话、释义、支持（深化主题），和分析、忠告、评判（介入反馈）。在各类教材中，最详尽的要数刘虹老师在《会话结构分析》里归纳出的 15 种对答结构。

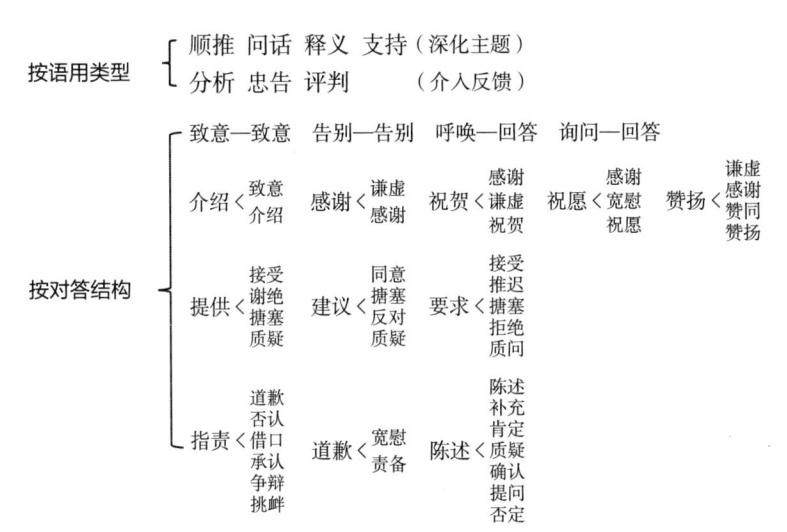

按语用类型	顺推 问话 释义 支持（深化主题）
	分析 忠告 评判 （介入反馈）

按对答结构							
	致意—致意	告别—告别		呼唤—回答		询问—回答	
	介绍〈致意 介绍	感谢	谦虚 感谢	祝贺〈感谢 谦虚 祝贺	祝愿〈感谢 宽慰 祝愿	赞扬	谦虚 感谢 赞同 赞扬
	提供〈接受 谢绝 搪塞 质疑		同意 建议 搪塞 反对 质疑		要求〈接受 推迟 搪塞 拒绝 质问		
	指责〈道歉 否认 借口 承认 争辩 挑衅		道歉	宽慰 责备	陈述〈陈述 补充 肯定 质疑 确认 提问 否定		

更著名的是很多 NLP（神经语言程序学）课程中反复提及的

"回应术"中的"上推、下切和平移",它指出了话题中关键概念的范畴拓展空间。此外,还有按照倾听者的反应类型划分的共鸣、回溯和验证三类回应模式。

按范畴拓展　　人类活动　上推
　　　　　　　游戏　劳动　平移
　　　　　　　王者荣耀　下切

按回应模式　　共鸣　回溯　验证

这些五花八门的分类会让我们产生一种错觉——似乎只要掌握了它们,我们就能成为一个"接话高手",便不会让话"掉地上"。这不仅是一个错觉,而且是基于庸俗交流观的肤浅追求。

很多"上推下切"的案例,堪称尬聊指南,机械又生硬。真要学习如何恰到好处地"接话",得去看看那些访谈节目,优秀的主持人几乎都是在"为听而说""为听而问",他们或者提出高屋建瓴的概括,或者问出一针见血的问题,都是为了能更好地延展话题、引发思考,而非为了刻意强化自己的存在感和参与度,因此才能行云流水,显得自然而然。

就如何倾听与回应这个话题,我和大家分享两个具有启发性的思路:一个是"助人倾听思维模型",另一个是"关键词复问"回应术。

下面要介绍的倾听方法,来自经典心理学教材《高明的心理助人者》。看到书名你可能会问:主题不应该是高明的倾听者吗?为什么扯到"助人"?

"为听而说"原则清楚地把交流会话从"听说二元对立模式"转换成了"一体两面模式",但我要提醒你——它难免沦为另一个教条:为听而说,可为何而听呢?也许仍然只是为了更精彩地说,只是在兜着圈子满足自己的小心思。因此,"为听而说"这个原则,必须服务于"为助人而听"这个目的才能彻底自洽。

首先要回答的问题是:在会话中,我们应该更关注哪些信息?如果是在上一章的语境下讨论这个话题,我可能会提醒你注意发言结构中的断言、数据、理据和支撑,很明显,那是一种批判性立场,若我们秉持的是一种建设性的、助人的立场,关注点是完全不一样的。

在助人沟通中,我们要聚焦的东西其实非常多,包括当事人的经验、想法、行为、情感、模式、优势和非语言信息。为了方便理解,我们把前四项归类为他人话语的"题中之义",把后三项归类为他人话语的"弦外之音"。

助人倾听的"聚焦点"

题中之义　经验 想法 行为 情感

弦外之音　模式 优势 非语言信息

把握题中之义是理解他人话语的基础,与其说我们要关注这些内容,不如说我们要刻意区分这些要素。其中,**经验**指的是被主观阐释的事实,它是一切言说的基础;**想法**则是当事人给出的主张和判断,言语是想法的伪装或代理;**行为**指当事人采取的实际行动;**情感**指包括情绪、心境在内的主观体验。

话语中的行为和情感相对容易被识别,但经验、想法则相当含混,助人倾听的关键便是澄清这种含混。

举个例子。某个人向你抱怨:"一直以来,我都是个不太会说话的人。"你反问:"你为什么会这么认为?"

这个反问是合乎逻辑的,是一种自然而然的"为听而问",但这里要讨论的关键是:当你问出"你为什么会这么认为"时,你心中真正悬起的问题是什么?你想知道的到底是什么?

我们想知道的是那句抱怨的题中之义。这是他的一个**想法**,伴随着某些内疚的**情绪**,那么是何种**经验**导致他出现这种想法和情绪?"一直以来"这个措辞似乎预设了很多**事实**,那么是哪些事实?这些事实经过了何种认知模式的过滤才成为他的经验?

"我上学的时候,一发言就紧张,现在上班了,还是老样子。"如果你脑中悬着前面那些问题,你会自然而然地问:"难道每一次**发言都紧张**?"请注意,这是一个**针对差异现象的发问**。

对方也许会回答:"也不是,主要是对自己的发言没把握的时候。"此时局面马上不一样了,经由对差异现象逼问,对方开始在自己的经验中仔细辨析,进而开始重新归因了。当然,有人会抬杠:"就是每一次都紧张,怎样?"反问的思路是一样的:"每次都一样紧张吗?还是有轻有重?"

我们总认为是某个事实导致我们产生了某种想法,但经验总是事先决定了事实的面貌。

一句话灌进你的耳朵里,经过助人倾听思维模型过滤之后,总是会还原成一个经由主观**经验**归纳而来的**想法**;而**经验**是被建构的，并不可靠，总是有待进一步澄清；一旦被澄清，原本坚固的**事实**就会变得柔软可塑；而事实一旦被重新理解，原有的**想法**就会随之改变。

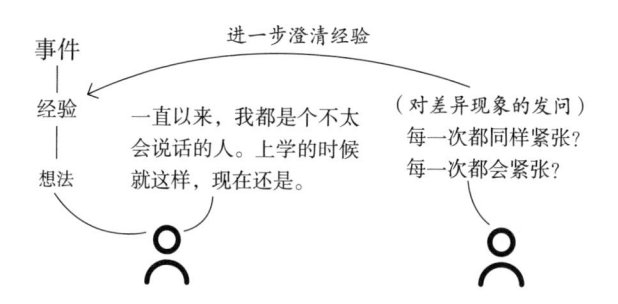

```
事件              进一步澄清经验
 |         ←——————————————
经验     一直以来，我都是个不太    （对差异现象的发问）
 |       会说话的人。上学的时候    每一次都同样紧张？
想法      就这样，现在还是。       每一次都会紧张？
           👤                    👤
```

通过重新定义事实来改变对方的想法，是助人倾听的精髓，我们时刻要朝着这个方向来为听而说、为听而问。

如果你有足够多的助人倾听经验，便很容易听出一种常见的思维**模式**：某种想法来自过往的不堪经验，而所谓的不堪经验，来自对事件的笼统且错误的诠释，它导致了错误的行为和负面的情绪。

是什么导致了客观事实与主观经验的落差？如果你在心里这么问，你就已经在寻找"弦外之音"了。弦外之音是那些我们不刻意聚焦就完全捕捉不到的关键信息，这些关键信息主要包括模式和优势。

先说听模式。《高明的心理助人者》的作者写道："我们既倾听个人的思想，也倾听他们的思维模式，既倾听个人的行为表现，也倾听他们的行为模式，既倾听个人表达的情感，也倾听他们的情感模式。"

模式是藏在事实与经验之间的过滤器，无处不在，但并非显而易见。无论在哪个领域，新手与高手之间的最大差距就体现在快速识别模式的能力：我在本书中每问出一个问题，会先给出一个符合常识的答案，再指出这个答案是片面的，这是一种辩证推进的说理模式；我每得出一个结论的同时，总要反驳自己，额外补充一些限定词，这是一种常见的论证模式。内容高手能瞬间识别出写作与表达中的各种模式，倾听高手也不例外。在上面的例子中，倾听的专业人士（比如心理咨询师）会迅速想到"一直以来，我都是个不太会说话的人"这个想法是一种以偏概全的归因模式导致的自我设限。

把一段论述放在论证模式中理解，把一段心思放在心理学模式中理解。"听模式"的难点在于，你需要储备足够多的相关知识，**用知识的偏见来修正经验的偏见**，因为知识的作用原理就是识别事物内在的模式、套路和规律。

再说听优势。顾名思义，"听优势"就是刻意地去识别对方潜在的优势机会资源。积极心理学的基本假设就是：所有消极行为背后都有积极因素，所有困境背后都有未利用的资源和机会，所有负面问题背后都有正面价值。

听优势对知识储备的要求不高，但对心性与智慧要求很高。我们常常是"魔鬼观察者"，能敏锐地发现他人身上的缺陷和优势，然后更多地关注他人的缺陷，忽略其优势。这里的智慧，不仅要求我们听见或看见那些显而易见的优势，还要求我们听见或看见那些隐秘的优势，善于赞美的人应该非常了解两者的差别。

举例来说，对于前面那个抱怨自己"不太会说话"的人，善于赞美的人在向他解释归因谬误这种心理模式的同时，也不忘告诉他"你是一个对自己要求很高/有追求的人/把他人放在心上的人"。

你若不是站在助人倾听的立场上，便很难给出"为什么会这么认为""每一次发言都紧张吗""你是一个对自己要求很高的人"这些听上去很有智慧的回应。

我特别想提醒你注意**批判之听**和**助人之听**的微妙差别。请回顾上一章关于图尔敏论证模型的内容，在批判立场之上，我们首先聚焦的是**事实**、**理据**和可能出现的**反驳**及**限定条件**，但这些要素在助人倾听立场中是不存在的，与之相对的是**经验**、**想法**、可能存在的**优势**和**机会**。在心理学的视野里，一切事实都是经验中的事实、被阐释的事实。倾听者关注经验，是为了提供更多诠释事实的视角。批判者关注你有没有进行事先的自我批判和限定，主张是否严谨；助人者则重视补充你可能遗漏掉的资源、优势和机会，主张是否过于严谨。立场的不同直接导致了视野和焦点的不同，进而导致了回应方向的巨大差异。

批判立场	助人立场
批判限定导向的深度理解	发展建设导向的深度理解
事实 ———————	经验
理据 ———————	模式
断言 ———————	想法
反驳 ———————	优势（支持/赞美）
限定 ———————	机会

将助人视野中的题中之义和弦外之音结合起来，隐约可见一

张理解他人和自身话语的蓝图，凭着这张蓝图，你能看到所有助人乃至自我开解的话语背后的模式——**重新定义事实，充分关注优势**。这是助人倾听—回应的精髓所在，它最终指向的是一种关怀他人的"发展—建设导向的深入理解"。

将之与批判性思维对立起来，是想通过揭示对立面来提醒你，这种"发展与建设"视角在我们的生活中是极其稀缺的，而人与人交往的死局之一是，我们都希望别人建设性地对待自己，但自己又总是批判性地对待别人。更要命的是，我们对待他人的方式，总是会迂回地成为我们对待自己方式的镜像，这是倾听他人也是在倾听自我时要意识到的事。

回应：极简回应术

接下来讲回应，我会向你介绍一个很有趣的回应技巧。

很多人迷恋回应技巧，是为了避免冷场。你不会想到，冷场居然有一个学术性的说法，叫话轮转换落空。

语言学家把会话交替活动称作话轮转换，一段连续不间断的表达就是一个完整话轮。它可以简短如"你好啊"，也可以是一段十分冗长的表述。人们之所以能够默契地插话、接话，是因为参与者对话轮转换的内在规律形成了一种默会共识：在会话中，当前的说话人有指定话轮归属的权力，即某人进行了一段表达之后，他可以选择继续说，也可以指定谁是下一个发言人。话论转换落空是指，当在场所有参与者都预期该你说话时，你却无话可说，这会导致一种不和谐感。有一种学习成本极低的技巧，可以很好地利用话轮转换的特性来避免这种局面，我把它叫作关键词复问。

关键词复问是我自己的概括，这个技巧来自美国联邦调查局谈判专家克里斯·沃斯，他将其称作映射。映射听起来十分简单，甚至显得有些过于简单了：每当对方说完一段话，完成一个话轮，并将发言权归属于你之后，你要做的，只是用疑问的语气复述他话里的 1~3 个词而已。

> 我刚刚学到了一个说话技巧。
>
> 说话技巧？
>
> 嗯，叫作关键词复问。
>
> 词复问？
>
> 嗯，从对方的句子中找出 1~3 个关键词，然后用疑问句复述出来。
>
> 用疑问句复述出来？
>
> 嗯，听上去很简单，但这是让话轮持续运行成本最低的对答方案。
>
> 成本最低？

当下一轮发言者没想到合适的回应方案时，就会导致话轮转换落空而冷场，而此时，下一轮发言人只需傻瓜式地拎出几个关键词，原地复问一句，就像是短暂地接球之后迅速传了出去，他就成了有权指定下一轮发言者的那个人，话轮也被续接上了，因此"关键词复问"是让话轮持续运行成本最低的对答方案。

除了符合话轮转换的基本原理,关键词复问还顺应了我们对命题的自然追问——阐释进程。对命题中关键概念的追问与回答,是非常自然的交流方式,也是使之清晰的必由之路,这也是我认为"关键词复问"这个名字比"映射"更贴切的原因——前者更重视意义的探究,后者更强调一种复述的技巧。

这个技巧简便好用,但我们不能本末倒置,过度使用这个技巧会让你看上去像个不会思考的复读机。我们不仅要超越技巧,还要尝试超越课题本身。冷场导致的尴尬与恐慌,根本上取决于我们对冷场经验本身的诠释,我们总是认为冷场是尴尬的,是消解自身的身份和资格的,这使我们显得不堪,预期中的自我应该是游刃有余、八面玲珑的。

还记得前文中的知识点吗?经验及其背后的信念是被建构的,我们对其的澄清和诠释亦可以是创造性的,冷场当然可以被诠释为某种深刻的气质,不妨去看看以无惧冷场、故意冷场乃至刻意放大冷场闻名的访谈节目《十三邀》。我们对冷场最终的克服,不取决于是否掌握了关键词复问这样的技巧,而取决于我们能力的成长、知识面的扩大以及随之而来的自信。

这是一堂非典型的倾听课,我希望你在对立面("为说而听"与"批判沟通")的帮助下深入理解"为听而说""助人沟通"这两个概念,翻转我们的日常行为。

第六章

一个关于"说话"的整合框架

所有碎片汇流于此

本章牵引着我们的问题是：说话能力是可以被刻意训练的吗？如果可以，我们该如何做？前面一大堆理论需要一个出口，这个出口就是对实践的指导。

表面上，答案是肯定的，否则主持人、辩手、培训师这些靠说话为生的职业将是不可培养的。虽然本章会借鉴这些职业训练的方法，但我并不想在专业素质的层面讨论这个话题，我关心的是一种更基础的符号加工-操作能力：从认知一个对象到产生相应的心理表征，再到将这些心理表征转换成有声的概念符号、组织成有意义的命题，最终将其说出来的能力。凭借这个能力，我们才能作为符号动物生存于世界。

换言之，相比专业素质，我们更关注基本素质。基本素质谁没有？上面这个过程不是自然而然的事情吗？更好的问题应该是：为什么在有些情况下，如此基本的操作会变得那么难？说到底，

第六章 / 一个关于"说话"的整合框架

是因为我们表达能力成长的速度远远落后于外部对象和内部经验复杂化的速度。

本章将归拢前文讲过的知识点，梳理出一个整合理解的框架，用来澄清对象、思维与语言这三者的关系，只有先搞清楚"说话的基本素质"所指为何，我们才知道如何在其基础上构建自己的专业能力。

首先，我们把所有的"对象"都化约为某种"刺激源"。刺激经由感受器为我们的意识所觉知，交由"思维"进行处理。这里思维的实质是一种心智计算[1]，我们可以把思维想象成一个能对心理表征进行计算加工的"舞台"，特定类型的刺激所形成的心理表征（我们在脑海里想象出一些事物，或一些语词、数字）就是舞台上的角色。在认知心理学的视野中，这个舞台就是我们的工作记忆空间，当我们在脑子里将词汇组织成句子，对数字进行"心算"时，依靠的便是工作记忆[2]。

对象	思维	语言
外部刺激	感受器官 → 心理表征	

加工计算空间

1　心智计算理论认为"心智是一个信息处理系统"，认知活动本质上是一种计算活动，大脑对心理表征进行加工的过程与计算机对数据进行加工的过程类似。
2　工作记忆是认知心理学、神经心理学中的核心概念，有时也被称为短时记忆，与长时记忆相对照，指的是一种记忆容量有限的认知系统。我们当下的心思与念头的起落，比如组织一段自我介绍，运算 49+34，都是在工作记忆空间中进行的，工作记忆空间的有限性决定了我们很难同时思考过多的内容。工作记忆往往只能保持几秒到几个小时（比如对某个运算结果的记忆），而长时记忆则能够保持几天到几年的时间（比如一直记得你的手机号码）。

在这个类比中，意识像一个巨大的剧场，有数不清的后台，后台中有数不清的角色在候场，这些后台就是长时记忆空间。感受器相当于剧场外围入口处的检票员，帮我们过滤刺激。外部刺激在检票员的过滤之下进入剧场，最终登上舞台的过程，说的就是外部刺激-心理表征化的阶段，我们称之为阶段一。

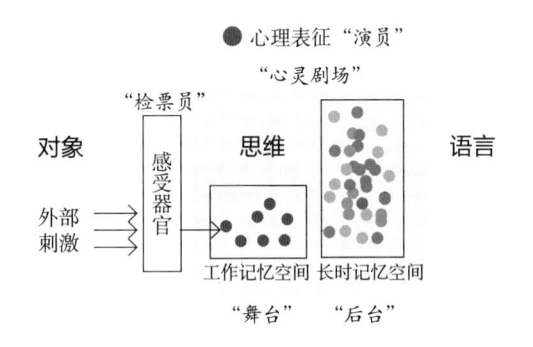

● 心理表征"演员"
"心灵剧场"
"检票员"
对象　　　　　思维　　　　　语言
外部刺激 → 感受器官 → 工作记忆空间　长时记忆空间
"舞台"　　"后台"

说完了思维，再说语言，这里我们要参考列夫·维果茨基[1]的理论，将语言区分为内部言语和外部言语。[2]

内部言语就是脑子里模糊、含混且活跃的"自言自语"；外部言语就是我们从嘴里说出来被他人听到的有声话语。内部言语是有整体感的、网状的、侧重语义的，像是一团由概念碎片拼贴而成的"意义云团"；外部言语是逻辑语法化的、线性的、连贯的、

---

1 列夫·维果茨基，苏联著名心理学家，主张文化环境对人类的学习过程有关键影响，强调语文学习在儿童成长过程中占有主导地位。
2 "……需要区别言语的两个方面。也就是言语的内部的、有意义的、语义的方面和外部的、语音的方面，尽管这两个方面形成了一个真正的统一体，却有它们自身的运动规律。这个言语的统一体是一种复合的统一体，而不是一种同质的统一体。"列夫·维果茨基. 思维与语言 [M]. 李维译. 北京：北京大学出版社，2010: 146.

侧重语音的。

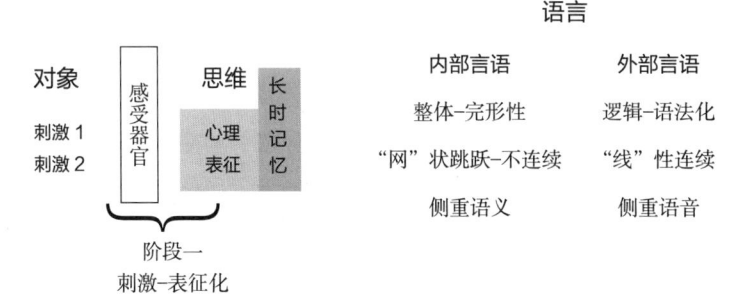

				语言	
对象	感受器官	思维	长时记忆	内部言语	外部言语
刺激1		心理表征		整体-完形性	逻辑-语法化
刺激2				"网"状跳跃-不连续	"线"性连续
				侧重语义	侧重语音

阶段一
刺激-表征化

现在请跟我回到意识-剧场类比：一系列刺激，例如一个特定形状的投影与一个特定长度光波的光通过了安检（感官过滤），进入剧场（意识），穿过后台（长时记忆），舞台上出现了两个角色（心理表征），它们一个**叫作**"苹果"，一个**叫作**"红"（符号化），并下意识将它们计算加工为"红苹果"。为舞台上的角色以及角色之间的互动过程命名，是通过内部言语完成的。这个心理表征-符号化的阶段，我们称之为阶段二。

他人不可能直接进入你的剧场，观看到这出"红苹果"的戏目。想要交流，"演员"们必须先走出去。它们会走过一个狭长的通道，这个通道不仅为符号外壳赋予声音，还要求这些符号必须排着队一个挨着一个走出去，以一种线性形态呈现出来，如此一来，这些线性的声波才能成为他人的刺激——"我面前有一个红苹果"，经由他人的感官，还原在他人的心灵剧场中。对概念符号的命题化与语音化，就是在这个过程中完成的。这是阶段三，也就是符号-命题化的阶段。

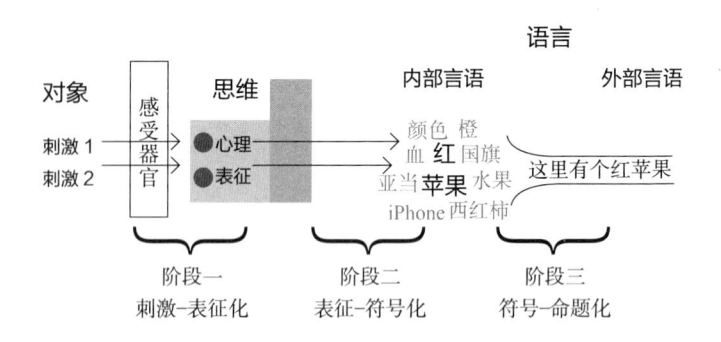

如此一来，我们可以将整个过程概括为三个阶段，然后找到每个阶段待提升的部分。

阶段一：刺激-思维阶段（外部刺激-心理表征化阶段）

这个阶段提升的关键在于提高"分辨率"。同样的刺激源，不同的人接收到的刺激是完全不同的。我喜欢听音乐，但我在很长一段时间是"听不见"那些低音贝斯的；我喜欢看电影，但在系统学习电影知识之前，我几乎意识不到景别、视角以及色调的变化，更别说理解背后的镜头语言了；我喜欢喝茶，但至今也尝不出金骏眉比一般的正山小种好喝在哪儿。

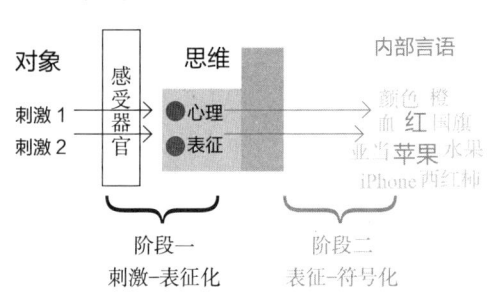

首先是感受能力的粗钝，其次才涉及所谓的"词穷"。我们很容易把自己感受力粗钝的问题归结为词汇量匮乏。但事实上，你根本没有捕捉到那个刺激，无从建立与之对应的心理表征，却想在词库里找一个漂亮的词汇来反向建构经验，"言之无物"说的就是这种情况。

比如，我们都会用"颓废"这个词，且看它是如何出没于一流文人的脑子里的。

> 粗陋何来颓废？沮丧罢了。中文里的颓废，是先要有物质、文化的底子的，在这底子上沉溺，养成敏感乃至大废不起，精致到欲语无言，赏心悦目把玩终日却涕泗忽至。颓废很怪，只有不自觉的时候才迷人，所以有时雄奇，若苏东坡、辛弃疾，有时婉约，若王实甫，有时旷直，若李白，有时简素，若张岱。颓废是指松懈某种狭隘，敏锐的悲观。颓废是造成艺术敏感的重要的质之一。风度在于不自觉的时候，颓废亦是模仿不来的，模仿的结果是可笑。（阿城《文化不是味精》）

我们自以为拿住了"颓废"一词，用它描述某种经验，耐不住经验本身的单薄；我们顺手记下了"雄奇""婉约""旷直""简素"，指望日后能用它们拼凑出令人激赏的句子，糊弄一下阅卷老师和不走心的读者也许够用了，但别糊弄自己，避免沦为一台"高档人肉复读机"。

深刻的表达往往是"有感而发",第一阶段的"塌陷"是根源性问题——我们对经验对象无感。感官孔道闭塞,生命体验匮乏,经验材料单调,加之缺少对这些材料进行反思和推敲的能力,得到的感悟必然是浅薄的、缺乏层次的。在这个意义上,我们没有**真的在**听音乐、看电影以及品茶。在做这些事情时,我们心灵的触角没有完全伸展出来,仅有的注意力都被最能刺激神经的元素占据了,包括那些动次打次的声音、狗血的剧情、惹眼的声光电以及某种强烈的味道。我们听到、看到、尝到的,是一个"分辨率"极低的对象,在心里留下的,是极其粗糙的经验。

经验的粗糙先于语料的匮乏。只要我们明确了这个优先级,就马上要转而强调语料库的重要性了——如何提高"分辨率",如何反思推敲你的含混经验?最终你还是得借助概念符号。这正好是阶段二的重点。

阶段二:思维-内部言语阶段(心理表征-符号化阶段)

阶段一的重点是提高"分辨率",阶段二的关键则在于丰富"词汇量"。**没有原始材料就没有反思的对象,没有符号材料则没有反思工具。**心有所感,意有所动,我们终究需借助符号来捕捉、指认这些感动,这些被符号化过的心理表征,即我们常说的"念头""心声"。

第六章 / 一个关于"说话"的整合框架

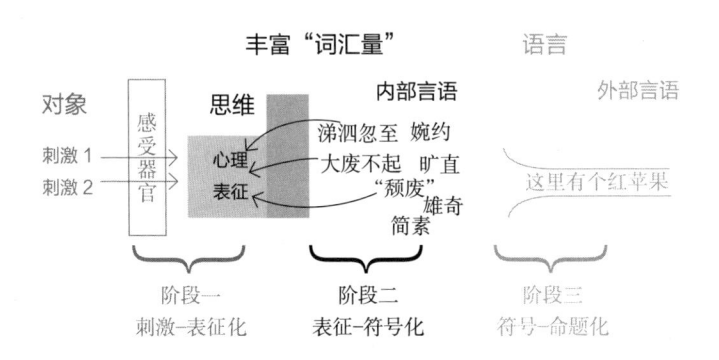

```
对象              丰富"词汇量"            语言
                  思维
刺激1    感受器官   心理   涕泗忽至 婉约    外部言语
刺激2             表征   大废不起 旷直
                       "颓废" 雄奇     这里有个红苹果
                       简素
         阶段一      阶段二          阶段三
       刺激—表征化  表征—符号化      符号—命题化
```

和"颓废""旷直""简素""主体间性"这些符号打过交道的人，相比从未见过它的人，总会多一些整理经验的抓手。当他们遭遇类似情境时，便有机会使用这些符号来澄清混乱的内部经验和外部现象。

在这个意义上，某领域的"专家"就是掌握了该领域术语表的人。仍然拿喝茶举例：如果你深刻地掌握了下图中每个词汇所对应的经验内容，那么你大概能成为一名优秀的品茶师，能够轻易地对某类茶品评头论足，换句话说，你在该领域实现了词汇自由。

瑞士语言学家索绪尔提醒我们，"概念纯粹是用来表示差异的……它确切的特征是它们不是别的东西"。实现"词汇自由"的另一个好处是，我们能在足够多的其他概念的帮助下，逼迫某个概念现身，相对准确地理解和使用它，正如在雄奇、简素、婉约、松懈、敏锐、狭隘、悲观的帮助下，我们才在更微妙的意义上理解了"颓废"的丰富意涵。

```
           明度
      香型
  水质         茶水比例
清澈度              调和度
      彩度
  水温         冲泡器
      持续度
强度         茶性    稠度
```

很多人会刻意收集一些生僻大词和精美句子,甚至从小被家长逼着背美文、诗词,这对提升经验"分辨率"其实很有帮助。敏锐的感官、好奇心、丰富的经验是把握它们的前提,但这些词汇也能反过来牵引我们的注意力,引导我们识别经验中的细节和层次,最终殊途同归。仍然要提醒你的是,后一种方案有明显的工具主义倾向,隐藏着使我们变得平庸的危险。正如阿城先生所说的:

> 沉雄、冷峻、壮阔、亢激、战栗、苍凉,你读懂这些词并陶醉其中时,若还能意识到情感上的优越,那你开始对快感有"深刻"的感觉了,可是,虚伪也会由此产生,矫情的例子比比皆是,历历在目。(阿城《常识与通识》)

阶段三:内部言语–外部言语阶段(符号–命题化阶段)

阶段三是我们将脑中的符号表征组织成命题并说出来的阶段,

这是我们要重点分析的阶段。

这个阶段最大的挑战在于，我们需要将网状的思想内容组织成线性的有声言语，同时还要保证它们能尽可能地还原其源头复杂的、非线性的、多层次的丰富意涵。由于我们不能一股脑地将那些零散的符号表征塞进那个狭长通道，在此之前，我们要对它们进行一次整编，根据特定的规则安排它们的出场顺序。

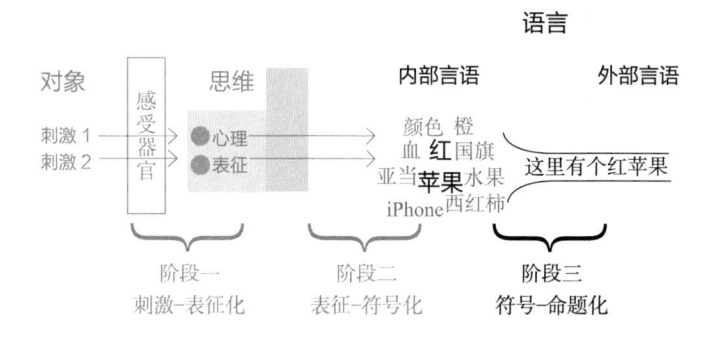

```
                                    语言
对象          思维          内部言语        外部言语
             感受
刺激1         器      ● 心理      颜色 橙
刺激2         官      ● 表征      血 红 国旗      这里有个红苹果
                                亚当 苹果 水果
                                iPhone 西红柿

         └──阶段一──┘ └──阶段二──┘ └──阶段三──┘
           刺激-表征化    表征-符号化    符号-命题化
```

按照认知科学家史蒂芬·平克的说法，这是一个从思想网到句子树再到词语串的过程：无中心、无层级网状结构，必须先组织成中心化、层级化的树状结构，才能渐次地展开为线性结构，否则就根本无从安排线性词语串上各个概念的优先级顺序。这个过程就是我们常说的"结构化"。

结构化的整编至少是在两个层次上展开的：句子内部和句子之间，也就是基本的句子（命题）层次和规模更大的语篇层次。

句子内部词与词之间的关系受到语法规则的约束，我们都是在基本句型的框架中言说的，比如主谓宾、主系表、从句套从句等，这是个非常高效且不自觉的过程；句子之间乃至篇章之间的组织关系，就没有如同语法规则般明确的规范了。

大致上，我们能梳理出四种基本关系，我们就是通过这四种基本关系来组织段落和篇章的。它们是因果关系（推论关系）、时间关系（相续/不连续关系）、空间关系（相邻/相离关系）、原型关系（相似/相异关系）。这四种关系基本对应了哲学家大卫·休谟在《人类理智研究》一书中提出的因果关系、时空接近关系和相似性关系。当代学者也基本同意将这些范畴假设为人类心智把握外部关系的基本范畴。[1]

结构化

句子层次	语篇层次
	因果关系
语法规则	时间关系
	空间关系
	原型关系

这四种关系是随处可见的，无论是叙事（记叙）还是说理（说明、议论）的文章，在大的结构上，基本是被**因果关系**串联起来的。在叙事文本中，"起因—经过—结果"是最基本的结构；而说理的文本，比如很多学术论文、行业报告乃至《汤质看本质》节目的文本，其论述框架都基本符合"场景—冲突—问题—答案"

---

1 "你可能认为，一个观点引出另一观点，可以有数百种甚至数千种方式，但实际的数字少得多。1748 年，大卫·休谟在《人类理智研究》一书中写道：'观念之间的联系原则似乎只有三种，即相似性、时空接近性以及因果关系。'语言学家安德鲁·凯勒认为休谟的观点基本正确，尽管他和其他语言学家将休谟三大基本原则细分为十多种更加具体的联系。"史蒂芬·平克. 风格感觉 [M]. 王烁，王佩译. 北京：机械工业出版社，2018: 202.

的结构。[1]

因果思维是人类思维的基础，但这些围绕着因果的叙事／说理并不是在真空中进行的。首先，它们永远处于**时空框架**之下，这就一定会涉及"过去—现在—将来"以及由远及近这样的论述结构。

[时间] 那老人独驾轻舟，在墨西哥湾暖流里捕鱼，如今出海已有八十四天，仍是一鱼不获，开始的四十天，有个男孩跟他同去。可是过去了四十天还捉不到鱼，那男孩的父母便对他说，那老头子如今不折不扣地成了晦气星……（海明威《老人与海》）

[空间] 深蓝的天空中挂着一轮金黄的圆月，下面是海边的沙地，都种着一望无际的碧绿的西瓜，其间有一个十一二岁的少年，项带银圈，手捏一柄钢叉，向一匹猹尽力的刺去，那猹却将身一扭，反从他的胯下逃走了。（鲁迅《故乡》）

其次，它们永远受到原型范畴的制约，所以我们会自觉或不自觉地用明喻、隐喻、类比、对比这些基于原型相似性或差异性的论述结构，来说明更复杂的对象以及对象间的关系。

那口渴的太阳汩汩地吸着海水，漱着，吐着，哗哗地响，

---

1 这是著名的"SCQA（场景—冲突—问题—答案）+ 金字塔"的组合。具体参见芭芭拉·明托的著作《金字塔原理》。

人身上的水分全给他喝干了,人成了金色的枯叶子,轻飘飘的。(张爱玲《倾城之恋》)

　　金阁已经度过了无数个黑夜,至今仍继续着永无尽头的航行。白天,这只神奇的船满不在乎地抛锚止航,任凭众人观赏;而夜间一到,它便乘四周黑暗之势,鼓起帆一样的额顶昂头出海。(三岛由纪夫《金阁寺》)

　　一些关于"结构化思维"的教材会告诉你,有些表达有结构,有些表达没结构。这是误区,所有的表达都是有结构的,区别在于你有没有意识到结构的存在,并做出了相应的安排。你可以由表及里、由远及近地描述一件事,也可以从过去讲到未来、从当下切回过去,甚至刻意使用混合结构做出不规则的叙事安排,这都没问题。问题在于,我们常常不自觉地调用它们:一会儿在时间关系中,一会儿在空间关系中,一会儿倒叙,一会儿插叙。这当然会导致表达和理解上的混乱。这种混乱不只涉及叙述,在说理中,我们话语中的因果关系常常是非常混乱的,这导致我们无法阐明因果关系,翻来覆去也说不清楚一件事。

　　我们在第四章讨论了很多关于因果、推论的课题,多是着墨于理论,本章我们要往实践层面推进。

　　在"结构化"的课题中,我们要回答这个问题:为什么总有人能给出更高明的解释,阐明更复杂的因果?他比我们强在哪儿?

　　生活中,当对方讲清楚了某个复杂事态中的因果关系时,我们会做出评价:他的表述非常有逻辑/结构很清晰/对这件事的认识非常系统。逻辑、结构、系统三者之间有认知水平上的递进关系，要回答"为什么总有人能给出更高明的解释"这个问题，我们必须搞清楚因果关系、逻辑思维、结构化思维和系统性思维之间的复杂关系。

理解与表达的三重境：逻辑—结构—系统

逻辑是研究推出关系的。[1] 从命题 A 到命题 B，哪些情况下能将其推出，哪些情况下无法推出，这是逻辑学要研究的课题。逻辑不是关系，是对关系的规范，而**结构**这个词本身就是指代关系的。结构可以被理解为关系的复数形式——"关系们"，它尤其指对复杂的要素关系的一种概括性、直观化的呈现形式。结构和系统有着密切的关系，一个结构，本质上是对某个"系统"进行抽象、简化的产物。

系统的经典定义是"相互作用的多元素的复合体"。大致上，结构＝要素＋关系，系统＝结构＋运行目标＋反馈回路，系统是使结构之为结构的东西，结构总是系统的结构。

逻辑	关系的规范	
结构	多要素关系的表现形式	要素＋关系
系统	相互作用的多要素的复合体	要素＋关系＋运行目标＋反馈回路

---

1 本书的后半部分将深入探讨"逻辑"的本质，以及它和语言、思维之间错综复杂的关系。

形象地看，结构是一张静态的人体解剖图，系统是活生生的人。系统属于具象的心理-经验世界，在这个世界里，任何复杂对象都可以是一个系统，同时也是另一个系统的一部分，结构属于扁平抽象的语言-符号世界，是这些复杂对象在语言世界的抽象、简化形式。

之所以要花篇幅辨析逻辑、结构与系统的差别，是要借这种差别来说明**思维对象**复杂度的递进规律，以及与之对应的思维方式的变化：当眼前只有少数对象关系、简单命题的时候，我们尚且能计较命题 A 是否能推出命题 B——可以诉诸关系规范，也就是**逻辑**；当诸多要素以一种非线性的方式关联起来时，我们就需要在一个更加立体的思维空间中整理出它们的关系图式了，即理清它们的**结构**关系；而当我们想进一步追问它们为何会是这种结构，它到底想要干吗，它背后的原理是什么……追问更多所以然的时候，我们需要更**系统**的思考。

严格区分逻辑、结构、系统之后，我们能得到的第一个实践指导就是：**在想清楚或说清楚一件事的意义上，我们要优先重视结构，而非逻辑**。逻辑的价值更多体现在批判审查而非建设上。

是否应该多学习结构化思维呢？当然要学，但前提是，我们得知道它为什么是有效的。我们平时说的"结构化思维"，应该被称为"结构化工具"，它们是一些思维工具、套路和模型。比如我们前面讲过的金字塔原理、图尔敏论证模型，我们要进一步探究的是，这些工具有速效，能瞬间澄清状况、说明问题，其根本原因是什么？因为它们是人们在特定问题域中进行"系统性"研究的产物，先行者找出了这个系统中的关键变量，并标注出了各变量之间的功能联系，整理出了关键要素和主要关系，结构化工具就呼之欲出了。

在这个意义上，这些工具、套路不是别的东西，它们就是知识本身，而且是被表述得非常清晰的知识。金字塔模型是关于论述规律的知识，图尔敏论证模型是关于论证、论辩的知识，你眼前的一长串概念图和与之配套的这几百字的描述是关于思维与语言转化关系的知识。无一例外，它们都是专家把某领域当成一个系统（相互影响的多要素的复合体）进行研究的产物。

结构　多要素关系的表现形式

SCQA
金字塔模型　　图尔敏论证模型　（知识）

系统　相互作用的多要素的复合体

系统性思考

知识的终极目标，是使某个难以理解的领域变成一个可以理解的系统。到了这个份儿上，我们才能说某人对某事的理解与阐述非常"系统"。这是相当高的评价，是普通人和专家的真正差距所在。

很多时候，我们道听途说、浅尝辄止，自以为懂得了很多道理、掌握了很多知识，一旦到了需要向他人转述阐明时，就发现这些所谓的道理和知识"非常脆弱",丝毫经不起对方的深究和反驳,原因就在于我们对事物缺乏系统性的理解。如果我们无法把握知识结构之外那些看似冗余、实则重要的部分,便无法为自己的认识进行全面且深刻的辩护,只知其然而不知其所以然。

由此我们得到的第二个实践指导是:**系统性的理解和表达是我们的目标,而"结构"只是我们的抓手**。比如前文中我就在图尔敏论证模型这个抓手上花了一些心思,往"所以然"的方向上多追问几嘴,你也能和我一样跟上作者的心思,还原出对论证说理活动的系统性理解。

结构　多要素关系的表现形式

SCQA
金字塔模型　　　图尔敏论证模型　　（知识）

系统　相互作用的多要素的复合体

"论述系统"　　　"论辩系统"

经由知识寻求系统理解

但不要忘了,这一切的前提是人们必须在语言世界里创造一个问题域,对类似物理世界的惊异现象、心理世界的困惑经验提出足够多的好问题,并回答它们,好解释的集合才会出现。用这个集合来消除某个领域中所有的惊异现象,才能在最大程度上完善听众心中的因果印象。

如此,我可以回答前面那个问题了:"为什么总有人能给出更高明的解释，阐明更复杂的因果？"根本原因是他处理了更多的惊异，准确地说，是把经验中的惊异符号化为问题，用语言问了出来，然后用语言回答了它。

这是我们得到的第三个实践指导：**问答结构永远是最朴素、最有效的话语组织结构，尤其是在说理层面**。问答结构很容易被看轻，但其重要性怎么强调都不为过。本书的论述理路完全是由问答结构驱动的，本书的本质是一个答案集，而**答案怎么写，总是取决于问题怎么问**。

结构　多要素关系的表现形式

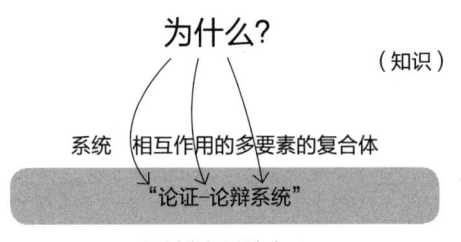

为什么？　　　　（知识）

系统　相互作用的多要素的复合体

"论证-论辩系统"

通过发问澄清盲区

我希望各位深切体会其中的道理。回顾一下自己的经验，我们都会有嘴里拌蒜、词不达意的时候，这时候最好的办法，其实是停下来问自己：我到底想说什么？**若你能回答这个问题，你就大致说清楚了整件事**。

经过这番讨论，再回到"结构化"的框架下，我们便能区分出两类帮助我们组织关系的"结构"：一类是休谟为我们概括出的四类关系，用因果、时空和类比的结构把握对象，是人类在漫长求生之路上演化出的基本思维能力，且把它们称作"先验的-被给定的结构"；另一类就是前文中谈论的"知识"，是"经验的-学习而来的结构"。当然，你如果愿意，也完全可以把它们区分为先天知识和后天知识，或是预设模型和习得模型。我们有类似的先天知识，所以我们同处一个可以言说的大系统，但我们各自习得了不同的后天知识，所以我们会用各自的模型描述这个大系统的各个局部，有人肤浅，有人深刻，但总是可以交流。

澄清了模型、结构、知识的所指，我们就拼上了最后一块拼图。无论它叫什么，无论它是先天的还是后天的，它的"功能"一定是为概念符号提供整编规范。

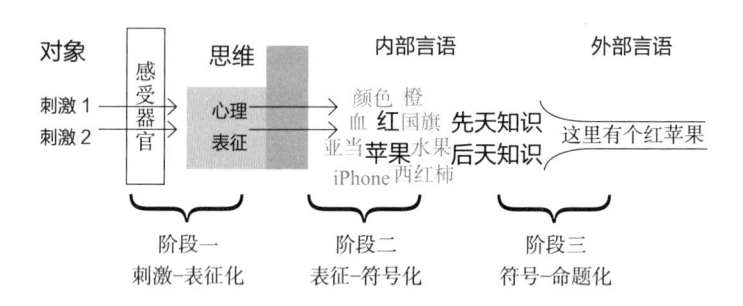

对象	感受器官	思维 心理表征	内部言语 颜色 橙 红 国旗 亚当 苹果 水果 iPhone 西红柿	外部言语 先天知识 后天知识 这里有个红苹果
刺激1 刺激2				
	阶段一 刺激-表征化	阶段二 表征-符号化	阶段三 符号-命题化	

这些概念关系与心理表征相互映射，心理表征则来自经验世界中类型化的刺激。最终，在这种整编的帮助下，经验得以被言说，刺激得以被理解，我们就在这个过程中，一边理解世界，一边言说自己，符号动物依靠语言来生存。

我们有两种理解世界、言说世界的路径，或者两种言说不可言说之事的语法：一种来自理性思辨，另一种来自感性直觉。前者重视定义、推论以及逻辑关系，这是我们一直在操弄着的，它把世界设定为一个"智慧系统"，思维与语言的功能是对这个系统进行逆向工程，最终目的是刻画出系统背后的逻辑电路图，解释其运作原理；后者重视意象、流变、敏感于意义的错落、万物的勾连。世界是一棵参天大树，抡起理性大斧将其砍断，掰着指头去数里面的年轮，并不能让我们知道大树的本质是什么，你要亲自伸手去触摸。"以悟其根系绵延，风霜雨雪，皆有影响，不免伤残，又皆渡得过，滋生新鲜。"这是作家阿城在谈论侯孝贤执导的电影时写的，我当然写不出这样的句子，理性思辨一路狂飙的结果是想象力和象征思维的残疾。这个毒，需要文学艺术来解。最后这段自我反驳和限定，是在提醒你我，存在着另一套解释世界、言说世界的语法，我们除了求真，还能审美。

第七章

进入世界的练习

梳理出"刺激—认知—表达"三阶段的整合框架之后,我们便可以着手在框架中寻找可提升的点了。下图从左到右,依次有经验值、词汇量、知识量、命题-结构化能力、口语表现力。另外,这个房间里还有两头大象:元认知和工作记忆。

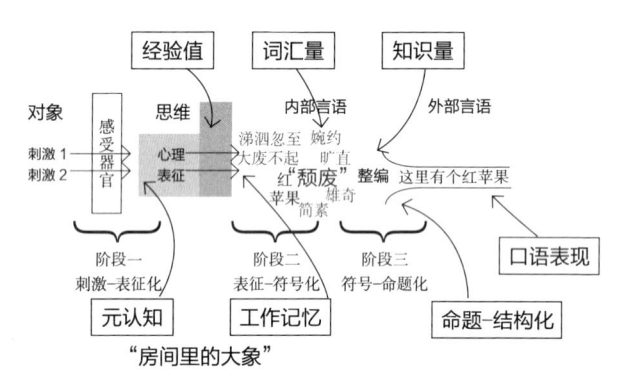

有必要先说说这两头大象。

元认知是对于认知的认知,可以理解为一个人能在多大程度上觉察到"心智舞台"上发生的种种事件,并意识到自己既是指挥演员的导演,也是能够冷眼旁观台上狗血戏码的观察者。**工作记忆容量**则决定了舞台的面积和你对演员调遣的效率,它从根本上限制了你能同时指挥几个演员在舞台上表演。换句话说，两头大象，一头决定了你对自己心理表征、符号概念运作的观察能有多清楚，另一头决定了你能同时操作多少心理表征和与之对应的符号概念。

千万不要小看工作记忆对我们**语言组织能力**的影响。无论是将表征加工为符号，还是将符号组织成命题，都是基于工作记忆进行的"运算活动"。能操作那些表征和符号的前提是你能"记住"它们，而不是拎起这个就忘了那个。

人的心理运算能力受制于工作记忆的容量。你可以试着做四位数加减法的心算，然后把心里的运算步骤说出来，我们会依次操作个位、十位、百位、千位，过程中还需要将前一位的运算结果暂时挂起，以便后面进位或减位。如果你的工作记忆容量太小，之前的运算结果很可能会"挂不住""算丢了"。在心智计算的意义上，自然语言和数学符号没有本质区别，都是有待整编的符号元素。说了下句忘上句这类"算丢了"的情况，在日常语言的组织中也普遍存在。

最明显的差距体现在对长难句的组织和识别上。比如对某事某物的"定义"是最容易出现长难句的，因为它涉及对诸多关键词汇进行大量的修饰和限定。不妨看看著名认知科学家赫伯特·西蒙对"知识"的功能性定义。

> 知识的作用，是从所有的逻辑可能性总类中选出一个其经验可能性较为有限的子类，从而在描述可能性的各变量之间建立一定的功能联系。

一般人听到这个句子，别说是复述，连回忆都是不容易的。当你的注意力停在"功能联系"这个词上的时候，"逻辑可能性总类"早就不知道丢哪儿去了。虽然我们很少在日常会话中处理这么复杂的句子，但它显示出了我们提升语言组织能力时要面对的一个根本限制——工作记忆容量。

澄清这一点非常重要，如此，我们至少能区分 6 种"说不清楚"的状况：

第一类，在源头上没有相应的经验，无法建立心理表征，这是经验匮乏导致的"'无米之炊'型说不清楚"；

第二类，你有丰富的经验和强烈的表达欲望，但缺乏词汇来标记并进一步处理它们，这是语料匮乏导致的"'意无穷词太穷'型说不清楚"；

第三类，你并不是真的理解某个现象背后的原理与关系，因此无法澄清事物背后的因果关系与运作原理，这是知识量匮乏导致的"'知道分子'型说不清楚"；

第四类，你理解了现象背后的机制与原理，却没能利用某个表述结构将其整编出来，这是"'结构整不明白'型说不清楚"。

第五类，是工作记忆容量较低，长时记忆不牢靠导致的"'阿尔茨海默'型说不清楚"。

最后一类，是因为口语表现力不足导致的"'嘴里拌蒜'型说不清楚"。

你属于哪类说不清楚？这事儿可能说不清楚，多数情况下，我们遭遇的都是"叠加态"的说不清楚。

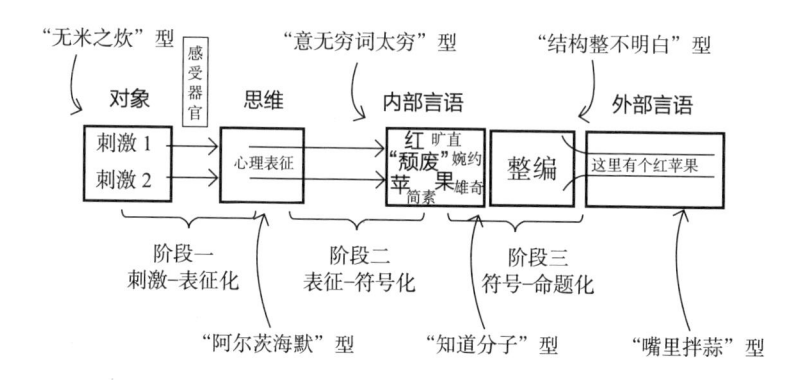

```
"无米之炊"型        "意无穷词太穷"型         "结构整不明白"型
    ↓                    ↓                       ↓
  对象    感受器官   思维      内部言语              外部言语
┌──────┐         ┌──────┐   ┌──────────┐         ┌──────────┐
│刺激1 │──→─────│心理表征│──→│红  旷直   │────────→│这里有个红苹果│
│刺激2 │         │      │   │"颓废"婉约 │   整编  │          │
└──────┘         └──────┘   │苹  果 维奇│         └──────────┘
                            │  简素    │
                            └──────────┘
        └────阶段一────┘ └───阶段二────┘ └───阶段三────┘
          刺激-表征化      表征-符号化      符号-命题化
        "阿尔茨海默"型    "知道分子"型    "嘴里拌蒜"型
```

练习之道

完善了框架，标记出了可提升的模块，就可以开始讨论练习的方法了。根据模型推论，结合一些教材指导，我为大家梳理出了7种练习途径，它们各有侧重。

（1）正念冥想，侧重元认知模块。

首先是元认知能力的训练。要强化监控自己认知的能力，最理想的途径就是正念冥想。我推荐大家尝试正念冥想，理由有三个：第一，这种内观活动能让你获得一种观察者的视角，更有意识地审视原本暗中进行的心智加工活动；第二，基于类似的原因，它会强化你发现"前提"的能力和自觉；第三，基于类似的原因，它能帮助你跳出经验来理解经验，跳出知识来理解知识。这三点，正好是我们展开深度思考的前提。如果没有冥想经验，我也能接触到用来制作《汤质看本质》节目的所有经验和知识，但加工深度会是天壤之别。

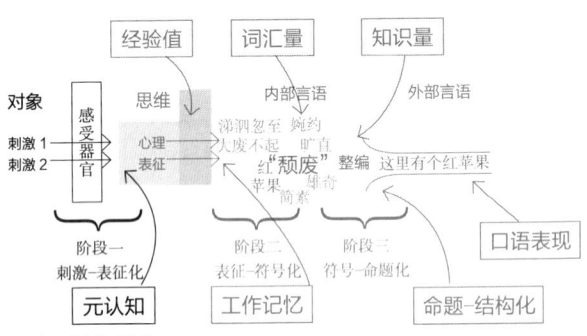

```
                  经验值      词汇量      知识量
对象      思维  ↓         ↓         外部言语
刺激1  感  ↓    淅淅忽至   纽约       ↑
刺激2  受   心理  太废不起    旷直
       器   表征     "颓废"    整编  这里有个红苹果
       官          苹果 惊奇
                    简素
       ↑           ↑           ↑           ↑
     阶段一       阶段二      阶段三      口语表现
   刺激-表征化   表征-符号化  符号-命题化
     元认知      工作记忆    命题-结构化
```

（1）元认知训练
- 旁观者之清晰
- 识别前提的自觉
- 超越-反身

（2）N-back 训练，侧重工作记忆模块。

工作记忆的容量相比长时记忆更加受制于先天因素，发展空间更小，但有一种叫"N-back"的方法，被很多研究证明是提升工作记忆和流体智力的有效方法。[1]

N-back 游戏的基本规则是，在规定时间内，方块会随机出现在九宫格的某个位置，同时会播放一个字母的发音。当 1-back 时，

---

[1] 2008 年发表于《美国国家科学院院刊》的研究报告称，"尽管有这些限制，我们的发现仍具有普遍意义，因为它们提供了通过认知训练来增强流体智力的证据……发现认知训练可以改善流体智力，有里程碑意义，因为这种智力形式曾被认为在很大程度上是无法改变的"。JAEGGI S M, BUSCHKUEHL M, JONIDES J, et al. Improving fluid intelligence with training on working memory[J]. Proceedings of the National Academy of Sciences, 2008, 105(19): 6829-6833. 2014 年 一 项针对近 20 项 N-back 研究的荟萃分析论文指出，"N-back 训练对改善流体智力的积极影响虽小但意义重大……几周左右的短期训练可以对重要的认知功能产生有益影响"。AU J, SHEEHAN E, TSAI N, et al. Improving fluid intelligence with training on working memory: a meta-analysis[J]. Psychonomic bulletin & review, 2015. 也有学者指出这个训练效果的可迁移性并没有想象中那么好，但仍旧认可该训练对工作记忆有一定程度的改善作用。见 Melby-Lervåg M, Hulme C (2013) 以及 Soveri A, Antfolk J, Karlsson L, et al. (2017)。

你需要告诉程序当前方块位置是否和上一个方块位置重合，以及当前播报的字母是否和上一个字母重合，此时任务是相对简单的，你只需简单回忆片刻前看到和听到的信息是否与当前信息一致便可；当 2-back 时，你需要告诉程序当前方块位置和当前播报的字母是否与上上个重合；当 3-back 时，确认是否与上上上个重合；以此类推。大部分人在 2-back 时就会感到记忆困难，若只是回忆上上个图形的位置，其实并不算难，但它要求你在记忆图形位置变动顺序的同时，还要记忆字母播报的顺序，这就会让很多人感叹脑子"不够用"。

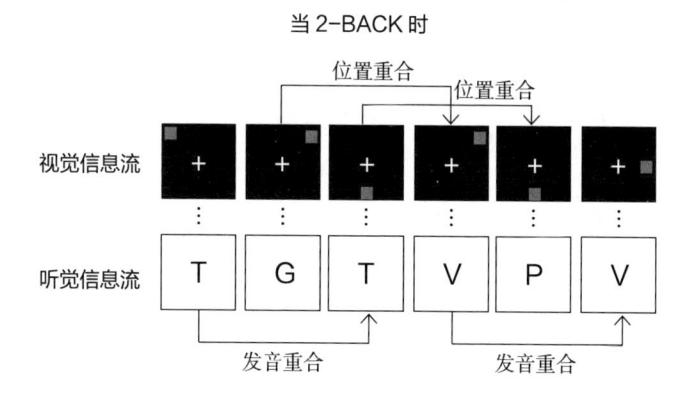

当 2-BACK 时

视觉信息流　位置重合　位置重合

听觉信息流　T G T V P V
　　　　　　发音重合　　发音重合

它同时考验了一个人工作记忆的容量、回顾的准确度以及双线程操作的能力，你可以把这个方块位置/声音理解为你要在工作记忆空间中处理的心理表征，它们无非是图形和声音两种存在形式。

我自己属于短时记忆比较差的人，用 N-back 游戏训练了一段时间后，能明显感觉工作记忆的空间在"变大"，在组织语言时，脑子里能同时操作的概念也变多了。

（3）比较差异法，侧重经验与知识模块。

严格来说，经验和知识的"量"是没办法刻意练习的，因为它们是境遇性的。我们不能直接创造经验，只能创造遭遇它的机缘，我们也不能脱离生命中的实践情境去积累知识。读万卷书，行万里路，没有捷径，无法取巧。经验与知识的积累，恰恰是引发质变的关键，是所谓积淀、底蕴之所在。不要指望让一个见识短浅、脑袋空空的肤浅之辈，仅仅通过某种练习就成为一个真正意义上的能言善辩之人。

好消息是，绝对意义上的"量"虽不能练习，但我们能对现有存量进行精细加工。这方面有切实可行的练习路径，我称之为**比较差异法**。

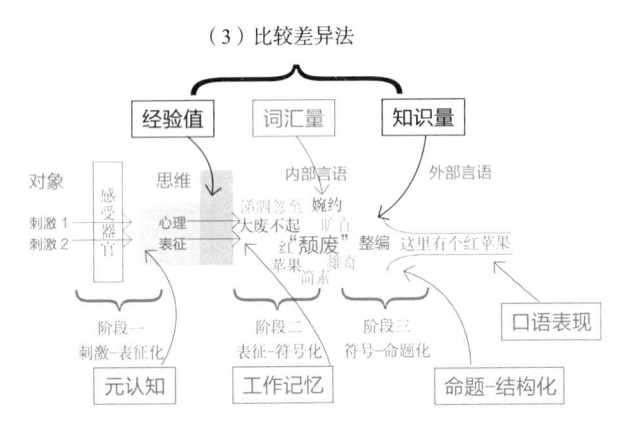

（3）比较差异法

提高经验"分辨率"、对既有知识进行再提纯的最直接方法就是通过比较寻找差异。在第三章讲"问题之锤"时，我们曾强调好的提问应该是针对差异性现象的提问，本质上就是通过比较寻找差异的行为。

宽泛地说，我们都是在比较中寻求自我成长的，但比较并不总带来进步。我们对经验与知识的把握是极其随意的，我们常常拿着过来人的说法、书上的大道理来与它们进行对照，以期发现自身的不足之处，并着手改善，获得成长。一边是含混不清的经验，一边是抽象笼统的道理，如此泛泛比较，非但不能收获你期待的成长，反而可能导致一种盲目的自我否定——现状离理想十万八千里，一定是我不行。

比较差异法的关键在于，比较和对照的双方必须是同等具体的，如此我们才能准确定位差异之所在，从而发现有待进一步澄清并理解的经验和知识。

相比"要见人说人话，见鬼说鬼话"的经验教条，"为什么我在情境 A 中能好好说话，在情境 B 中却不能"更能揭示问题的所在；"上台前适当热身，进行几次深呼吸，能有效缓解紧张"这类建议看似具体，却丝毫没有触及问题的根本，相比之下，"你每一次当众讲话都会紧张吗，每一次都同样紧张吗"的自问则有可能引导你重新处理自己的紧张经验。

当面对巨大的差异时，我们是无从介入的，只有那些无法被简单解释的微妙差异，才直接指向我们的盲区与成见。

曾听一位前辈分享经验，他说提升写作能力的最佳方法，就是基于比较差异进行反馈调整。找一位你喜欢的作家的一段文字，认真阅读，尽量理解并领会其中心要旨，随后搁在一旁，用自己的笔触重写那段文字，过程中尽可能贴近原文的结构，写完之后两相对照,原来无法察觉的"水平差异"会一目了然,原来只在教条、大道理中出现的那些不知所谓的概念,如"逻辑""文笔""语感"乃至"节奏感"都有了清晰的对应,含混的经验开始有了细节,笼统的知识被条分缕析,你甚至发现,某些句子的语感之所以不好,就是多了些"开始""的"这样可有可无的赘语,前面的句子应该写成:"含混经验有了细节,笼统经验被条分缕析,某些句子语感之所以不好……"比较差异法不仅是一种澄清经验的方法,而且是极好的学习之道,尤其适合学习那些内隐而重要的知识。

(4)看图说话,侧重表征-符号化阶段。

看图说话是非常重要的训练,看图说话的能力亦是极其重要的能力:我们平时描述一个情境、评论一个状况,都是某种意义上的看图说话,这种行为能够展现出你能捕捉到多少刺激,激发联想出何种心理表征,以及如何将这些表征按照某种关系组织出来。看图说话训练的是从刺激到表征,从表征到符号,从符号到命题整个通道的顺畅性。擅长看图说话的孩子,长大之后大概不会太嘴笨。

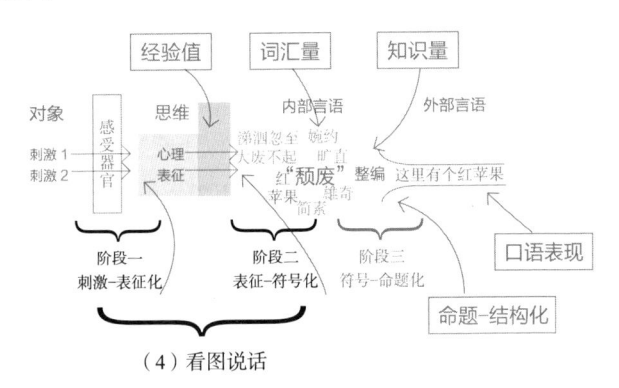

(4)看图说话

第七章 / 进入世界的练习

这里涉及的不是经验、词汇、知识和各个节点的"资源丰富度",而是"感知—理解—表述"传递的"通道顺畅度",涉及从一个环节到另一个环节的处理效率。如果你想不起一个词,原因之一是记忆不牢,神经元联结弱;原因之二是负责"调取词汇"的"机能"太差,俗话说就是反射弧太长。顺畅度是评价表达能力的重要维度,也是专业语言工作者真正与普通人拉开差距的地方,知识储备相当的人,表达能力也许有天壤之别。今天的播音主持课程会针对性地训练这种能力,而对普通人来说,在小学之后就再没接触过此类训练了。

基于同样的原理,我们还能衍生出其他训练方案。孙路弘老师在《说话的力量》一书里提到了一个类似的训练,可以称作"看图问话",即让人看一张图片,基于图片的内容提出疑问。对于这样一张图片,你最好能在短时间内连续问出 10 个问题,这无疑要求我们对经验对象时刻保持敏感与好奇。

基于下面这张照片能提出的问题有:这是什么活动?是在哪里举办的?主办方是谁?从照片上看现场大约有多少人?来听演讲的都是什么人?演讲主题大概是什么?"个人文艺复兴"是什么意思?什么是"正知识",它与"为学日益"有什么关系?什么是"负知识",它与"为道日损"有什么关系?演讲者希望解决听众什么问题?

另一种训练形式是"口述影像",有些电影是自带口述影像声轨的,在没有人物对白的情况下,会有旁白向听众描述当前画面中的内容,目的是帮助视障人士在脱离画面的情况下也能理解影

片剧情,这其实是一种非常好的对"口头描述能力"的刻意练习,因为电影相比静止的画面包含更多的时空信息,更接近我们生活中接触到的信息流形式。

我把"看图说话""口述影像"这类练习归为"没话找话"的刻意练习,它们更侧重阶段一和阶段二,是偏向将经验刺激转化为心理表征的刻意练习。

(5)随机造句,侧重符号-命题化阶段。

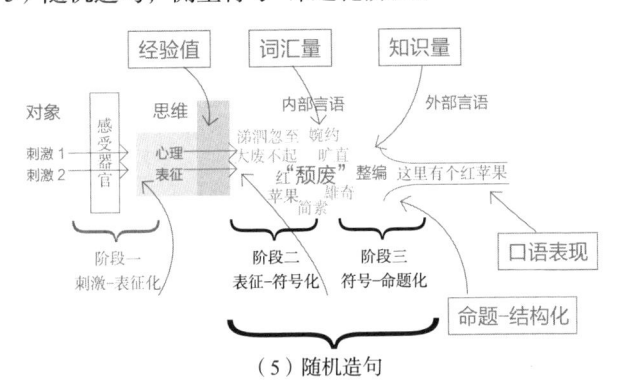

第二种"没话找话"练习是"随机造句"。孙路弘老师在《说话的力量》一书中教授了一种叫"沟通扑克牌"的练嘴方法，简单来说就是随机找一些词写在牌面上，随手抽几张，然后把它们讲成一段连贯的话。你如果看过中央电视台的主持人大赛，就会发现这是主要考核项目之一——给定关键词，然后说故事。很明显，这是侧重将孤立符号组织成命题的刻意练习，也即侧重阶段二到阶段三的练习。我如法炮制，也制作了一套扑克牌，上面的词大部分是我随手从书上抄下的，小部分来自阅读时遇到的生僻词，比如旷直、比肩继踵、积案盈箱。这些词，如果不是被你刻意地遇到并刻意地造过句，绝难再次出现在你的文字和话语里。

（6）听话作图，侧重命题-结构化模块。

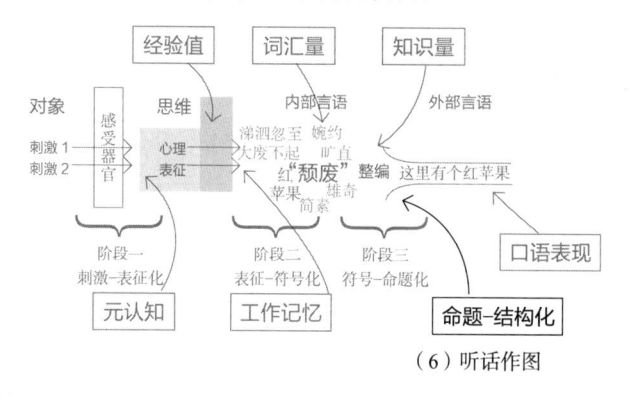

（6）听话作图

前面两种"没话找话"练习是专业领域的传统项目，我自己的体会不深，接下来的一个练习叫作"听话作图"，这是我长期实践以至成为习惯的动作，对我有巨大帮助，所以重点讲。

我之前在企业做管理工作的时候，素描本是不离手的。每看到或听到一段需要分析的文字时，我都会下意识地在纸上画概念关系图；想要说明一件相对复杂的事情之前，也一定要把概念关系图画出来。我的记忆力属于非常普通的水平，这个素描本就是我的外脑，我可以在上面处理足够多的概念。

维特根斯坦曾说他是用钢笔来思考的，因为他的头脑经常不知道他的手所写的东西。在这个意义上，我也是通过素描本来思考的，从理解到运思再到阐述，都在这个二维平面上完成，最终的话语和文字只是相对简单的排序、串联工作的结果。本书中的插图，并不只是辅助理解的配套工具，在你没看到的筹备阶段，它是内容组织的向导，是那只生蛋的鸡。

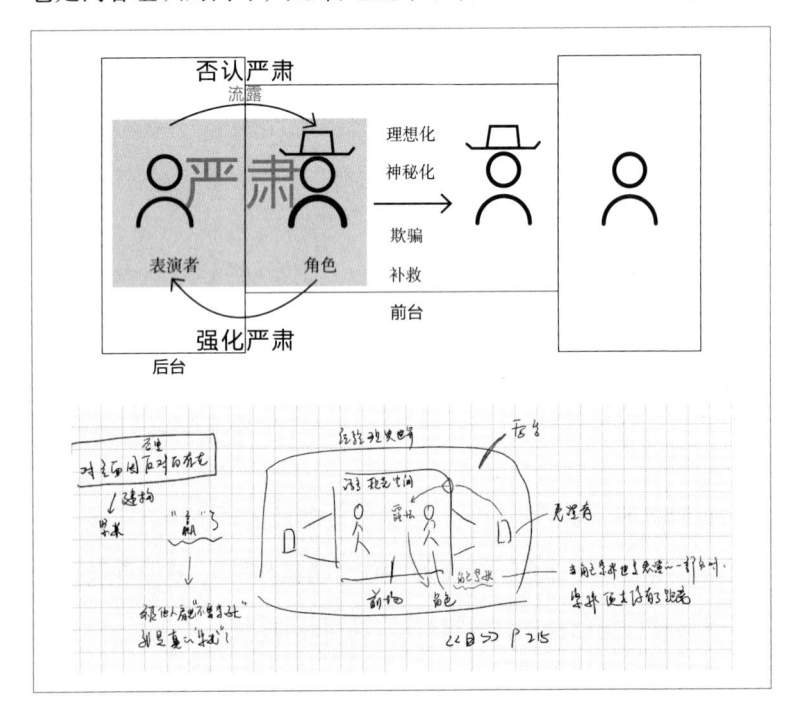

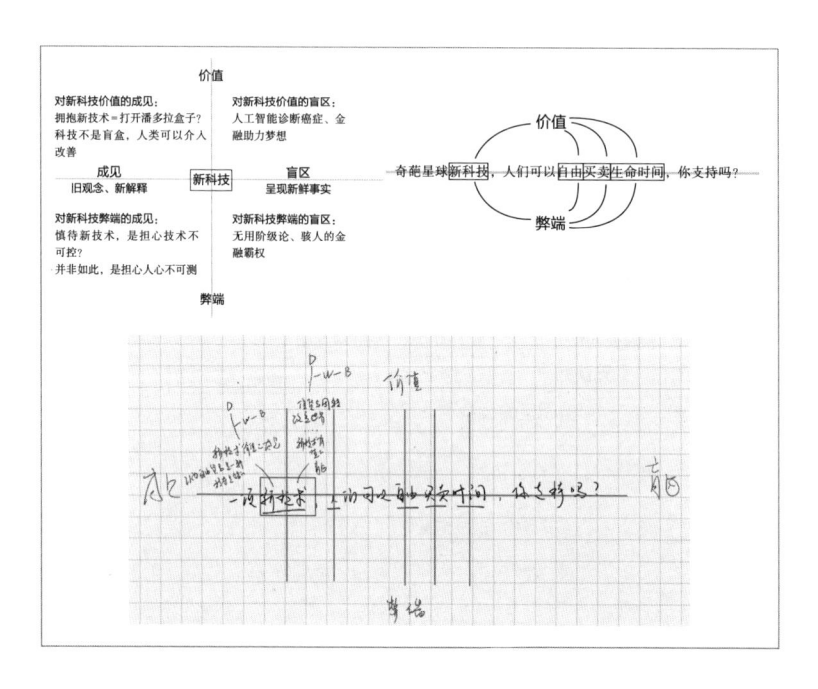

第七章 / 进入世界的练习

	价值	
对新科技价值的成见： 拥抱新技术＝打开潘多拉盒子？ 科技不是盲盒，人类可以介入改善	对新科技价值的盲区： 人工智能诊断癌症、金融助力梦想	
成见 旧观念、新解释	新科技	**盲区** 呈现新鲜事实
对新科技弊端的成见： 慎待新技术，是担心技术不可控？ 并非如此，是担心人心不可测	对新科技弊端的盲区： 无用阶级论、骇人的金融霸权	
	弊端	

奇葩星球 新科技，人们可以自由买卖生命时间，你支持吗？

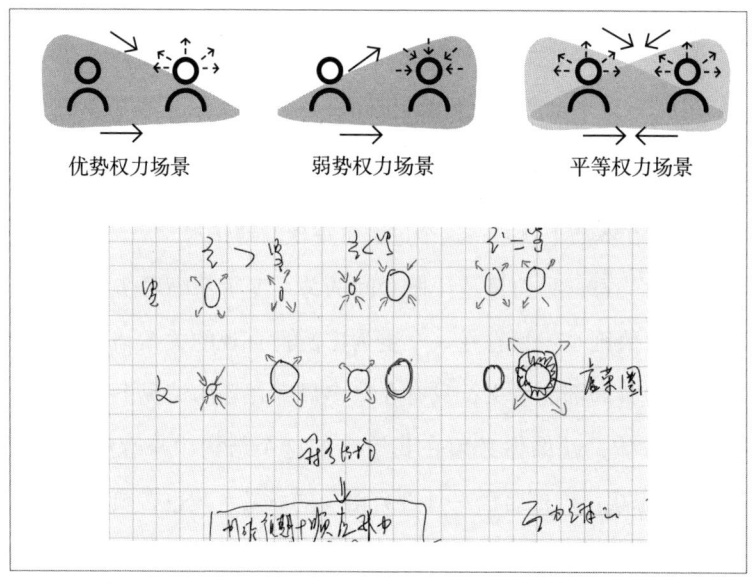

优势权力场景　　　弱势权力场景　　　平等权力场景

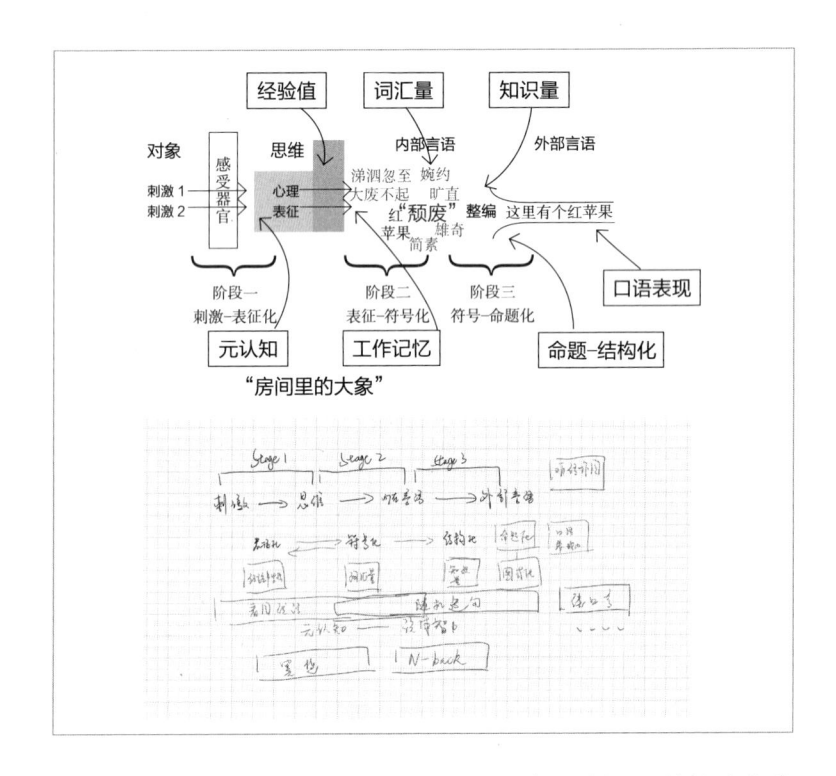

我在前文中强调了结构化的力量，我们必须通过结构才能将网状的思想整编成线性的文字，或是顺着文字反向追溯整体思想，听话作图在本质上就是将这个过程可视化的动作。

表面上看，我们只是让概念间的关系变得清晰可辨了，而其真正的价值则是：只有在一个更为广泛且直观的关系结构中，才能真正理解局部的意义；只有在诸多局部在场的情况下，我们才能看清整体，就像你必须在我给出的这个结构中来理解所谓的"刺激—思想—内部言语—外部言语"的意义，我也必须在这个概念组合中才能将它们逐一阐释清楚。

本质上，我们创造搭建了一个让所有前提同时在场的推论环境，当所有要素都到场并被置于某种关系中时，那些更重要的、本不在场的、一直逃逸于符号世界之外的"意思"就会现身，这就是系统思维所说的整体大于部分之和的那部分，这部分内容往往是击穿成见、揭示盲区的知识。其中更深层的原理，我们在结构化阶段已经讲过了，听话作图本质上是对命题-结构化能力的练习：结构是抓手，我们将经验世界中遭遇的复杂对象置入语言世界，用符号结构把握它，在我们的地盘上，用符号整理符号。

（7）声音训练，侧重口语表现模块。

最后一点篇幅，讲讲声音训练——那些让我们口语听感更好、口齿更加清晰的练习。作为一个以视频口播为主要输出形式的创作者，我当年相对集中地训练过自己的声音，至今仍然受惠于此。

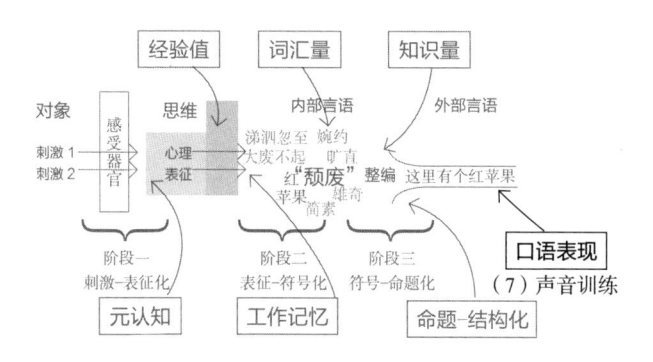

具体的训练方法就不介绍了，课程遍地都是，无非是对"气息—发声—吐字"的各种针对性练习。声音训练本质上是针对"通道出口"的优化。文学评论家们在讨论诗歌押韵的作用时，会提到押韵增加了文本的"可通过性",无韵律的文本通过性差,但那是相对于未经训练的口语肌肉而言的。

强调声音训练的理由有三个。第一,它是速效的。发音吐字是一个高度规范化的过程,因此这是最容易见效的练习,越早开始越好。第二,它的效用是广泛的。虽然我们切分出了各个环节,但语言表达终究是一项被多种因素交叉叠加影响的复杂活动,我们在某种程度上也是在用"嘴皮子"思考,处于口语表达过程末端的口条顺畅会反向帮助你组织思路,口齿不清也多多少少会干扰你的思路。第三,它的效用是基于偏见的,正因如此,它非常管用。英国作家乔治·奥威尔曾说"阶级的烙印是打在舌头上的",那种肤浅且隐秘的歧视和崇拜的确存在,所以发音的改善会在事实上增强自信心。虽然这听起来一点都不本质,但我们必须承认,语言表现力是外围说服的重要因素,听众执迷于形式、第一印象和伴随文本,用好听的嗓音说出来的话,会显得更有道理。

总结

总结下来,除了 N-back 有些像奇技淫巧,其他的练习方案都很朴素。本章内容与其说是向大家兜售解决方案,不如说是给大家一份旅行指南。目标总是吸引人的,但上路终究要付出成本,何况有些地方,你不一定真想去。

在准备撰写本书的时候,有一类读者画像是很清楚的,我把他们称为"能言善辩神话崇拜综合征患者"。在观众眼中,隔着看不见的"强准备"和"媒介魔术",媒体上的语言表演者犹如在表演巫术,看得观众神魂颠倒,一边自惭形秽,一边幻想有朝一日自己也能表演成那样。这里的观众不是别人,正是某个阶段的我们。在这个意义上,我希望本书是说话领域的《走近科学》,即便在你看来,我是在通过表演巫术来说明这不是个巫术,但我希望你能分辨出哪些是功夫,哪些是把戏。

我要"鼓吹"的观念其实很直白:"没什么了不起,你上你也行。"问题只在于,在看清楚了巫术的秘密之后,你还想不想上。我个人的主张是,不要迷恋这个神话,而要带着这些认识去回应生活中的具体挑战,也许是一次演讲、和重要的人谈话、应对社交场合的尴尬等。搞定这些问题,并不需要我们成为一个理想意义上,或幻象意义上的"会说话的人",这种肤浅的追求只会让你沦为平庸,你要关注的,是论证原理、权力结构的张力、深化关系的原理、逻辑的本质……是那些关乎"所以然"的东西,当然,如果你并不关心这些,目标索性就是成为巫师来诱惑世人,那就另当别论了,把本书当成工具书看的读者,读到这里足够了。

剩下的人,请随我进入本书后半部分,探寻关于"逻辑"的一切。如果说语言学、符号学是破译"语言黑箱"的一把钥匙,那么逻辑则是我们在黑箱中划出的最为清晰明朗的一片区域,人们在这块狭小逼仄的区域里构建出了无限宽敞的意义空间。我们眼中冰冷的逻辑,比巫术和魔法更神奇。

第八章
逻辑
起点与终点

那个经典的问题句型可以一问再问：当我们在谈论逻辑时，我们在谈论什么？在前文中，我们说它是一种"关系规范"，但那究竟意味着什么？

根本上，我们希望知道逻辑如何参与我们的思维过程，这个问题关乎逻辑的起点。只有搞清楚这个问题，我们才能"功利"地追问：有没有一种工具或方法，像帮我们快速获得运算能力的乘法口诀表一样，能让我们获得优秀的逻辑能力？答案是有，但它远没有你想象的那么好用，这和我们要讨论的第二个问题密切相关：逻辑的边界在哪里？这个问题关乎逻辑的终点与极限。在这个问题下继续"功利"地追问：我们如何超越逻辑本身的局限性，有没有系统性的方法？答案也是有，并且它比你想象的还要有用。

从真到真，必然地得出

什么是逻辑？广义上，逻辑和规律的意思差不多，日常话语中"某件事的内在逻辑"和"某件事的内在规律"其实是一回事；狭义上，逻辑是关于"推理有效性"的学问。逻辑学研究的是"如何从真到真"。注意，**逻辑不管"什么是真的"，那是科学的工作，逻辑研究的是"从"和"到"，即从某个前提如何能得到某个结论，它内在的法则是怎样的**。逻辑和数学一样，不是关于"内容真实与否"的学科，而是关于"形式有效与否"的学科。因此，逻辑本身不创造新信息，结论必须包含在前提里。

当我们在说思维的形式的时候，我们又在说什么？此处要追究一个更基本的问题：我们思维中的那些"形式"是什么，它们从何而来？

在关于心智剧场的讨论中我们提到：概念和范畴是我们思维的最基本单位，对外部对象进行概念化和范畴化是我们心智的最基本动作。试着想象：在我们的心智产生了第一个概念"我"[1]之后，会发生什么？答案是：什么都不会发生。此时的世界是一个大而无外的一元世界，天人合一，物我两忘。一切复杂性，以及我们试图用来澄清这些复杂的逻辑，出现在第二个概念——"苹果"诞生的刹那。你的世界出现了一个**对象**，现在我们有了两个概念，困惑随之而来：我是苹果吗？我不是苹果？还是一些我是苹果，一些我不是苹果？两个以上的概念会带来一种认知障碍，克服这种认知障碍的认知行为，就是"判断"。

比如，面对眼前这个苹果，你至少可以构建出以下 4 种判断。

---

[1] 在空无一物时，这个"我"是如何被想象出来的，这是非常有意思的课题，我会在辩证逻辑的章节中展开讨论。

我是苹果。

我不是苹果。

一部分我是苹果。

一部分我不是苹果。

然后判断：我不是苹果！

然而你不只做出了一个判断这么简单，当你选定"我不是苹果"时，你自然也就拒斥了"我是苹果"和"一部分我是苹果"，同时默认了"一部分我不是苹果"。因此我们可以推断出，当你说"我不是苹果"为真时，"我是苹果"一定为假，"一部分我不是苹果"一定为真。

你是不是觉得这些判断太基础了？逻辑研究恰恰就是从这种基础判断延展开来的。在逻辑学中，这些判断规律被概括、总结为"逻辑方阵"，它就像数学中的"1+1"那样基础又关键。

```
              主  谓
              项  项
         我是苹果              我不是苹果
     全称肯定命题（SAP）      全称否定命题（SEP）
          A  ←── 反对关系 ──→  E
          ↑ ╲              ╱ ↑
          │  ╲   矛盾关系  ╱   │
        差│    ╲        ╱    │差
        等│      ╲    ╱      │等
        关│        ╳         │关
        系│      ╱    ╲      │系
          │    ╱        ╲    │
          │  ╱            ╲  │
          ↓╱                ╲↓
          I  ←── 下反对关系 ──→  O
     特称肯定命题（SIP）      特称否定命题（SOP）
        一部分我是苹果          一部分我不是苹果
```

逻辑方阵所揭示出的规律，被我们称作"演绎"，演绎虽然不创造新知识，但它能把预埋在前提中的隐含信息揪出来。

无论是通过一个已知概念来理解一个未知概念，还是从一个已知命题中推断出一个未知命题，本质上都是对脑中的各种范畴进行处理的过程——从老范畴中发现新范畴，扩大我们的认识范围。这种扩大有 5 种常见路径，除了这里的"演绎"，还有"归纳""类比""溯因""辩证"。我将在后文中分别就这些逻辑形式展开论述。这里我们只需知道，虽然路径不同，但它们无非是**基于已知推导未知的思维活动，这类活动被我们称为"推理"**。在推理中，已知命题叫前提，未知命题叫结论。随着情况进一步变得复杂，我们需要同时处理诸多前提，进行各种推理，以获得或是证明某个结论，这种系统化的推理行为，叫作论证。

如此，我们能更确切地定义：逻辑就是确保推理、论证有效的规则。逻辑学是研究有效推理和证明原则与标准的学科。但无论逻辑学本身复杂到何种程度，基本出发点都是一致的，逻辑追求的是"必然的得出"，是"从真到真的推理"。

用逻辑笼罩世界

20 世纪初，以伯特兰·罗素为代表的一些学者想要将逻辑所揭示出的必然性法则推而广之，使其适用于所有领域，这逐渐形成了在今天被称为"逻辑主义"的理论流派。其基本思路是，先承认我们的认识必须奠基于经验，但是经验可以在理性逻辑的引导下分解成更精确或是更基础的经验,最后留下的某种不能再分解的、无须再证实的基本单位,就是"原子命题"。正如哲学家石里克所说:"为了发现一个命题的意义,我们必须接触一连串的定义来转换这个命题,直到最后,在这个命题中出现的词是一些不能再被定义的词,它们的定义只能被直接指出。"

复杂命题
↑
简单命题
↑
原子命题

如此一来,思想的确定性就出现了,人类便可以像研究自然一样研究思想,使人文学科像自然科学一样,获得如钟表般精确的进步。假如逻辑主义的思路成立,那么研究数理逻辑的专家就是天神般的存在,对他来说,人的认知就像代码一样展开在他面前,不存在任何盲区,所有理解和表达都将精准无比。

维特根斯坦早期的著作《逻辑哲学论》正是逻辑主义的巅峰之作。据说当时逻辑主义的学者看到这本书之后惊为天人,认为他们已经得到了终结一切的哲学。

要探讨逻辑的起点与终点这个课题,维特根斯坦是一个绕不过去的人物。作为20世纪最重要的哲学家之一,对"逻辑"的研究贯穿了他传奇般的一生[1]：前半生，他致力于将整个世界置于逻辑规范之中，不惜将世界分割为可说的与不可说的，告诫世人对不可说之事保持缄默；后半生，他却彻底放弃早年理论，亲手将世界从逻辑的囚笼中释放，认为意义并非由逻辑事先框定，而是生成于人们对语言的日常运用，这种"运用"犹如游戏般充满变数却有迹可循。

在《逻辑哲学论》中，维特根斯坦同意哲学家大卫·休谟的说法，认为人无法经验到经验之外的东西，**世界不是事物的总和，而是事实的总和**。在经验领域中，逻辑的界限就是语言的界限，语言的界限就是世界的界限。凡是逻辑之外的，就是不可说的，因为它不存在任何意义。"上帝存在"你可以说出口，但它在经验之外，所以它没意义，说了白说；"苹果吃了我"这种胡话你也可以说出口，同样没意义。将经验和逻辑作为世界的界限，世界就被分成了可说的和不可说的、有意义和没意义的。他认为，传统哲学最大的问题是，可以说的，说得很含混，不可说的，又大说特说，最终陷入混乱，他做这种区分，就是为了在可以说的地方

---

[1] 1889年出生的维特根斯坦是一个超级"富二代"，他的父亲是欧洲钢铁工业巨头。少年时，维特根斯坦喜好机械技术，10岁时便制造了一台简单实用的缝纫机，后来成为一名工程师，为了钻研工程难题，他对数学产生兴趣，经逻辑学家弗雷格的介绍前往剑桥大学，成为伯特兰·罗素的学生，罗素誉之为"天才的完美典范"。维特根斯坦在一战战场上完成了《逻辑哲学论》的手稿，认为所有哲学问题都已被自己解决，便放弃了所有遗产，前往奥地利乡下教书，后来发现自己的学说存在重大漏洞，于1929年重回剑桥大学讲坛。1947年，因为认为"哲学教授是一份荒唐的工作"而从剑桥大学辞职，4年后因罹患前列腺癌去世。死后由他学生整理出版的《哲学研究》被认为在语言哲学领域引发了一次重大的理论转向。瑞·蒙克.维特根斯坦传：天才之为责任[M].王宇光译.杭州：浙江大学出版社，2011.

明明白白大声说，在不能说的地方保持沉默不要作。

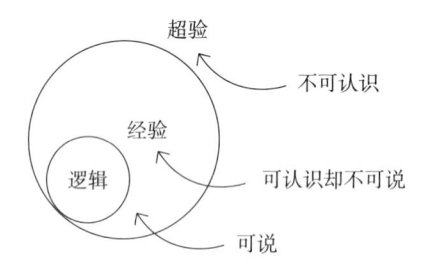

```
        超验
         ↑
    ╱──╲  ← 不可认识
   ╱ 经验╲
  │ ╭─╮ │
  │ │逻│ │ ← 可认识却不可说
  │ │辑│ │
  │ ╰─╯ │
   ╲    ╱
    ╲__╱
      ↑
     可说
```

你可能很容易同意"不可说"的那部分是无意义的，值得警觉的是，维特根斯坦怎么能确定"可说的"就一定是有效的呢？逻辑主义从始至终也没有回答清楚这个问题：基本的感觉经验到底是怎么转化成语言的？维特根斯坦提出"图式说"试图解决这个问题。什么是图式？当你说"这里有一个苹果"时，某种意义上你是在画一幅"画"，即你在自己的脑中挑出一个符号，然后基于逻辑规则画出的一幅画。概念符号相当于画笔和颜料，逻辑规则相当于构图法则，这幅画反映了"这里有一个苹果"的经验现象。

维特根斯坦强调，先有逻辑框架，再有概念的组合，就像先有构图，再有内容一样，不符合框架的内容是无意义的。在组织语言时，我们常常有这样的经验：有一个框架在你脑中悬着，如果说出来的话不符合这个框架，自己也觉得别扭。这个框架，就是构图的法则，就是逻辑。维特根斯坦认为，"图式"就是连接经验世界和语言的纽带，因此他说：**命题是实在的图式，命题是实在的模型。**

他赞同休谟对因果律的批判，认为不存在自然因果律，所有的因果律都是有限理性的主观联想而已。维特根斯坦基本同意近代认识论的结论——从根本意义上说，人类无法认识世界。差别在于，他认为即便如此，"逻辑"也有着必然的确定性，因果律不是规律，而是规律的形式，形式中存在必然性，而逻辑研究的就是这个形式。不可说的世界不去管它，而在可说的世界中，无论多复杂的表达都由不可再分解的基本命题构成，都受到逻辑的规范，因此必然是清晰的。维特根斯坦甚至发明了一个叫"真值表"的东西，试图用它计算每个基本命题的"真值"组合[1]，如此一来，可说领域的所有变化可能性就被彻底穷尽了。逻辑规范中的语言，犹如一把尺子对准了现实世界。

命题演算

命题P	命题Q	∧ 而且	∨ 或者	→ 如果……那么……
T（真）	T	T	T	T
F（假）	F	F	F	T
T	F	F	T	F
F	T	F	T	T

"正如只有一种逻辑的必然性一样，也只有一种逻辑的不可能性。"[2]

在维特根斯坦的早期理论中，我们看到了逻辑的极限，逻辑并非无所不能，但是除逻辑之外，我们别无所依，从这个意义上，

---

1 有关真值表与命题逻辑的知识，会在下一章展开。
2 维特根斯坦.逻辑哲学论[M].韩林合译.北京：商务印书馆，2013：115.

逻辑就是一切，"终结一切的哲学"这个说法似乎并不夸张。20世纪20年代，当时的维特根斯坦觉得自己解决了一切可以被解决的问题，能说的一切都已经彻底说清楚了，便离开剑桥大学，回到乡下教书去了。十多年后，他发现了自己学说的重大漏洞，又亲手推翻了它，这就是著名的维特根斯坦的哲学转向：他先是终结了一切哲学，又亲手终结了这个终结了一切哲学的哲学。

逻辑之外的世界

维特根斯坦发现，《逻辑哲学论》自身存在着一个逻辑悖论：他先是假设了"语言存在的一般形式"，并提出了"图式"的说法来说明经验是如何被建构成语言的，但"图式"本身并不在经验内，它只是一种"形式构造"，没有人能判断它是不是真的存在。图式理论本身和上帝一样属于不可说的部分，这就陷入了悖论：如果他的结论成立，那么前提就不成立；如果前提不成立，结论便无法成立。

除了理论本身的逻辑悖论，更大的问题在于理论和我们的直观经验不符：概念的内涵并没有一个公认合法的基础，这些内涵往往需要在具体情境中才能展现。你大喊一声"水"，请问有什么意义？低喃一声"我……"，又有什么意义？它们不仅有意义，而且意义十分复杂。由概念组成的句子只能在具体语境中被理解，用不同的语调说《汤质看本质》**也算是**个好节目"，意思可能相去万里。你如何能用逻辑决断出这句话到底属于何种图式，说明这几个概念描绘的是何种图景、意向，并判断出他意在夸奖我还是讽刺我？面对"也算是""我……"这种包含语气、意图、情景等诸多要素的复杂语句，逻辑根本无能为力。

知名经济学家皮耶罗·斯拉法曾与维特根斯坦有过一次对谈，当时维特根斯坦还坚持图式论，于是斯拉法朝他做了一个那不勒斯人的手势——用指尖扫过下巴，并问他这个动作的逻辑形式是什么。

1928 年，维特根斯坦旁听了数学家鲁伊兹·布劳威尔的讲座。作为罗素最著名的反对者之一，布劳威尔是一名数学直觉主义者，他主张没有独立于人类思想的"数学"，**数学不是数学家发现的自然事实，而是他们主动构造出来的理想形式**，这种说法让维特根斯坦大受启发。1933 年他回到剑桥大学，开始向学生口述他的理论，后来被整理为《蓝皮书》。这本书开篇的问题便是：什么是一个词的意义？他认为我们总是受到词语的误导，拿到一个词，便忙着寻找这个词所对应的事物，在词语结构中寻找世界的结构，我们彻底搞错了。[1]

维特根斯坦将前期的理论连根拔起。当年我看到这段转向的时候，有一种被拎起后脚跟看世界的感觉，整个世界观被颠覆。颠覆之处在于：并非形式约束了内容，而是内容创造了形式。逻辑是被语言创造的，而语言是被"生活"创造的，但逻辑主义反过来以逻辑的尺子来丈量语言，再用语言来丈量思想，最终丈量

---

1 瑞·蒙克.维特根斯坦传：天才之为责任[M].王宇光译.杭州：浙江大学出版社，2011：251-253,262-263。

整个生活世界,如此本末倒置的理论路径,总结出的理论与规范,必然是狭隘的。

接下来,我们用一个类比来说明其中的关键差别:拿计算机编程来说,语言中的逻辑形式相当于计算机底层的机器语言,我们的日常语言则相当于高级汇编语言,我们的生活世界就是图形交互界面。如果你是一位工程师,你一定是按自然顺序理解的:机器语言一定是基础,它是一切得以运作的绝对前提,机器语言的整编规则决定了汇编语言的形态,进而决定了图形交互界面的结构与功能。

逻辑主义 / 工程师视角

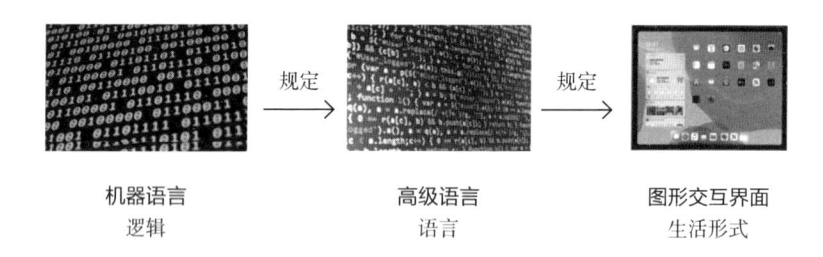

机器语言　　规定→　　高级语言　　规定→　　图形交互界面
逻辑　　　　　　　　　　语言　　　　　　　　生活形式

维特根斯坦会给你一记棒喝:幼稚!我早年也是这么想的,事实上必须倒过来理解——因为有图形交互界面,才会有高级语言的各种安排,才会有机器语言的编码形态,**人真实而具体的生活才是一切的尺度**,用户和软件界面产生的交互模式(人的生活情境),最终决定了你那些 0 和 1 的意义(语言和逻辑)。

维特根斯坦说,"在语言中显示自身的东西,我们无法用语言来表示它",意思是,在图形交互界面的层次能解释为什么这行代码要这样写，但你无法在代码层次**解释它自己**为什么会被写成这样。因为在人与图形交互界面互动的过程中，这段字符承载的内涵远超过这段字符本身所显示的全部，代码的意义在于使用，语言的意义也在于使用。

后期维特根斯坦视角

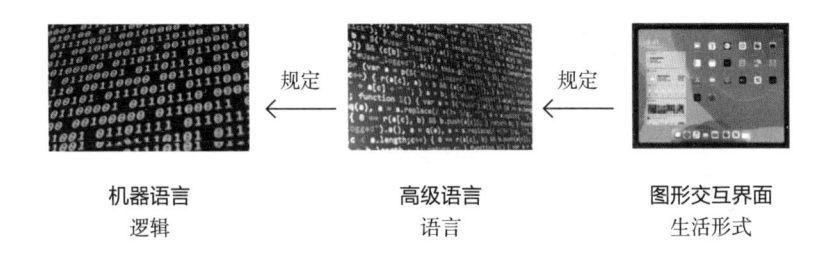

机器语言　　　　　高级语言　　　　　图形交互界面
逻辑　　　　　　　语言　　　　　　　生活形式

维特根斯坦反转的精髓在于提醒我们别把底层与表层搞反了，之前我们以为代码是底层，图形是表层，其实图形才是底层，代码才是表层。生活能解释语言，语言却只能描述生活，语言妄图解释生活、表层妄图解释底层的结果就是"逻辑主义"的出现。

逻辑主义的最大问题在于，他们希望用精准的逻辑来削平这个复杂的世界，但用来削平世界的精准逻辑本身就是被削平后的产物。于是走向两个极端：一方面，世界被过度简化；另一方面，世界又变得难以理解地复杂。这也是逻辑知识使我们感到困惑的原因。逻辑主义为我们展现的世界图景，就像荷兰画家蒙德里安的画作，只有形式构造，没有具体内容。

维特根斯坦说，用逻辑改造后的世界充满了光滑的冰面，人无法在上面站立，他要回到粗糙的地上。在他看来，整个哲学都是生活形式的产物，因为人与生俱来的"解释本能"，我们总是顶着误解一个事物的冲动来理解一个事物，这带来了"语言抽象病"。语言被过度使用，超出了它原有的边界，带来了思维的混乱，这些混乱本质上是我们的理解在语言的界限上撞出的肿块。

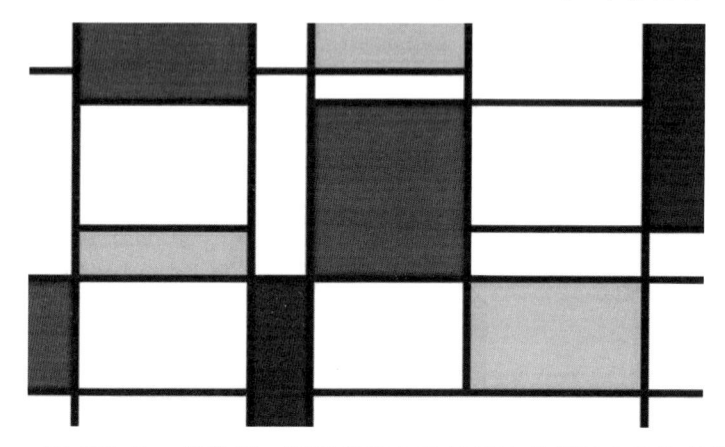

讽刺的是，哲学家、逻辑学家自己就是这些胡话和肿块的制造者，因此在维特根斯坦看来，哲学家需要回过头来治疗我们的语言，清理那些混乱。

"哲学的成果是揭示出这样那样的十足的胡话，揭示我们的理解撞在语言的界限上所撞出的肿块。这些肿块让我们认识到揭示工作的价值。"[1]

生活中充斥着各种语言肿块，阻塞我们的思路，遮挡我们的视野，我将自己的视频节目取名为《汤质看本质》，它从诞生伊始就被人追着问：何谓本质？本质的本质是什么？

---

[1] 瑞·蒙克.维特根斯坦传：天才之为责任[M].王宇光译.杭州：浙江大学出版社，2011：370.

维特根斯坦的天才之处,在于他为这类蠢问题提供了一个朴实却深刻的治疗方案——本质的本质首先是个词,这个词必须相对于另一个与之有差异的词才会有意义。

有很多与本质差异很小的词,比如本源、性质、本性、实在、本真,它们就像是"本质"的亲戚,和它长得很像,血脉相连,它们作为符号,指向同一类东西。我们会问:这类东西是什么?

"这个东西是什么"这个问题是无法直接回答的,这首先取决于它不是什么。譬如"本质"必须相对于"表象"才有意义。同理,我们不能再问表象的表象是什么,和"本质家族"一样,"表象"也拖家带口地出现在我们的语言中:表面、外观、现象、幻象、假象……

意义在词语之间漂移,一个符号的意义需要另一个符号来实现,词语注定不能孤军奋战,它既需要靠自家亲戚(近义词)合力来框定一类所指范畴,也需要靠树立一个共同的对立面(反义词)来进一步明确这个家族共同体的领土边界,这便是维特根斯坦揭示出的"家族相似说"。语言很妙,建立家族是为了应对漂移。因此,在语义层面追究本质是什么,表象是什么,注定是一场徒劳,连意义本身也没有意义。它们就是个词而已。我们天真地认为词语就是思维内容本身,甚至还对应着现实中的某个对象,维特根斯坦觉得这蠢到家了,他一再提醒我们:词语的意义在于使用,语言的意义也在于使用。

当你需要在生活中讨论存在的某物背后还有作为某物存在之原因的东西时,你就必须借助表象和本质、外观与性质、现象、意义这些概念来"说话"。这个朴素的治疗思路也被语言学家称为"语义上行"。上行,即退返到语义生成的具体状况(也就是"语用")之中。我们只是"用"了某个词来表达某些意思,对方马上追问这个词背后的本体是什么,我们只好把他拽回来,告诉他有一种东西叫语言,横亘在人与世界之间。

不可说的,并非不存在;可说的,也常常是误解。维特根斯坦留给我们最重要的启迪,在于他为我们指认出了逻辑与语言的边界,提醒我们要回到日常。

我们认为一首诗很美,一首歌很美,某处自然风景很美,因为它们在我们的理解之中,却刚好落到了逻辑之外。贝多芬说不是我创造音乐,是音乐借由我来到了这个世界;诗人常说不是他写出了诗,而是诗意经由他显出了自己。越是成长,越能理解这种说法,虽能理解,但无法说清,意涵过于丰富,语言和逻辑追不上它。恰恰是因为追不上,日常生活中的一些事物才得以展现出自身的美好,它们让我们逃离了思维、语言、逻辑的逼迫,回到了我们本来存在的那个"母体"。

第九章

演绎
从 AEIO 到 AlphaGo

本章的主角的是"演绎逻辑"。

思维的基本单位是"概念"，我们用概念来为事物分类，建立对象。比概念更大一级的思维单位是由概念组成的"模型"，它可以是命题（句子）、公式、图像或理论。模型包含多个概念，表达了对象之间的关系。

建立对象，组成概念模型，澄清关系，当然是为了形成"有效的判断"。所谓命题，就是带有判断功能的陈述语句。那些被断为真、善、美、有利于我们的对象，趋之；被断为假、恶、丑、戕害于我们的对象，避之。

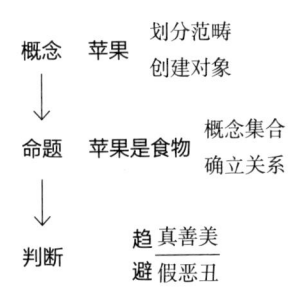

概念　苹果　　划分范畴
　↓　　　　　创建对象
命题　苹果是食物　概念集合
　↓　　　　　　　确立关系
判断　趋 真善美
　　　避 假恶丑

那逻辑的位置在哪儿呢？

第九章 / 演绎　从 AEIO 到 AlphaGo

上一章提到，人们需要从一个命题推出另一个命题，从一个判断中得到另一个判断，这种从已知命题推断出未知命题的行为叫作"推理"。在推理中，已知命题叫"前提"，未知命题叫"结论"。

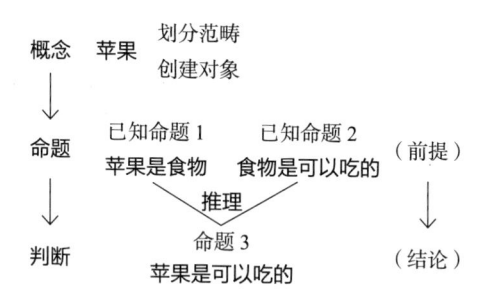

```
概念    苹果      划分范畴
 ↓              创建对象
命题    已知命题1    已知命题2
        苹果是食物   食物是可以吃的   （前提）
                 推理              ↓
 ↓         命题3
判断       苹果是可以吃的           （结论）
```

随着情况进一步复杂化，我们需要同时处理诸多前提，进行各种推理，以获得或是证明某个结论。这种系统化的推理行为，叫作"论证"。因此，"逻辑"是确保推理与论证有效的规则。逻辑学是研究有效推理和证明原则与标准的学科。

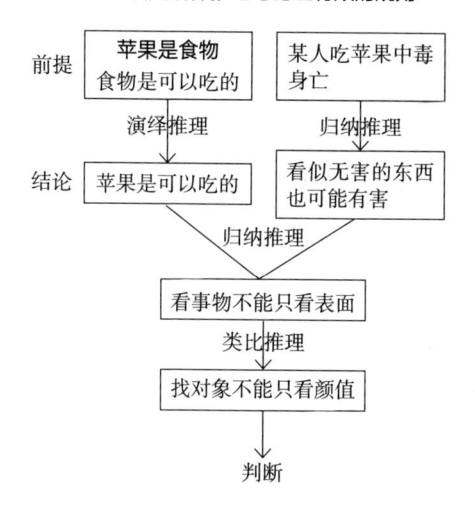

逻辑是确保推理与论证有效的规则

```
前提   [苹果是食物          [某人吃苹果中毒
        食物是可以吃的]       身亡]
            │演绎推理           │归纳推理
结论   [苹果是可以吃的]     [看似无害的东西
                            也可能有害]
                                │归纳推理
                         [看事物不能只看表面]
                                │类比推理
                         [找对象不能只看颜值]
                                ↓
                              判断
```

无论是自己想清楚一件事，还是向别人说清楚一件事，抑或是听别人向我们说清楚一件事，我们无时无刻不在各种尺度上进行着有意无意的推理和论证，有些有效，有些无效。有效无效，逻辑说了算。

演绎逻辑太有效了，人们用它在思维的疆域中开辟了一个绝对领域，那里没有任何模糊性，一切事物井井有条，所有细节环环相扣。在这个绝对领域里，人类获得了改天换地的实践能力，正如本章标题所示——从 AEIO 到 AlphaGo（阿尔法围棋）。

AEIO

概念是有意义的词项（类似于原子），命题是由概念组成的有判断功能的语句（分子），论证则是命题的集合，本质是有推出关系的语群（可见物质）。**从概念到命题，从命题到论证，体现了认知与语言逐渐复杂化的过程。**逻辑（也即推理规范）最开始的切入点便是理清词项与命题的关系，逻辑学要回答的基本问题便是：词项如何构成了命题（原子如何能构成分子）？各种命题千差万别，我们能不能将其还原成最基本的形态，并整理出它们之间最基础的关系（基本作用力）？这些就是词项逻辑要回答的问题。

第九章 / 演绎　从 AEIO 到 AlphaGo

```
（原子）    概念
         有意义的词项
             ↓                 词项逻辑
（分子）    命题
         有判断功能的语句
             ↓
（复杂物质） 论证
         有推出关系的语群
```

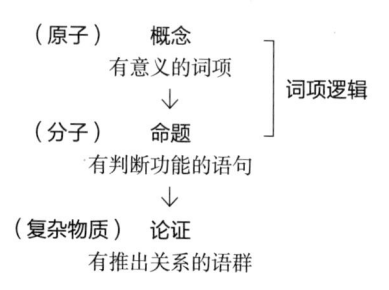

所谓 AEIO，就是我们在上一章提到的 4 种主谓结构（逻辑学中记作 S-P，S 代表主词 Subject，P 代表谓词 Predicate）的基本命题，由这 4 个基本命题构成的逻辑方阵是演绎逻辑的起点。

```
主  谓
项  项
SAP              SEP
我是苹果          我不是苹果
全称肯定命题      全称否定命题
A                E

        基本命题

I                O
特称肯定命题      特称否定命题
一部分我是苹果    一部分我不是苹果
SIP              SOP
```

根据逻辑方阵所揭示出的推理规则，我们可以推断出，当"我不是苹果"（E）为真时，"我是苹果"（A）一定为假，因为 A 与 E 是反对关系，一个为真，另一个则必然为假。此时"一部分我不是苹果"（O）一定为真，因为 E 与 O 是差等关系，若全称命题为真，那么特称命题必然也为真，反过来却不一定，当差等关系中的特称命题为真时，全称命题不一定为真，比如：从一部分天鹅是 / 不是黑色的，并不能推出全部天鹅是 / 不是黑色的。

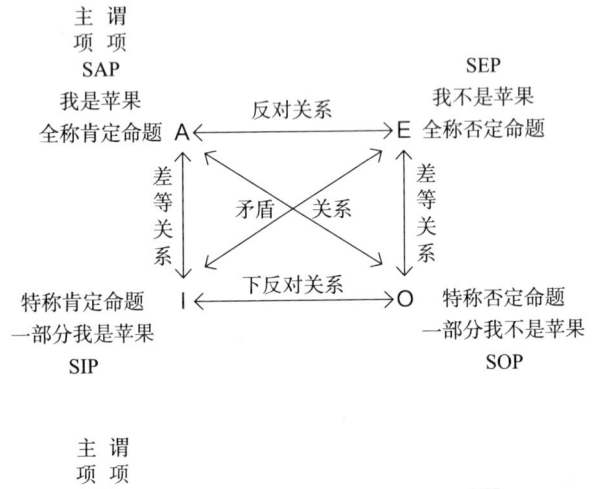

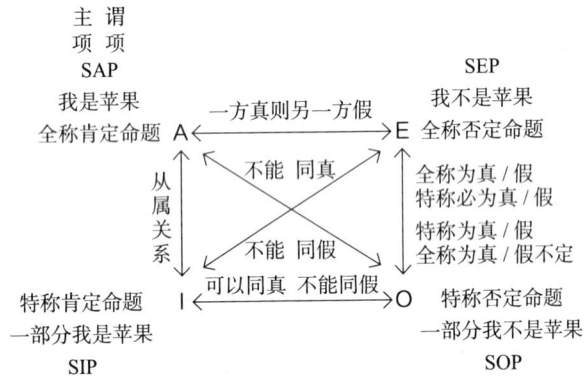

```
        主 谓
        项 项
        SAP                              SEP
        我是苹果          反对关系        我不是苹果
     全称肯定命题 A ←──────────────→ E 全称否定命题
                  ↑ ↖         ↗ ↑
                差 ↑   矛   关 差
                等 ↑   盾   系 等
                关 ↑         关
                系 ↓   ↙   ↘ 系
                  ↓     下反对关系   ↓
     特称肯定命题 I ←──────────────→ O 特称否定命题
     一部分我是苹果                   一部分我不是苹果
        SIP                              SOP
```

```
        主 谓
        项 项
        SAP                              SEP
        我是苹果      一方真则另一方假    我不是苹果
     全称肯定命题 A ←──────────────→ E 全称否定命题
                      不能 同真           全称为真 / 假
                从                        特称必为真 / 假
                属
                关                        特称为真 / 假
                系    不能 同假           全称为真 / 假不定
                   可以同真 不能同假
     特称肯定命题 I ←──────────────→ O 特称否定命题
     一部分我是苹果                   一部分我不是苹果
        SIP                              SOP
```

有人说，若"我不是苹果"为真，则"我是苹果"为假，这不是明摆着的吗，还用得着研究？学逻辑都有这样的过程，一开始觉得这题很蠢，后来觉得很烦，再后来一不留神就看不懂了，最后一看逻辑学在现实中的应用，都服了。

先别觉得蠢，毕竟我们假设的世界中只有一个苹果，现在我们让对象变得复杂一些。随着对象越来越多，我们需要同时处理很多 AEIO 之间的关系。

比如：

所有食物都可以吃（A），

所有苹果都是食物（A），

苹果可以吃（A），

所有有毒的东西吃了都会死（A），

一些有毒的东西是植物（I），

一些植物吃了会死（I）。

在世界有了苹果、有毒的食物和死这些范畴之后，AEIO 已经不够用了，我们需要用三段论来分析。

三段论

几乎所有逻辑学教材都会花很多篇幅讲述三段论，说它有各种形式，有些有效，有些无效。我们今天直奔要害，问一个更重要的问题：所有教材都绕不过去的这个"看上去简单到不用学"的三段论到底要解决什么问题？

亚里士多德认为，三段论的实质是事物中的必然因果关系在思维形式中的展现。但作为学过哲学知识论的现代人，我们清楚，事物中的因果关系是很难被直接发现的。退回到语言世界中，我们发现三段论是要解决思维中的概念关系问题。

某种意义上，我们是在利用三段论在脑中"为概念画圈圈"，圈定一个概念所指的"范畴"。当我们做三段论推理时，就是在明确概念的范畴，通过明确范畴，澄清不同概念之间的关系。

三段论
揭示思维中概念之间的关系

都可以吃　　　　　吃了会死
食物　　　　　　　植物　有毒
苹果

大前提：所有食物都可以吃　　有毒的东西吃了都会死
小前提：所有苹果都是食物　　一些有毒的东西是植物

三段论
揭示思维中概念之间的关系

都可以吃　　　　　吃了会死
　苹果　　　　　　植物

结论：所有的苹果都可以吃　　一些植物吃了会死
　　　（全称肯定A）　　　　　（特称肯定I）

范畴的覆盖范围也叫作外延，我们需要一个命题来说明苹果是食物，也需要一个命题来说明所有食物都可以吃。我们画三个圈，必然得出苹果可以吃的结果。

我们会说：这还用逻辑嘛，三岁小孩都能做出这种判断。哲学家比我们谦虚得多，他反而会像一个三岁小孩一样傻乎乎地问：这种判断为什么是有效的？有何规律可言？如果有规律，那我岂不是能梳理出一套规则，以确保我所有的判断都是正确、有效的？

果然让他们得逞了。

在这个标准三段论里，出现在大前提中的"可以吃"被称作大项，小前提中的"苹果"是小项，同时出现在两个前提中的"食物"是中项。但中项并不体现在最后的结论里，它作为中介，明确了大项与小项的蕴含关系，因此结论一定是小项做主词（S），大项做谓词（P）的基本命题——所有苹果都能吃，所有 S 都是 P，对应逻辑方阵中的全称肯定命题。这是三段论的基本规则。

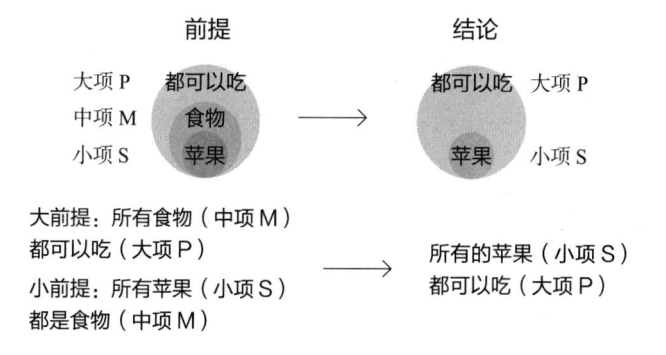

前提		结论
大项 P　都可以吃		都可以吃　大项 P
中项 M　食物	→	苹果　小项 S
小项 S　苹果		

大前提：所有食物（中项 M）
都可以吃（大项 P）　　　　　　所有的苹果（小项 S）
小前提：所有苹果（小项 S）→　都可以吃（大项 P）
都是食物（中项 M）

三段论的必然有效性是经过严密的逻辑推论总结而来的。一个无效推理的例子是：一些植物吃了会死，小麦是植物，一些小麦吃了会死。在这个例子中，中项"植物"没有成为小项"小麦"和大项"吃了会死"的中介。于是哲学家们总结出了一条规则：中项至少要在前提中**被完整覆盖**一次。用逻辑学的术语说就是，中项在前提中至少周延一次。

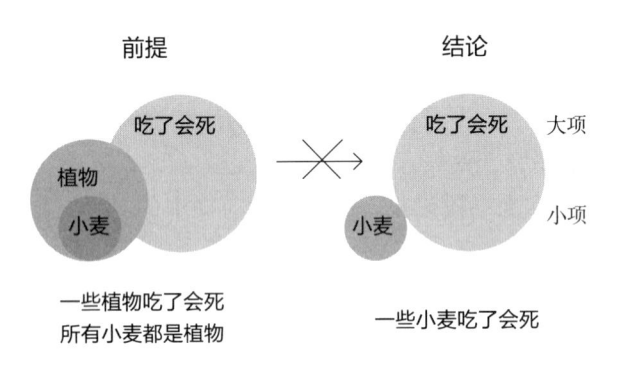

前提　　　　　　结论

一些植物吃了会死
所有小麦都是植物

一些小麦吃了会死

（无法"必然地推出"）

根据这条规则，我们可以把小前提改成：所有植物都是小麦。用小麦覆盖植物这个中圈，于是必然地得出：一些小麦吃了会死。

由于小前提是假的，所以结论也是假的，但这个推理"形式"是有效的。请注意，逻辑的有效，仅指形式的有效，形式中的内容是否为真，逻辑是不管的。前面说过，逻辑学属于形式科学，内容本身的真假需要实证科学的结论来辩护。

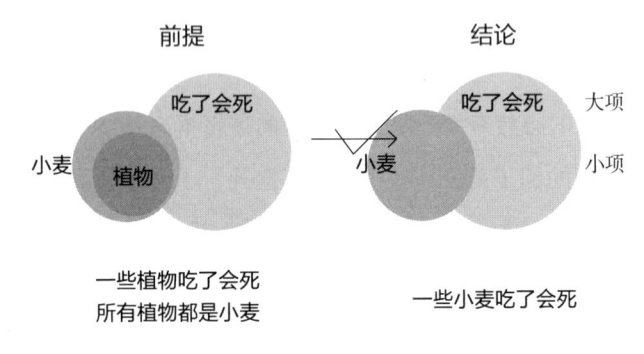

前提　　　　　　结论

一些植物吃了会死
所有植物都是小麦

一些小麦吃了会死

（内容为假，但形式有效）

逻辑学家何以保证所有推论在形式上都必定有效呢？他们是

第九章 / 演绎　从 AEIO 到 AlphaGo

如何穷尽三段论的所有可能性，并总结出规则的？答案是通过精密推演。逻辑学家发现，三段论的每一段必然都是 4 类基本命题 AEIO 中的一类：

比如，全部由全称肯定命题组成的"AAA 组合"：

（大前提——全称肯定 A）所有食物都可以吃，

（小前提——全称肯定 A）所有苹果都是食物，

（结论——全称肯定 A）苹果可以吃。

又如大前提为特称肯定命题，小前提为全称肯定命题，结论为特称肯定命题的"AII 组合"：

（大前提——全称肯定 A）所有有毒的东西吃了都会死，

（小前提——特称肯定 I）一些有毒的东西是植物，

（结论——特称肯定 I）一些植物吃了会死。

这是个可重复排列组合，三段论的每一段都有 4 种可能的类型，因此我们能在数学意义上得到 4 的 3 次方——共 64 种三段论组合。

	全称肯定 A	所有 食物 都可以吃	所有 M 都是 P
AAA	全称肯定 A	所有苹果都是 食物	所有 S 都是 M
	全称肯定 A	所有苹果都可以吃	所有 S 都是 P

	全称肯定 A	所有 有毒 的东西吃了都会死	所有 M 都是 P
AII	特称肯定 I	一些 有毒 的东西是植物	一些 M 是 S
	特称肯定 I	一些植物吃了会死	一些 S 是 P

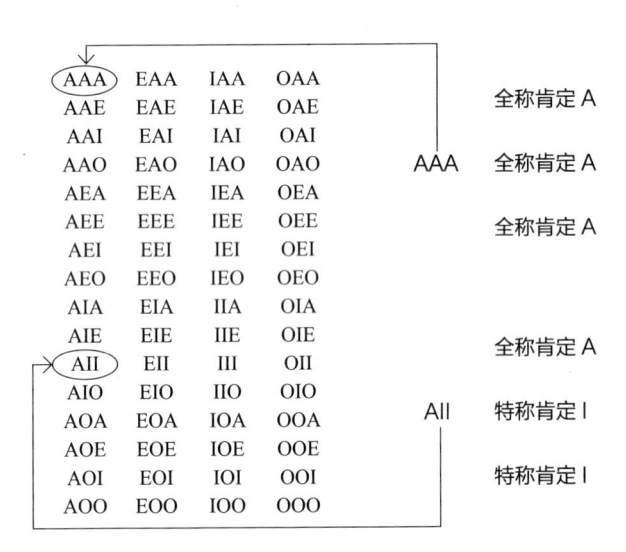

(AAA)	EAA	IAA	OAA		全称肯定 A
AAE	EAE	IAE	OAE		
AAI	EAI	IAI	OAI		
AAO	EAO	IAO	OAO	AAA	全称肯定 A
AEA	EEA	IEA	OEA		
AEE	EEE	IEE	OEE		全称肯定 A
AEI	EEI	IEI	OEI		
AEO	EEO	IEO	OEO		
AIA	EIA	IIA	OIA		
AIE	EIE	IIE	OIE		全称肯定 A
AII	EII	III	OII		
AIO	EIO	IIO	OIO	AII	特称肯定 I
AOA	EOA	IOA	OOA		
AOE	EOE	IOE	OOE		特称肯定 I
AOI	EOI	IOI	OOI		
AOO	EOO	IOO	OOO		

除了三段论中每一段命题类型不同带来的排列组合可能性，根据大、中、小项的位置变化，每一个三段论**内部**还能分成 4 种格式（大、小前提各有两种排列方式，结论是固定格式）。

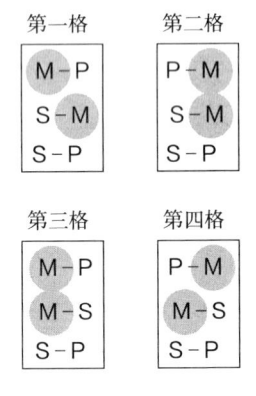

第一格
M - P
S - M
S - P

第二格
P - M
S - M
S - P

第三格
M - P
M - S
S - P

第四格
P - M
M - S
S - P

比如，上图中 AAA 的大中小项排列属于第一格，记作 AAA-1，而 AII 则属于第三格，记作 AII-3。

第九章 / 演绎　从 AEIO 到 AlphaGo

组合	AAA-1	第一格	组合	AOO-2	第二格
A	所有 食物 都可以吃	M-P	A	可以吃的都是 食物	P-M
A	所有苹果都是 食物	S-M	O	一些植物不是 食物	S-M
A	所有苹果都可以吃	S-P	O	一些植物不可以吃	S-P

组合	AII-3	第三格	组合	IAI-4	第四格
A	有毒 的东西吃了都会死	M-P	I	有些植物是 有毒 的	P-M
I	一些 有毒 的东西是植物	M-S	A	有毒 的东西吃了会死	M-S
I	一些植物吃了会死	S-P	I	一些植物吃了会死	S-P

64 个命题组合乘以 4 种格式，我们最终能穷尽 256 种三段论的排列形式，绝无可能再出现第 257 种三段论类型。逻辑学家研究发现，在 200 多种三段论组合中，只有 15 种是真正有效的，比如上例中的 AAA-1 和 AII-3。

15 种有效形式

(AAA-1)	EAE-2	IAI-3	IAI-4
EAE-1	AEE-2	OAO-3	AEE-4
AII-1	EIO-2	(AII-3)	EIO-4
EIO-1	AOO-2	EIO-3	

第一格	第二格	第三格	第四格
M P	P M	M P	P M
S M	S M	M S	M S
S P	S P	S P	S P

除此之外的 241 种，都是无效形式。比如，我们前面提到的那个无效案例：

（特称肯定 I）一些植物吃了会死（M-P），

（全称肯定 A）所有小麦都是植物（S-M），

（特称肯定 I）一些小麦吃了会死（S-P）。

该三段论的命题组合属于 IAI，格式属于第一格，IAI-1 并不在 15 种有效格式之内，它必定是无效推理。

至于推理何以无效，逻辑学家总结出了规律，类似前文"中项至少在前提中周延一次"的规则一共有 6 条，它们是对推演结果进行高度概括之后得到的经验总结。

6 条推理规范

避免出现第四项
中项必须在前提中周延至少一次
结论中周延的项在前提中也必须周延
避免出现两个否定前提
如果一个前提是否定的，则结论必须是否定的
两个全称前提得不出特称结论

↑

15 种有效形式

AAA-1	EAE-2	IAI-3	IAI-4
EAE-1	AEE-2	OAO-3	AEE-4
AII-1	EIO-2	AII-3	EIO-4
EIO-1	AOO-2	EIO-3	

经过逻辑学家的精密推演和广泛归纳，三段论推理作为人类认知世界的一个理性活动，其内涵和有效性边界已经被彻底澄清，没有一处死角。这意味着，只要牢记这 6 条规则，抑或是机械地对照前面给出的 15 种必定有效的形式，无论你智力如何，**你一定能**正确地在脑中画圈圈，这就是逻辑学的神奇之处。我们学习逻辑学，不能只满足于得到逻辑学给出的结论，更重要的是体会一种逻辑化的精密思维方式。

第九章 / 演绎 从 AEIO 到 AlphaGo

6 条推理规范

避免出现第四项
中项必须在前提中周延至少一次
结论中周延的项在前提中也必须周延
避免出现两个否定前提
如果一个前提是否定的，则结论必须是否定的
两个全称前提得不出特称结论

广泛归纳

15 种有效形式

AAA-1　EAE-2　IAI-3　IAI-4
EAE-1　AEE-2　OAO-3　AEE-4
AII-1　　EIO-2　AII-3　 EIO-4
EIO-2　AOO-2　EIO-3

4 种格

第一格　　第二格
M – P　　P – M
S – M　　S – M
S – P　　S – P

第三格　　第四格
M – P　　P – M
M – S　　M – S
S – P　　S – P

精密演绎

64 种排列组合

AAA EAA IAA OAA
AAE EAE IAE OAE
AAI EAI IAI OAI
AAO EAO IAO OAO
AEA EEA IEA OEA
AEE EEE IEE OEE
AEI EEI IEI OEI
AEO EEO IEO OEO
AIA EIA IIA OIA
AIE EIE IIE OIE
AII EII III OII
AIO EIO IIO OIO
AOA EOA IOA OOA
AOE EOE IOE OOE
AOI EOI IOI OOI
AOO EOO IOO OOO

4 种基本命题

A　反对关系　E
　矛盾关系
　等　　　反对关系
　关　　　
　系　　　
I　下反对关系　O
差等关系

目前为止，逻辑处理的貌似是些小儿科问题，你会说：只要智力正常，知道小麦吃了会死这件事不符合常识，即使完全不知道那 6 条规则，我们也能正确地画圈圈，而且效率更高，三段论不就显得多此一举了吗？我们差不多进入了"有点烦"的阶段了，三段论仍然属于"词项逻辑"，词项组合之后就有了命题，在词项逻辑中学习画圈圈，只是热身而已，真正好玩的在命题逻辑那里。

命题逻辑与命题演算

词项逻辑关注概念之间的关系，命题逻辑关注命题之间的关系。

在命题逻辑中，命题分为基本命题和复合命题。前面的 AEIO 是基本命题，所谓复合命题，是由两个以上的基本命题加上**命题联结词**构成的。比如"所有苹果都是食物，而且食物都可以吃"就是一个复合命题，"而且"就是命题联结词。除了"而且"，还有"并非""或者""如果……那么……""等于"等。

基本命题

<u>主项</u>　　<u>谓项</u>
<u>所有</u> 苹果 <u>都是</u> 食物
量项　　　联项

复合命题

联结词　　　　　联结词
若 <u>所有苹果都是食物</u> 则 <u>食物都可以吃</u>
　　前件　　　　　　　后件

第九章／演绎 从 AEIO 到 AlphaGo　　217

人们需要命题逻辑，是为了在获知基本命题的真假之后，准确地判断一个复合命题的真假。就像人们需要词项逻辑穷尽词项间的推理规则一样，命题逻辑的野心也是要穷尽所有复合命题真假判断的规则。

他们又得逗了，用的同样是精密推演的思路。

例如，基本命题之一"所有苹果都是食物"，无论它的具体内容是什么，无非有真假两种可能性；基本命题之二"食物都可以吃"，同样也只有真假两种可能性。两个命题至多有四种组合：两者皆真，两者皆假，一真一假，一假一真。

基本命题 P	基本命题 Q
所有苹果都是食物	食物都可以吃
真	真
假	假
真	假
假	真

既然基本命题的真假组合是有限的，是一个确定的排列组合，那么基本命题的内容就变得无关紧要了，我们就可以根据这个有限组合来穷尽所有复合命题的推出规律，最终明确各种命题联结词本身的逻辑内涵。

比如，在"而且"的联结下，只有两者皆真为真，其他情况都为假，意思是，只有当"所有苹果都是食物"和"食物都可以吃"这两个基本命题都是真命题时，"所有苹果都是食物，而且食物都可以吃"这句复合命题才是真的；在"或者"的联结下，只有两者皆假为假，其他情况都为真，意思是，只有当"所有苹果都是食物"和"食物都可以吃"这两个基本命题都是假命题的时候,"所有苹果都是食物,或者食物都可以吃"这句话才是假的,只要有一个基本命题是真的,这个由"或者"联结的复合命题就是真的。

由此,"而且"与"或者"这两个联结词的内涵与效用就被彻底澄清了。

基本命题 P	基本命题 Q		
所有苹果都是食物	食物都可以吃	P而且Q	P或者Q
真	真	真	真
假	假	假	假
真	假	假	真
假	真	假	真

逻辑学对联结词的精细梳理,基本符合我们的日常直觉,但也有反直觉的,比如"如果……那么……"这种。两个命题在"如果……那么……"的联结下,只有前真后假的情况下复合命题才为假,其他都为真,即便是前假后真,复合命题也依然为真。

基本命题 P	基本命题 Q				
所有苹果都是食物	食物都可以吃	P而且Q	P或者Q	如果P那么Q	P等于Q
真	真	真	真	真	真
假	假	假	假	真	真
真	假	假	真	假	假
假	真	假	真	真	假

举个例子,某天我发朋友圈宣称"如果今天天晴,那么我会出门",但现实状况是,今天天气不好,但我依然出门了(前假后真),能证明我此前说了假话吗?并不能。我出门可以有很多理

由，比如有事要办，要去吃饭。我们不能从后件的真伪来反推整个命题的真伪。天若下雨，地上会湿，但地上湿并不说明一定下过雨；敲击琴键，听见音乐，但音乐也可能来自播放器。现实世界的因果是复杂的，根据后件来判断前件的错误推理方式，被称作肯定后件谬误。与之相反，我们可以通过否定后件来判断整个命题的真伪，比如，我还是像前面那样宣称"如果今天天晴，那么我会出门"，可现实状况是今天明明天气很好，我却没有出门（前真后假），那么我无可争辩地说了假话，"如果今天天晴，那么我会出门"是假的，这在逻辑学中叫作否定后件推理。

两个基本命题，有4种真假组合状况，在数学上一共有16（2的4次方）种复合命题形式，它们的真假是可以被算出来的。

当有两个基本命题时
数学可能性上的联结词一共有
16（2的4次方）种组合

而且	或者	如果……那么……	等于												
真	真	真	真	真	假	假	假	假	假	假	假	真	真	真	真
假	假	真	真	真	真	假	假	假	真	真	真	假	假	真	假
假	真	假	真	真	真	假	假	真	假	假	真	真	真	假	假
假	真	真	假	真	假	真	假	真	假	真	假	真	假	假	真

是的，算出来。前面说过，基本命题是真是假已经不重要了，所有可能的复合命题的真假状况，已经在数学的意义上提前穷尽了。

"在这里""而且""或""如果……那么……"，这些联结词已经变成了有着特定结构的盒子，你朝它输入一些东西，它根据规则输出一些东西，变成了一种"函数"，由于输入、输出的值要么为真，要么为假，所以也叫真值函数。

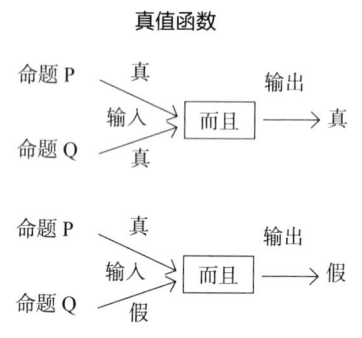

真值函数

命题 P ——真↘
　　　　　　输入 ⇒ [而且] ——输出→ 真
命题 Q ——真↗

命题 P ——真↘
　　　　　　输入 ⇒ [而且] ——输出→ 假
命题 Q ——假↗

命题下面这一堆真真假假，叫作真值表，这种对复合命题的数学化处理，叫命题演算。

命题演算

命题 P	命题 Q	∧ 而且	∨ 或者	→ 如果……那么……
T（真）	T	T	T	T
F（假）	F	F	F	T
T	F	F	T	F
F	T	F	T	T

你会疑惑，这种演算有什么意义？虽然在排列组合上有16种复合命题形式，但只有少数组合在日常语言中有效。比如，"真真真真"相当于说有这样一种联结词，无论你给出的简单命题是真是假，只要经由它联结，最终的复合命题永远是真的。日常语言中是找不到这种联结词的，逻辑似乎离生活越来越远了。

第九章 / 演绎 从 AEIO 到 AlphaGo

命题演算

命题 P	命题 Q	∧ 而且	∨ 或者	⟶ 如果……那么……	???
T（真）	T	T	T	T	T
F（假）	F	F	F	T	T
T	F	F	T	F	T
F	T	F	T	T	T

逻辑上存在
但生活中不存在的
"永真联结词"

数学化的逻辑只是看似离我们越来越远了，某种质变正在悄然酝酿，并最终对人类文明产生了深远影响。

1854 年，乔治·布尔出版了他的大作《思维规律的研究》，创立了逻辑代数。布尔发现，对逻辑命题的运算可以简化成对符号的代数运算。

命题 P	命题 Q	∧ 而且	∨ 或者		命题 P	命题 Q	逻辑乘法	逻辑加法
T	T	T	T		1	1	1	1
F	F	F	F	代数化 ⟶	0	0	0	0
T	F	F	T		1	0	0	1
F	T	F	T		0	1	0	1

真和假可以转换为 1 和 0，"而且"可以直接转换为"逻辑乘法"：命题逻辑上的真真为真，相当于逻辑代数中的 $1 \times 1=1$；真假为假，相当于 $1 \times 0=0$。

"或者"就可以转换为"逻辑加法"：真假为真，相当于 $1+0=1$；假真为真，相当于 $0+1=1$。

"否定"则可以转换为"逻辑减法"（1 减去）：否定真，得到假，相当于 $1-1=0$；否定假，得到真，相当于 $1-0=1$。

逻辑乘法	且	∧
逻辑加法	或	∨
逻辑减法	非	¬

我们可以用这三个有限联结词的多次运算来表达所有联结词的功能。换句话说，"且""或""非"的多次组合，足以穷尽所有复合命题的可能形式。

比如我们可以用"否定"和"或"来替代"如果……那么……"。如果我们用自然语言来表述，"如果节目好看，则汤质很用心"这个复合命题就完全等价于"节目不好看，或者汤质很用心"，代数形式写作：P → Q= ¬ P ∨ Q

换算方法：

我们知道"如果节目好看"和"汤质很用心"的真值组合如下图所示。

	P	Q
形式语言	1	1
	1	0
	0	1
	0	0
	节目很好看	汤质很用心
自然语言	真	真
	真	假
	假	真
	假	假

根据前面的知识，用"如果……那么……"联结，其复合命题的真值组合如下图所示。

第九章 / 演绎　从 AEIO 到 AlphaGo　　　　　　　　　　　　　　　223

```
                    P    →    Q
                    1    1    1
         形式语言    1    0    0
                    0    1    1
                    0    1    0

                节目很好看 → 汤质很用心
                    真    真    真
                    真    假    假
         自然语言   假    真    真
                    假    真    假
```

我们需要让等号右边的联结词也得出同样的真值组合，此时就必须用到"否定"和"或者"。否定相当于逻辑减法，对"节目很好看"进行否定之后得到的命题"节目不好看"，其真值会完全相反。

```
                    P    →    Q      =      ┐P
                    1    1    1              0
         形式语言   1    0    0              0
                    0    1    1              1
                    0    1    0              1

                节目很好看 → 汤质很用心    =   ┐节目不好看
                    真    真    真               假
                    真    假    假               假
         自然语言   假    真    真               真
                    假    真    假               真
```

此时，用联结词"或者"（逻辑加法）对"节目不好看"和"汤质很用心"这两个命题进行联结（运算），就会得到和"如果……那么……"联结词一模一样的真值结果：真假真真（1011）。

	P	→	Q	=	¬ P	∨	Q
形式语言	1	1	1		0	1	1
	1	0	0		0	0	0
	0	1	1		1	1	1
	0	1	0		1	1	0
	节目很好看	→	汤质很用心	=	¬ 节目不好看	∨	汤质很用心
	真	真	真		假	真	真
自然语言	真	假	假		假	假	假
	假	真	真		真	真	真
	假	真	假		真	真	假

因此，我们才说"如果节目好看，则汤质很用心"和"节目不好看，或者汤质很用心"在逻辑上是完全等价的命题。生活中我们绝不会说"节目不好看，或者汤质很用心"这样的话，我们只要知道这是一种运算就够了。

正是这种运算使得用数学符号这样的形式语言来规范自然语言变成了一件可期的事，于是各路"大神"轮番登场。一方面，他们不断地在逻辑中加入新的要素，以求它能更好地消除语言和认知的模糊性；另一方面，他们不断拓展逻辑的应用场景，要求解决更多的现实问题，上一章提到的逻辑主义由此发轫，在20世纪初期盛极一时。

德国数学家弗雷格在命题逻辑中加入量词，开创了量化逻辑（谓词逻辑），并宣称能用它描述和分析所有数学上的、思想上的命题，伯特兰·罗素和怀特海在《数学原理》中试图用与、或、非三种逻辑为整个数学建立基础。

那段时间，世界上最聪明的头脑都参与了这场逻辑学革命，一场巨大的变革即将到来。

会推理的魔法机器

信息论的创始人克劳德·香农发现，形式逻辑的判断与计算能力，是可以外包给机器执行的。1938 年，香农发表论文《继电器与开关电路的符号分析》，发现布尔逻辑中的真假值可以和电路开关相对应。线路闭合，电流通过，表示 1；线路断开，电流受阻，表示 0。我们还能在电路中加入特定结构的开关来实现且、或、非的逻辑关系，这就是电路图上的逻辑门——与门、非门和或门。

神经科学家沃伦·麦卡洛克发现神经元细胞要么发射信号，要么不发射信号，这种工作方式和布尔电路非常相似，如此一来，也许不只是判断，包括认识在内的整个思考行为，都可以"外包"出去。1943 年，他与逻辑学家沃尔特·皮茨合作发表了论文《神经活动中内在思想的逻辑演算》，提出了人工神经元的数学模型，为人工智能的诞生奠定了基础。

人们面对最复杂的状况，用最机械的方式，提炼出了最基本的形式（真、假、与、或、非），之后反过来，试图在最基本之处，用最机械的方式，做只有上帝才能做到的事。

人们又得逞了。

早期的计算机用继电器控制线路闭合，因为是机械结构，速度很慢，每秒只能操作 50 次；后来计算机使用非机械机构的晶体管来作为通断开关，在物理层面直接控制电流。今天的晶体管最快能达到每秒通断上千亿次，要知道，这样的晶体管只有几十甚至几纳米长，在一块中央处理器上能装百亿个。而今天在围棋界已无敌手的 AlphaGo 拥有 1 202 个中央处理器。

在最微观的物理层面，它依然只是在不断连通和断开；在宏观层面，它们却做出了只有人类才能做出的复杂判断。具体的原理与路径已经远远超过了我这个文科生的认知边界，有兴趣的话，请自行去学习计算机科学，此处的重点是理解演绎逻辑的本质——**必然地得出**。

从 AEIO 到 AlphaGo，从基础的推理系统到最高级的人工智能，居然是一脉相承的必然地得出。

这里讲的逻辑，在逻辑学的分类中属于形式逻辑。有句话叫形式大于内容，常常语带贬义。

纵观逻辑的发展史，就会发现：一开始，只有内容，没有形式，哲学家们开始在自然语言中提炼形式，规范语言，让形式服务于内容；后来用一个三段论就整出 256 种形式，形式开始大于内容，但三段论还关心内容是主项还是谓项，大圈还是小圈；再后来，在数理逻辑这里，内容被直接抽象到了极致，变成了无意义的占位符，形式脱离内容，判断成了演算。

如此，逻辑自顾自地在抽象世界中发育成了庞然大物，它疯狂地在一切直观内容中抽取有效形式，在一切或然关系中寻找必然关系，最终制造出了一种冗余的确定性和过剩的精确性。

谁能料到，当我们还在质疑这种空洞又无聊的智力游戏有什么意义的时候，20 世纪技术进步的成果"咔嗒"一下对接上了这些过剩的理论储备，世界焕然一新，新到让我们这些普通人一脸困惑。

今天一部智能手机摆在你面前，你应该惊叹：这些东西是从哈利·波特的魔法世界里偷出来的吧？这个魔法盒子最神奇的地方恰恰在于，它的里面居然没有哪怕一丁点的魔法，有的只是逻辑。这部手机里没有任何物质是世间不存在的，也没有任何规则突破了物理定律，塑料、液晶、硅、机械的活动、分子的构成、电子的跃迁，它们的属性是固定的，而我们居然循着有效的形式，从固定的范畴中"必然地得出"了一部智能手机。

我们不得不回过头来，认知地审视一下什么是"形式"。

我们往往把形式等同于"包装"，觉得它是外观，是装饰，不太重要。在今天的语境中，它的作用更接近"容器"。我们通过它来盛放、封装、传递内容，我们的眼睛盯着内容，但内容总是用某种方式组织起来的，有某种格式、规律，一旦我们反思这种"格律"，就会抽象出"形式"——发现有容器存在。

思维的内容是复杂的，容器的规格也千变万化。"形式逻辑"，相当于人类为容器制定的强制生产规范。

这种不近人情的强制生产规范淘汰了大部分容器（非形式逻辑），只留下了个别形状规整的容器。这导致有很多东西它罩不住也追不上，可但凡能罩住的地方，思想的"内容"便能沿着被它拼接得严丝合缝的细长通道，到达极精微的层次，抵达极遥远的地方。

这就是严谨又无聊的演绎逻辑的威力。

尴尬的是，这种威力与我们个人关系不大，因为这种枯燥而精密的逻辑并非我们的内在能力，而是以类似外挂的方式拓展了我们的视野与生存边界。脱离了外挂的我们是很蠢萌的物种，大多数人，若非经过后天的严格训练，基本上都是"演绎残废"，但我们无一不是天生的归纳鬼才、类比高手。

下一章，会谈谈我们与生俱来的认知作弊器：归纳逻辑。那是另一种魔法。

第十章
归纳
经验暗海上的浮木

上一章我们了解了演绎逻辑的基本原理，演绎是从大范畴中获得小范畴的推理，本章的主角——归纳则是从众多小范畴中寻找大范畴的推理，我们将会在下一章遇到的类比则是在相似范畴之间进行的推理。

虽然路径不同，但它们本质上都是已知通往未知的推理。

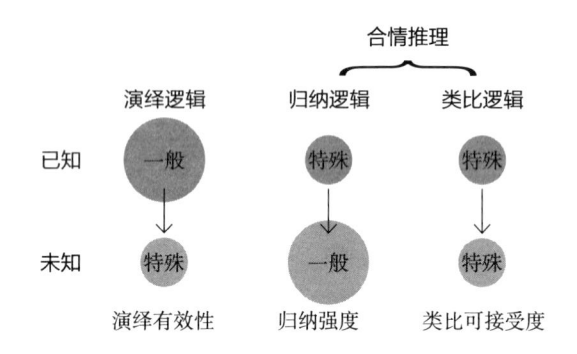

	演绎逻辑	归纳逻辑	类比逻辑
		合情推理	
已知	一般	特殊	特殊
	↓	↓	↓
未知	特殊	一般	特殊
	演绎有效性	归纳强度	类比可接受度

从上图可以直观地发现，三种推理中，只有第一种推理是必然有效的——大范畴的存在是小范畴存在的充分条件（有则必然），所以演绎是一种必然性推理，而归纳和类比则不具有这种必然有效性。当然，在逻辑学上也不用有效性来评价这两类推理，

而只说归纳的强度和类比的可接受度,所以它们也叫合情推理,与必然性推理相对,属于或然性推理。

听上去,归纳的地位似乎比演绎要低。在上一章,我们了解了演绎逻辑的发展路径以及它在现实中的逆天级应用,从 AEIO 到 AlphaGo 的"必然地得出",说演绎逻辑是逻辑家族中的绝对王者也未尝不可。但我们同时也强调,人类只能以外挂的形式来使用它的力量,比如使用计算机设备执行复杂的运算乃至模仿人类思考,一旦我们在生活中用自己的头脑进行演绎推理,就会显得非常吃力。为了证明我们有多不善于使用演绎逻辑,请随我完成下面这道题。

汤质盯着张三,张三盯着韩梅梅,汤质已婚,韩梅梅未婚。请问:是否有一个已婚人士盯着一个未婚人士?

A. 是

B. 不是

C. 不确定

这个问题改编自加拿大心理学家基思·斯坦诺维奇的著作《超越智商》的其中一章,据说 80% 的人都会做错。很多人会选 C,因为题目中没有给出确定的信息,我们不知道张三婚否。

但正确答案是 A。因为在逻辑系统中,张三"婚否"是不重要的,他要么已婚,要么未婚,换句话说,基础命题"张三婚否"的"真值"只有两个,要么是 1,要么是 0,无论已婚还是未婚,在给定的形式中，一定有一个已婚人士看着另一个未婚人士。

汤质 ⟶ 张三 ⟶ 韩梅梅

已婚⟶已婚⟶未婚
　　↘未婚

是否有一个已婚人士盯着一个未婚人士？
A. 是 √
B. 不是
C. 不确定

上面这种推理叫完全析取推理，它要求你对所有逻辑可能性进行分析，演绎出一个必然包含在前提中的结论。

计算机天然就是这么思考的，这对人来说却极其不自然。用斯坦诺维奇的话说，我们都是"认知吝啬鬼"，由于选项 C 的表述与我们的直觉相符，在我们的经验中，类似的状况都应该选 C，所以大脑完成了一个隐秘而高效的归纳，自动跳过了需要耗费更多能量的细致推理。在这个意义上，人人都是归纳鬼才、演绎残废。

但你不得不承认，对归纳不自觉的高效运用，是人类能高效思考的根本前提。

道理很简单，"是否有一个已婚人士盯着一个未婚人士"这种奇怪的问题只会在心理学测验中出现，真实世界中的问题是复杂且模糊的，比如我该从事什么职业，我该留在大城市发展还是回老家，股票该买入还是卖出。如果人在做每一项决策时都考虑所有变量的所有逻辑可能性，那么他几乎没有办法做任何决策。因此，我们的大脑无法处理也无须处理所有逻辑可能性，绝大多数情况下，它只需要处理有限的经验可能性就足够了。

人类的知识就是这样运行的。正如赫伯特·西蒙所说：

> 知识的作用，是从所有的逻辑可能性总类中选出一个其经验可能性较为有限的子类，从而在描述可能性的各变量之间建立一定的功能联系。知识的最终目的是确定过去和现在已知事实与将来的事实之间的关系，从而由当前状况产生唯一一种可能性。

有限理性是西蒙最著名的理论，后来成了认知科学、行为经济学中最重要的理论基石之一。他认为，人只有在一个封闭的变量系统中才能做出有效决策。任何一个对象都有无限细节，包括一滴水、一个人、社会、宇宙，我们只能在无限细节中框定出有限的变量，寻找其中的规律。

比如，我们可以找出与职业选择有关的重要变量来制定决策，也可以试图通过某些关键变量来预测一只股票的长期价格走势。如果变量选得好，就能保证我们在大部分状况下做出相对符合趋势的决策。我们必须通过有效的归纳才能做到这一点。

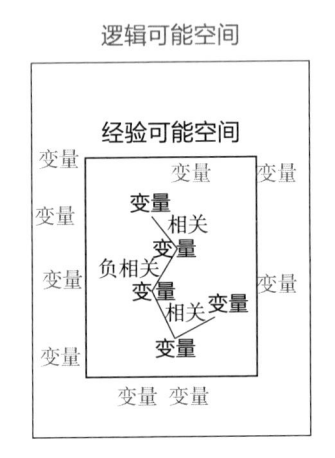

逻辑可能空间

经验可能空间

变量 变量 变量
变量
变量 相关
负相关 变量
变量 相关 变量
变量
变量 变量

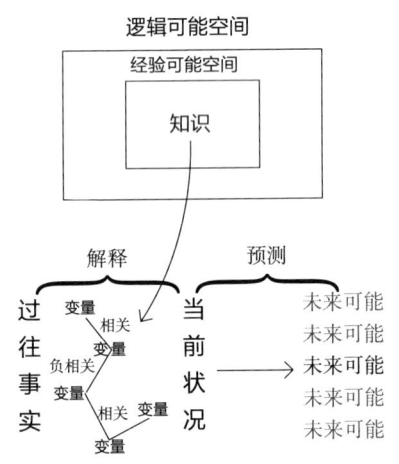

逻辑可能空间

经验可能空间

知识

解释　预测

过往事实 { 变量 相关 变量 负相关 变量 相关 变量 } 当前状况 → 未来可能 未来可能 未来可能 未来可能 未来可能

我们必须认真审视这个让我们成事又暗中给我们使绊子的归纳逻辑。

什么是"归纳"

如前所述,归纳是从小范畴中发现大范畴、从个别(特称命题)中发现一般(全称命题)的推理。在逻辑学中,归纳的标准形式如下:

观察到 A、B、C 都属于 S 且是 P,

没有东西被观察到属于 S 且不是 P,

所有 S 都是 P。

例如,动物 A、B、C 都属于天鹅,且是白色的,

没有观察到天鹅不是白色的,

所有天鹅都是白色的。

归纳推理的本质,是基于对特殊的代表的有限观察,把性质或关系归结为**类型**。至于什么是"性质",我们暂且把它视为可被观察到的显著变量,这样设定的理由后面会谈到。

我们离不开归纳,是因为我们的经验永远来自有限观察,我们对事物的理解又总是类型化的。

如何观察特殊的代表,把哪些性质归结为何种类型,拉开了人与人思考质量的差距,区分了好知识和坏知识。

<pre>
          坏知识   类型   好知识
          低强度的   归纳↑推理   高强度的
                      性质
              粗陋的 整个理 细致的
                    特殊代表
              随意的 有限↑观察 严谨的
                      对象
</pre>

以职业选择为例，下图是人力资源领域的经典模型（知识）——霍兰德职业取向模型。首先，它在影响职业选择的个人特性中找出了两个关键**性质**。一个性质是人的行动偏好，有人喜欢想，有人喜欢干；另一个性质是人的择业偏好，有人喜欢面对人，有人喜欢面对事。这两个性质，就是两个关键变量。

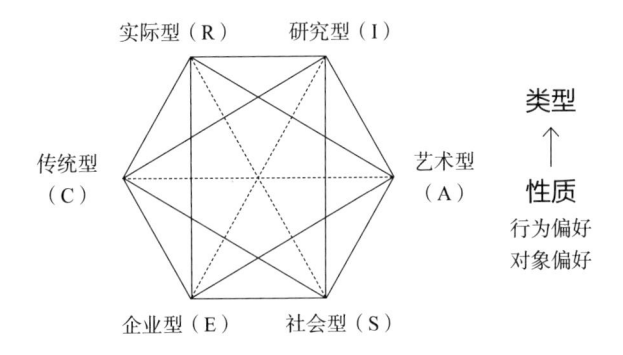

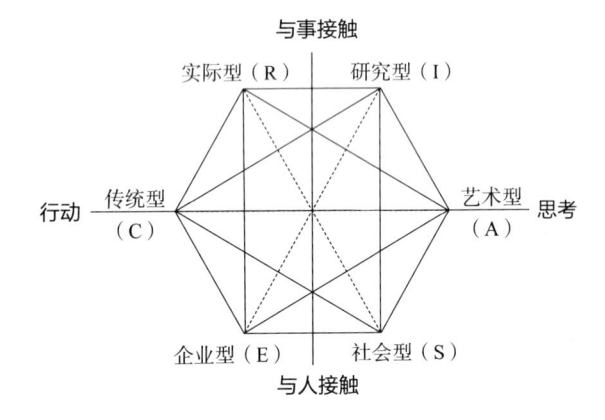

```
        实际型（R）   研究型（I）

   传统型                      艺术型              类型
   （C）                        （A）               ↑
                                                  性质
                                              行为偏好
        企业型（E）   社会型（S）              对象偏好
```

```
                    与事接触
        实际型（R）   研究型（I）

行动  传统型                      艺术型  思考
      （C）                        （A）

        企业型（E）   社会型（S）
                    与人接触
```

其次，它将人划分成了6种**类型**。比如，行动力强且喜欢与人打交道的人是企业型，适合带团队、当领导；喜欢思考且喜琢磨事物的人是学者型，适合搞研究、当学者。邻近的类型往往有高度关联性，对角线的类型则是反对关系。

每个人都会有自己的霍兰德代码，对应特定的职业类型。基于类似的思路，还可以把人分成 5 种、9 种、12 种甚至 16 种类型。

无论何种模型，它们基于何种变量与性质，将人划分成多少种类型，它们本质上都是帮我们在逻辑可能性的总类（如人格的所有可能）中找出经验可能性有限的子类（如人格类型—职业类型），并描述变量间功能联系的"知识"——基于归纳的知识。

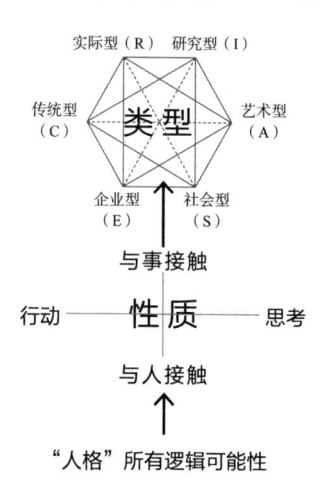

从二元到多元

这类知识能让你在付出极低认知成本的情况下，为复杂对象建立起一个简化理解的框架。它是一种相对高级的归纳，能帮助我们超越"原始人归纳法"的局限性。

原始人归纳法是我杜撰的词，泛指那些基于二分法的简单归纳，比如好人/坏人、危险的事/安全的事、喜欢的工作/不喜欢的工作、重要的事/不重要的事。二分法是基于单个变量的粗暴分类，而且我们还说不清这个变量是什么。什么是好？什么是安全？什么是重要？所有的判断都来自生存本能。霍兰德职业取向模型这类知识之所以相对高级，就是因为它们找出了更多变量，划分出了更多类型，让我们对事物有了多元的认知。

此处我们要问一个关键的问题：十二生肖和六十四卦也为我们提供了简化框架，它和六型人格、九型人格、十六型人格有什么本质区别吗？它们同样是理论，都是解释世界的工具，但它们的"科学性"体现在哪儿？

当我们谈论科学性时，我们在谈论它的客观性和严谨性；当我们谈论客观性和严谨性时，我们就是在讨论归纳强度。

那些严肃的科学知识，比如牛顿力学、麦克斯韦电磁理论和相对论，有数学化的表达形式、精确的预测能力，看起来和前面这些简单归纳出来的东西完全不是一类，但我要提醒你，本质上它们都是经验模型，关键只在于归纳强度上的天壤之别。

科学发展史，几乎就是一部曲折的归纳技能强化史。

从直观到实证

今天的知识更精确的根本原因是归纳方法进步了。19世纪英国自由主义哲学家、政治经济学家约翰·穆勒在其著作《逻辑体系》中归纳梳理出了 5 种方法，简称"穆勒五法"，将归纳从一种不自觉的认知方式提炼成了研究因果的方法，为实证科学奠定了基础。

穆勒五法的第一个方法**求同法**，就是最经典的归纳法。科学家在情境 1 中观察到事件 A、B、C、D 和现象 W、X、Y、Z 一起发生；在情境 2 中观察到事件 A、E、F、G 和现象 W、T、U、V 一起发生；两个情境中，事件 A 与现象 W 都相伴而行，因此推断 A 可能是 W 的原因或结果。

情境 1	情境 2	
事件　现象	事件　现象	求同法
A ⟶ W	A ⟶ W	求异法
B　　X	E　　T	求同求异共用法
C　　Y	F　　U	剩余法
D　　Z	G　　V	共变法

比如在过去 10 天里，我有 3 天状态特别好，思路特别清楚，而在这 3 天，我早上都外出跑步，由此我得出一个结论：跑步会促使状态变好。

求同法是最符合直觉的归纳方式，它的局限性也很明显：首先是无法区分原因和结果，不知道是因为状态好才去跑步，还是因为跑步了状态才好；其次是我们无法观察到所有影响因素，也许那 3 天还有别的事情同时发生，比如睡得早、吃得好了，稿子写到容易的部分了，天不下雨了，它们都会同时影响我跑步的意愿和思维的状态，其中的因果关系是纠缠不清的。这些因素我们统称为混杂因子，是妨碍人类发现相关性和因果关系的元凶。

```
     T              T                  求同法
     Y              Y
  Y    混杂因子      Y                 求异法
     S              S
                                       求同求异共用法
   A → W          A → W                剩余法
  跑步 思维敏捷   跑步 思维敏捷         共变法
```

求同法的局限在于你无法排除混杂因子的影响，你观察到的是事件A、B、C、D和现象W、X、Y、Z一起发生，事实上发生的事情一个字母表都数不过来。无论我们要探究跑步与状态的关系，还是要探究某种习惯与疾病的关系，抑或是某种行为偏好与社会成就的关系，都会遇到类似的麻烦，这也是"过来人"的成功经验不一定靠谱的根本原因。

这就是求同归纳的窘境。除非有一个平行宇宙，平行宇宙里的你除了不爱跑步，其他一切都不变，你才能确切地指出状态好与跑步之间存在某种因果关系。

这恰恰是求异法的思路。你在情境1中观察到事件A、B、C、D和现象W、X、Y、Z一起发生，接着在情境2中观察到B、C、D和X、Y、Z一起发生。当事件A没有发生时，现象W便没有出现，于是你反过来推断A是W的原因或结果，或是重要的相关因素。

```
     情境1          情境2              求同法
   事件   现象    事件   现象         求异法
   A → W         ✗ → W              求同求异共用法
   B    X        B    X              剩余法
   C    Y        C    Y              共变法
   D    Z        D    Z
```

求同法从**共同事件**中寻找因果关系，求异法从**差异事件**中寻找因果关系，差异性比共性更容易被察觉。我们可以通过人为干预来制造差异，以明确两件事之间的相关性。

这也是科学发现的普遍思路。通过建立**对照组**，科学家能非常方便地使用求异法来发现相关性。

20 世纪 90 年代，科学家怀疑摄入过量的盐会导致高血压和心脏病，于是拿黑猩猩做实验，处理组吃含盐量高的食物，对照组吃正常的食物，持续 20 个月，结果处理组黑猩猩的血压明显高于对照组的黑猩猩。之后实验人员降低了处理组食物中的含盐量，黑猩猩的血压随之降低。于是研究人员得出了摄入过量的盐会导致血压升高的结论，更准确的说法是，得出了"摄入过量的盐会导致黑猩猩的血压升高"的结论。

摄入过量的盐是否会导致人的血压升高呢？很明显，人的生活环境比黑猩猩的复杂很多，过去的生活作息、饮食习惯很难被准确收集，更何况，给一群无辜的人吃有潜在健康风险的高盐食物在伦理上是不被允许的。

在这种情况下，严格意义上的求同和求异都无法使用，只能使用**共变法**。

在情境 1 中，事件 A、B、C、D 与现象 W、X、Y、Z 同时发生；在情境 2 中，事件 A 发生了某种变化，现象 W 也发生了某种变化。我们推测 A 和 W 有某种因果关联。

求同和求异是定性的推断，它的结论要么是有因果关系，要么是没有因果关系。而共变法是定量的推断，它追究得更具体，它问的是 A 与 W 在多大程度上有关系。

情境 1	情境 2		
事件　现象	事件　现象	求同法	
A → W	A⁺ → W⁺	求异法	定性
B　　X	B　　X	求同求异共用法	
C　　Y	C　　Y	剩余法	
D　　Z	D　　Z	共变法	定量

从求同到求异，只是研究思路上的转变；从直观到实证，算得上方法论上的进步；从定性转向定量，则是认识论意义上的巨大变革，其背后的深远意义连穆勒自己都没有意识到。

从定性到定量

人类为万物定量的历史是从结绳记事开始的。我们创造数字、研究数学，是为了创造一种工具，用最精确的方式来描述万事万物之间的因果关系，这种工具就是我们所说的形式语言。千百年来，数学家们为此付出了卓绝的努力，谁承想，到了 20 世纪，人类所有关于定量的智慧集结起来，反倒直接消灭了因果关系，而消灭因果关系的罪魁祸首，就是统计学。今天的世界，是一个被统计学笼罩的世界。统计学的出现、发展和普及，让因果关系变成了一个多余的概念。

前面讲到，任何一个对象都有无数细节。在统计的世界里，需要认识的对象是一个总体，但我们无法直接研究总体，只能透过"样本"间接地认识它，样本的特征就是可供统计的变量，这些变量的值就是数据。当观察的样本足够多时，我们就能找出变量变化的一般规律，间接获得某个关于对象/总体的知识。这个知识，就是统计学中的"参数"。

定量	定性
参数	类型
统计↑描述	归纳↑推理
可统计变量	性质
整↑理	整↑理
样本	特殊代表
有限↑观察	有限↑观察
总体	对象

譬如，你想知道吸烟和肺癌之间是否存在因果关系，你可以找到1 000个人（样本），记录他们的烟草消费量和肺癌患病率这两个变量的值，用一系列数学方法演绎得出最终的结论，这个结论并不是明确了它们的因果关系，而是计算出了烟草消费量与肺癌患病率的"相关性系数"。比如，系数为1表示完全正相关，每新增一个单位的烟草消费量，肺癌患病率就会有相应比例的增加；系数为-1则表示完全负相关，每新增一个单位的烟草消费量，肺癌患病率就会有相应比例的减少。

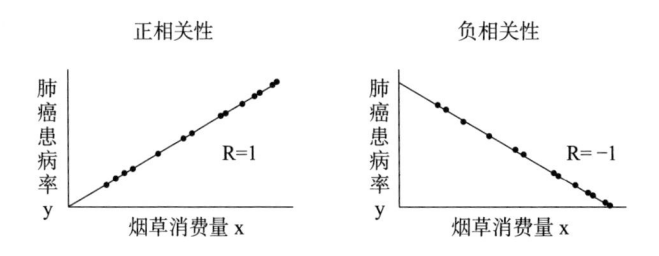

虽然真实世界中事物的相关关系不会如此线性，但我们在原则上总是能根据这个系数的大小来把握事物之间的复杂关联，准确地知晓它们在**多大程度上**相互影响着。

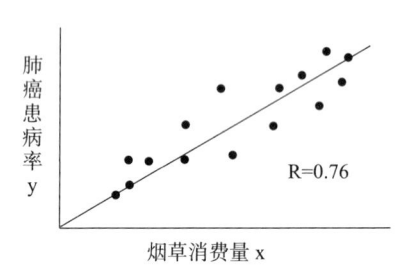

肺癌患病率 y

R=0.76

烟草消费量 x

相关性是统计学先驱之一高尔顿在研究人体特征时发明的概念[1]，在高尔顿的理论中，相关性还只是一个为因果关系辩护的证据。但在他的学生，另一位统计学先驱的卡尔·皮尔逊看来，相关性是凌驾于因果关系之上的，他认为"存在一个比因果关系更广泛的范畴，即相关性，而因果关系只是被囊括于其中的一个有限的范畴"。

因果关系被降格成了相关性中的一个特例。人们通常认为是相关性反映了因果关系，皮尔逊却反过来，说是因果关系反映了相关性，**因果只是人类的观念，相关和概率才是自然的语言。**

在数学工具发展的同时，人类的实证能力也在进步。后来，统计学领域的集大成者罗纳德·费希尔发明了一种叫"随机对照试验"的科学研究方法，堪称有史以来最强的实证研究方法。

---

[1] 高尔顿发现身高高的人臂长相对也更长，但这两者明显没有直接的因果关系，因为它们共同受到遗传因子的影响，所以只能用相关性来描述。

数学家在逻辑上证明：随机取样的次数越多，样本趋势就越能代表总体的趋势，更重要的是，随机取样能最大程度地消除那些同时影响因果的混杂因子（天气、饮食、工作环境）对我们的影响。

回到那个跑步的例子，我们无法经由自己的个体经验来明确跑步是否真能让思维变得更敏锐，那么假如我们能在全世界范围内随机选取一万人，他们虽然可能有近似的生活环境和饮食作息，但样本选择的随机性大大稀释了它们对样本的影响。也许有相当一部分跑步者习惯保持健康饮食，也一定有不少人不介意吃垃圾食品。我们只需要关注，在如此大的样本量中，跑步习惯和某项智力测试成绩之间有没有共变关系就够了。

理论上，只要我们的资源无限多，我们就能得到一张表达人类所有可能的行为对应身心状态变化关系的表格。这就是统计学给出的关于"人类"这个总体的参数，即关于"人类"这个对象的全部知识。因此皮尔逊才说"描写两个事物之间关系的终极科学表述，总可被概括为一个列联表"。

今天，几乎所有科学都在用统计学的语言描述着自己的研究成果，人们也多多少少地接受了皮尔逊所倡导的世界观。从二元到多元，从直观到实证，从定性到定量，从因果推断到概率分配，是人们对归纳价值和局限性的认识逐步加深，应对手段逐渐升级的结果。

归纳法的尴尬

总的来说，归纳负责在经验材料中建立类型化的对象，识别因果关系。归纳强度的提升，让对象变得更加具体，关系变得更加明确。借助统计学这样的数学工具，人们得以处理无限大的对象——再大的总体，也可以通过有限的样本来间接地认识。特征成了变量，我们把这些"量"带入严谨的推理空间，演绎出了一系列可靠的相关关系，最终建立了我们需要的功能性联系。

那些放之四海而皆准的科学知识，本质上都是高强度的归纳加上高精度的演绎的产物。

这么看来，今天的知识似乎已经无限逼近它的最终目的了：确定过去和现在已知事实与将来的事实之间的关系，从而由当前状况产生唯一一种可能性。

这句话的重点在"无限逼近"。

你会发现，真正严肃的论文在报告其研究成果时都会说：准确率、成功率高达 99.96%。这就是基于归纳的知识最尴尬的地方。

下图显示了美国 1900—1960 年人均吸烟量和肺癌死亡率的增长趋势。这 60 年间，美国烟草销量猛增，肺癌也从一种罕见疾病变成了男性最常患的癌症之一。大量证据指向吸烟会导致肺癌，但是，人们也总能找到理由来否认这些证据："你看张学良老将军天天抽烟喝酒，照样活过百岁，怎么解释？"

这种孤例当然不需要讨论，但有些反驳是很有说服力的。比如，这 60 年里，人类的生存环境发生了剧烈的变化，汽车尾气的排放量持续增加，工业发展使得空气质量持续恶化，这些都有可能导致肺癌患病率增加，你凭什么认为是吸烟导致了肺癌？

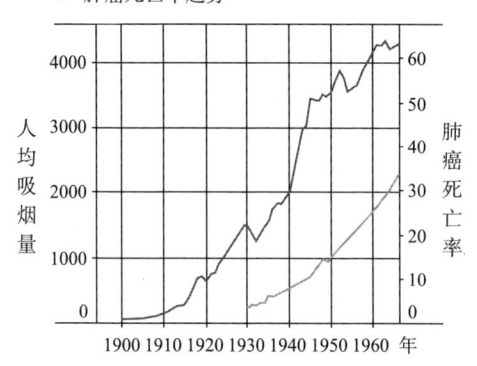

1900—1960 年美国人均吸烟量与肺癌死亡率趋势图

Death rates source: US Mortality Data, 1960-2010, US Mortality Volumes, 1930-1959, National Center for Health Statistics, Centers for Disease Control and Prevention.

即便我们祭出随机抽样大法，捕捉到了抽烟频率和肺癌死亡率的相关性，"高明"的反对者依然可以说：可能是某种基因上的差异导致了某些人天生容易对吸烟上瘾，这些基因可能还会导致其他不健康的生活习惯；也许有些人患肺癌的概率天生就比普通人高，吸烟只是诱发了这种基因的表达而已，健康的人吸烟提神醒脑，有何不可？"高明"反对者中的一员，不是别人，正是统计学泰斗兼老烟民费希尔同志。

要知道，在当时的技术条件下，人们是无法证伪这件事的。事实上，21 世纪初，人们真的发现了类似的基因，有些人真就对香烟更容易上瘾。

你会发现，有些反对意见看起来非常犀利、合理，甚至还有些像"先见之明"，且不论真正的因果关系为何，它们至少表明了，仅凭统计学上的结论，我们得到的"事实"是非常脆弱的。

这个案例中的压倒性证据出现在实验室里。20 世纪 50 年代，医学期刊上已经出现了关于吸烟有害健康的实验证据，比如研究者在老鼠的身上涂抹烟焦油，结果倒霉的小老鼠患上了癌症，人们还在烟雾中发现此前已知的致癌物，虽然在逻辑上老鼠患癌不等于人患癌，致癌物能致癌可能是另一个统计学研究的结果，但这个时候再强词夺理就不合适了，实验证据结合之前的统计数据，已经形成了一个强有力的证据链。

这才有了下图的后半段信息，美国人均烟草消费量的峰值出现在 1964 年。当年美国卫生局长在一份报告中声明："在男性中，吸烟与肺癌有因果关系。"随后烟草销量骤降，肺癌死亡率也随之下降。

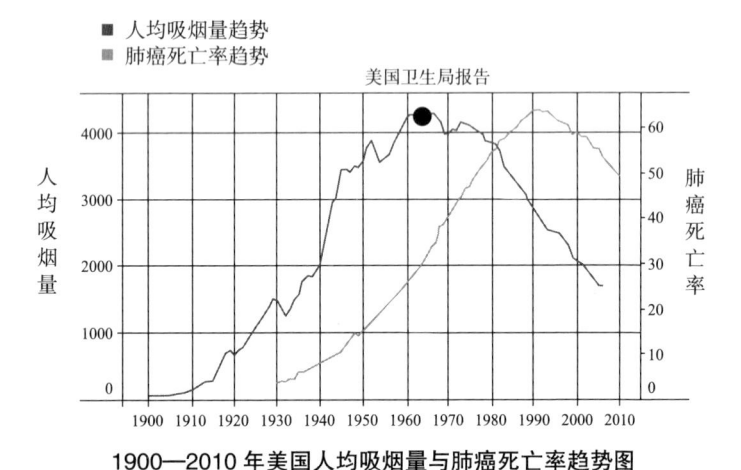

1900—2010 年美国人均吸烟量与肺癌死亡率趋势图

Death rates source: US Mortality Data, 1960-2010, US Mortality Volumes, 1930-1959, National Center for Health Statistics, Centers for Disease Control and Prevention.

回看这100年的数据,你会发现人类完成了一次极其成功的公共卫生干预事件。如果你深入了解20世纪60年代之前的那段历史,就能体会到人类用统计来捕获因果时的无奈与尴尬。

这个案例引出一个思考:在我们对世界认知存在盲维且实证手段存在局限的前提下,那些统计意义上的可靠知识究竟有多可靠?

基因曾是我们的认知盲维,进行高精度的化学提纯也是科学革命之后才能做到的事,我们有幸跨过去了,如今我们的前沿科学面对的是一个乱丢骰子的上帝和理论上肯定存在却怎么也探测不到的"暗物质"[1]。

这个前提似乎是无法摆脱的——盲维总是存在,观测手段总是有局限,所以我们在很长的时间里都离不开统计意义上的可靠知识。意识到这一点,你就能理解皮尔逊那些看似离经叛道的观点了,对人类来说,概率似乎的确比因果更真实。**我们漂浮在经验暗海之上,海里充满了各种混杂因子,暗中影响潮水的方向,这些知识似乎是我们能抓住的最粗壮的浮木。**[2]

因果推断问题之所以把科学家搞得焦头烂额,是因为归纳和因果的问题是一个典型的哲学认识论问题。在穆勒、皮尔逊之前,哲学家休谟挖的那个坑,到今天都没有被填上。

---

1 暗物质不与电磁力产生作用,因此不吸收、反射或发出光线。人们目前只能透过重力产生的效应得知,而且已经发现宇宙中有大量暗物质存在。对暗物质和暗能量的研究是现代宇宙学和粒子物理的重要课题。
2 因果推断至今仍然是一个很热门的研究领域,学者提出了很多新的理论来克服统计研究方法带来的因果推断困难问题,如果你对这方面的前沿理论感兴趣,推荐阅读朱迪亚·珀尔和达纳·麦肯齐的著作《为什么:关于因果关系的新科学》。

休谟把人类的知识分成两种：一种是关于**事实的知识**，比如所有天鹅都是黑色的，来自我们的经验，相当于归纳的、综合的知识；另一种是与现实无关的、纯粹的理念性的知识，他称之为证明的知识，比如形式逻辑、数学推导，相当于前文所述演绎的、分析的知识，例如，根据所有天鹅都是黑色的推出澳大利亚的天鹅也是黑色的，如果前者为真，推出必然为真。

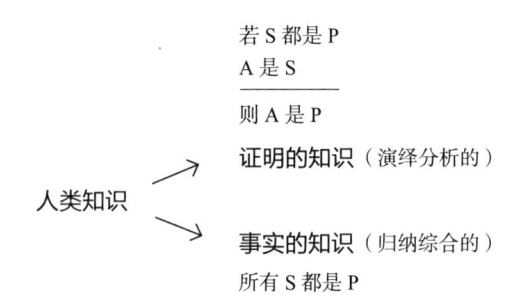

若 S 都是 P
A 是 S
———
则 A 是 P

人类知识 → 证明的知识（演绎分析的）
        → 事实的知识（归纳综合的）
           所有 S 都是 P

休谟的知识二分法，后来成了传说中的哲学神器之一——休谟之叉，这是一把插入知识深处，摧毁了知识根基的叉子：所有的演绎都必须基于归纳的知识展开，归纳又永远受限于人类有限的经验能力。穆勒、费希尔的工作不过是把这个叉子握得更紧一点而已，但间隙总是存在的。

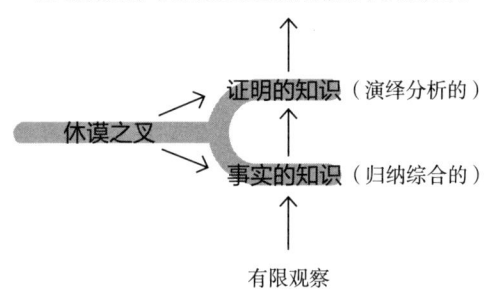

相对更精确，但永远无法彻底确信的事实的知识
↑
休谟之叉 → 证明的知识（演绎分析的）
        → 事实的知识（归纳综合的）
↑
有限观察

如前所述，那些严肃的科学知识，有数学化的表达形式，有精确的预测能力，看起来和前面这些简单归纳出来的东西完全不是一路货色，但本质上，它们都是经验模型，同样是归纳。从原始的二分法到定量统计，技术上不断升级，但内核没有变过。

哲学家蒯因把严肃的物理学和神话相提并论："物理对象的神话之所以在认识论上优于大多数其他的神话，原因在于：它作为把一个易处理的结构嵌入经验之流的手段，已证明是比其他神话更有效的。"[1] 类似的话皮尔逊也说过："力作为运动的因，与树神作为生长的因可以等同视之。"[2]

力、时间、参数、概率，是更容易被处理的结构，准确地说，是更容易被实验手段测定、被数理逻辑演绎的结构。通过这些"处理"，我们在混杂无序、相互勾连的经验场域中搭建出一个变量有限的空间，在其中学习前人总结出的变量间的功能性联系，以应对世界的不确定性。

事实证明，人类从这个空间里获得的指导，比从神话寓言、宗教训诫里获得的更有效，但你不要把科学当成新的神话和宗教，这是"原始人的归纳法"。

讲完归纳推理，大家会有一种错觉，好像把归纳和演绎的来龙去脉说清楚，就足够解释我们知识的构成和认知的规律了。但这是个错觉，我们至多能说：对归纳逻辑和演绎逻辑的规范化应

---

[1] 威拉德·蒯因. 从逻辑的观点看[M]. 江天骥, 宋文淦, 张家龙等译. 上海：上海译文出版社, 1987：42.
[2] 转引自朱迪亚·珀尔, 达纳·麦肯齐. 为什么：关于因果关系的新科学[M]. 北京：中信出版社, 2019：46.

用,让我们获得了结构清晰的知识。但人类的认知过程是非常复杂的,我能写下这些知识,你能理解这些知识的题中之义与话外之音,中间有一系列奇妙的事情发生。

在归纳和演绎之前,在结构化知识之下,还有一片未知地带,那里藏着人类思维之所以如此神奇的秘密。接下来,我们要追本溯源,进入认知语言学的世界,见识一下思维之火——类比。

需要指出的是,类比推理在传统逻辑学中是跑龙套的角色,经常沦为归纳推理下的一个子类,但在认知语言学中,它摇身一变,成了扛大旗的主角,有大量的认知语言学研究是围绕着类比展开的。该领域的公认经典著作是《我们赖以生存的隐喻》和认知科学家侯世达的大作《表象与本质:类比,思考之源和思维之火》,后者花了大量篇幅论证了一个观点:类比是人类认知的核心。

如果类比是思维之火,归纳最多算控制思维的火把,它是操控火的工具,为我们在杂乱无序的思维灌木丛中烧出一片片可供栖居的范畴。演绎思维则像是激光发射器,虽然难于操作,但精密可控,我们用它在那片范畴中雕琢出了精细的图案。

这个毫无节制的类比,意在揭示两件事:其一,在认知语言学中,类比和归纳、演绎属于不同层次,是火与火把、光与灯的关系;其二,类比非常重要,我们要往根上刨,下一章绝不可错过。

第十一章
类比
思维之火与概念之网

1 000多年前，哲学家奥古斯丁说：什么是时间？你不问还好，你一问我，我就说不清楚它是什么了。随后奥古斯丁花了很多时间讨论时间的本性是什么，后来人读得云里雾里。

我们都曾经历过各种奥古斯丁时刻，被人问起什么是生活、理想和所谓的意义，我们给出的解释同样令人不得其解。

时间的本性是什么呢？更早于奥古斯丁近1 000年，子曰：逝者如斯夫，不舍昼夜。

学生秒懂。

不仅秒懂，而且触类旁通，说出了"漫长"的时间、岁月"流逝"、历史的"长河"这种曾让人感到匪夷所思的词组。

在逻辑学的视域里，我们总把类比当成一种不严谨的推理手段，认为两个对象在A、B、C上有相似之处，就以此推论它们在D、E、F上也有相似之处。

但认知科学家侯世达却说，类比思维是思考之源和思维之火，是人类最基本的思维方式，而不仅仅是一种推理手段。如果你对人类超凡的认知能力很好奇，却不关心类比在其中的作用，就好像要理解千姿百态的生物现象，却不关心进化论一样。很多现象，只能用神迹来解释。

接下来，我会通过大量的例子来说明这一点。

无处不在的三种类比

海德格尔说，语言是"存在"的家。思维与语言有千丝万缕的联系，我们用名词来指代一个对象，用形容词来描述对象的属性，用动词和介词来描述对象与对象之间的关系。我们之所以能习得更复杂的语言，掌握更多概念，认识更多属性、关系和对象，皆是因为类比的力量。

当学习一个形容词的时候，我们会关注它的近义词，比如用美丽来理解优雅，用温柔来理解和蔼。这些基于对象属性的类比，叫**属性类比**。

在掌握动词和介词的时候，我们会用"拿"来理解"抓"，用"丢掉"来理解"放弃"，这是基于对象间关系的类比，叫**关系类比**。

最后是关于对象本身的名词，比如"时间如流水"。学习名词的时候，我们依然在疯狂地进行类比，这种类比更为复杂，整合了大量的属性和关系，被称为**结构类比**，更多的例子有用空中客车来理解飞机，用冰山来理解潜意识（弗洛伊德），用有机体来理解国家（霍布斯）。

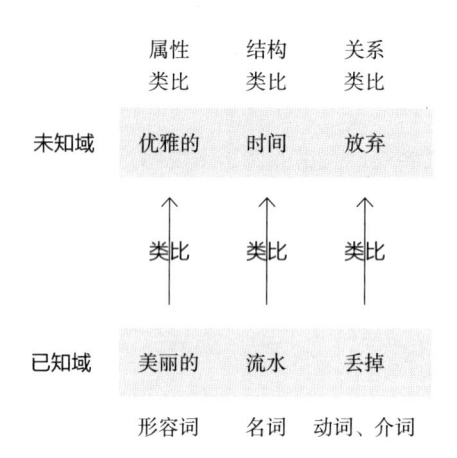

	属性 类比	结构 类比	关系 类比
未知域	优雅的	时间	放弃
	↑ 类比	↑ 类比	↑ 类比
已知域	美丽的	流水	丢掉
	形容词	名词	动词、介词

用流水类比时间，就是把流水与万物的交互方式映射给了时间。这种类比让抽象的时间突然变得生动起来，我们才说出了"漫长的等待""时间在流逝""历史的长河"这样的词组。

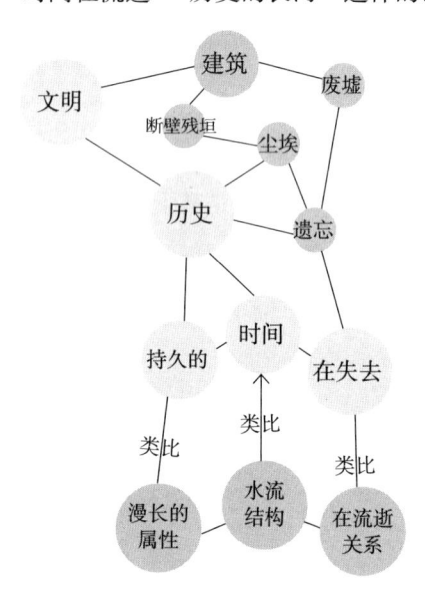

隐喻

我们无时无刻不在用类比来理解世界,却很少察觉到这件事,我们总是觉得只有在需要修辞或说理的场合中才需要**主动使用**类比。类比对思维的影响之所以广泛却难以让人察觉,是因为类比通过一种隐喻机制影响着我们的思维和话语。

什么是隐喻机制?例如,在日常生活中,我们会丢掉一个垃圾,也会劝别人丢掉某个思想包袱,甚至还会觉得自己或某人"丢掉"了初心。思想包袱和初心到底是什么?它们怎么会被"丢掉"?

因为在我们思维的角落里藏着一个隐秘的类比——我们总是将**心理内容**隐喻为某种**物理实体**(把没价值的思想隐喻为包袱、多余的负重物品,把初心隐喻为贵重物品)。基于这个类比,我们就能方便地把在物理世界中学到的动词、介词、名词及其背后携带的属性、关系和结构应用于心理世界了。

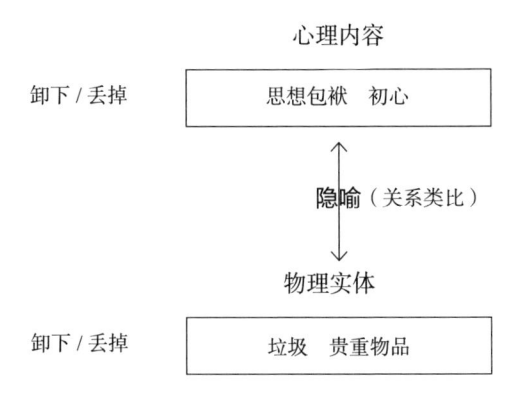

```
                         心理内容
                    ┌─────────────────┐
    卸下 / 丢掉      │  思想包袱  初心  │
                    └─────────────────┘
                            ↕
                       隐喻(关系类比)
                            ↕
                         物理实体
                    ┌─────────────────┐
    卸下 / 丢掉      │   垃圾  贵重物品 │
                    └─────────────────┘
```

基于隐喻机制，我们才能自然而然地说出下面这些句子。

放下你的执念。
重拾信心。
收拾好你的心情。
摆正你的态度。
这件事你扛得住吗？
是不是压力太大了？

无隐喻，不思维；无类比，无所言。

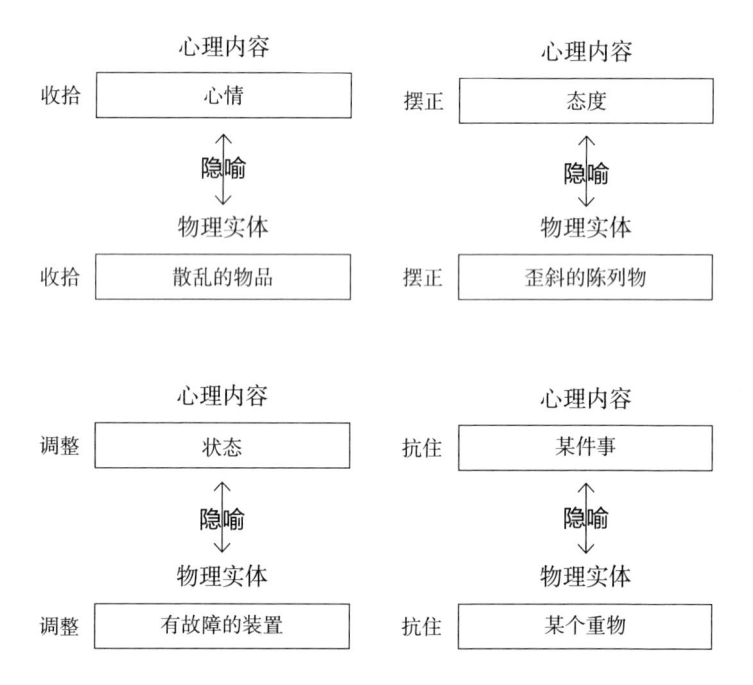

	心理内容		心理内容
收拾	心情	摆正	态度
	↕ 隐喻		↕ 隐喻
	物理实体		物理实体
收拾	散乱的物品	摆正	歪斜的陈列物

	心理内容		心理内容
调整	状态	抗住	某件事
	↕ 隐喻		↕ 隐喻
	物理实体		物理实体
调整	有故障的装置	抗住	某个重物

第十一章 / 类比 思维之火与概念之网

《我们赖以生存的隐喻》是认知语言学的经典著作，书中用了大量的例子来说明类比和隐喻是如何帮助我们构建语言、认识对象、对世界形成理解的。

除了前面的"思想即实体"，另一个与之关联的常见隐喻是**"语言即容器"**：如果心理内容是物理实体，那么我们的语言就是盛放这个物理实体的容器。

比如，我们会说这样的话：你的表达很**空洞**——你给的容器中没有实体——你的语言中没有思想，你的理由很**充足**——你给的容器中有很多东西——你的语言中充满想法。

当我们说他说话很空，是个没有思想/内涵的人时，其实我们是在心里做了一个隐秘的类比：他给了我一个盒子（语言=容器），却是个空盒子，所以我判断他没什么真东西。有时我们甚至会说，这个人肚子里/脑子里没有"货"。

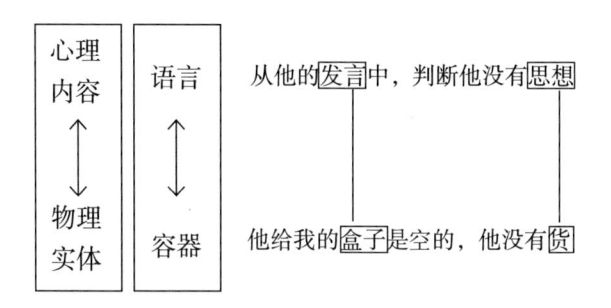

```
┌─────┐  ┌─────┐
│ 心理 │  │ 语言 │    从他的发言中，判断他没有思想
│ 内容 │  │      │
│  ↕  │  │  ↕  │
│ 物理 │  │ 容器 │    他给我的盒子是空的，他没有货
│ 实体 │  │      │
└─────┘  └─────┘
```

如果思想是实体，语言是容器，那么认识到这些思想内容的过程，其实相当于"看到"这些"货"（物理实体）的过程，这便是"认识即看见"隐喻。于是我们会有这样的表达：

我还没想清楚。

你的思路很清晰。

你的观点很模糊。

我能给你一个很好的视角。

我想知道你的看法。

他的发言听得我云里雾里的。

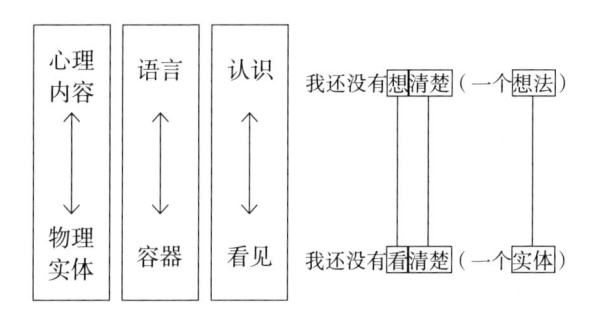

心理内容 ↕ 物理实体	语言 ↕ 容器	认识 ↕ 看见	我还没有 想 清楚（一个 想法 ） 我还没有 看 清楚（一个 实体 ）

更进一步地，一些结构复杂的心理内容就像是结构复杂的物理实体，我们往往用现实世界的"建筑物"来类比它们。接下来是"思想即建筑"的隐喻。

我在构建一个庞大的理论体系。

你的理论根基不牢。

你的论据支撑不了你的观点。

你必须构建一个更牢固的观点。

一个理论崩塌了。

心理内容	语言	认识	思想
↕	↕	↕	↕
物理实体	容器	看见	建筑

你的<u>论据</u> <u>支撑</u>不了你的<u>观点</u>

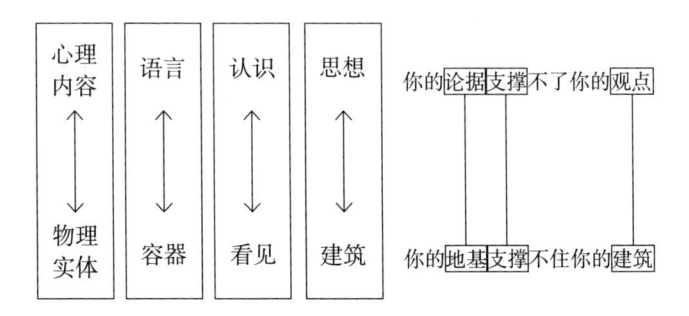

你的<u>地基</u> <u>支撑</u>不住你的<u>建筑</u>

看出来了吗？我们在用物理世界的视觉化交互方式来类比心理世界的认知行为，用围绕着物理实体和视觉系统建立起来的概念来处理和心理认知能力有关的范畴，由于前者是鲜活的、具体的、关系明确的，后者是隐晦的、抽象的、关系含糊的，用前者类比后者，从而使后者变得鲜活、具体、关系明确，这是非常高明的操作。

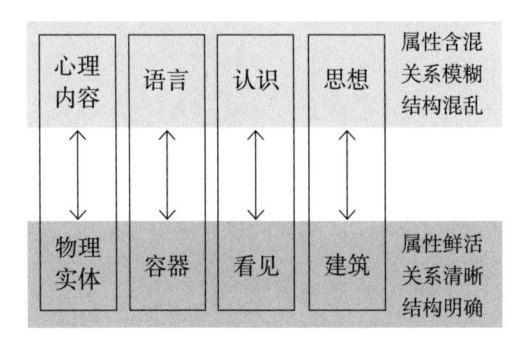

心理内容	语言	认识	思想	属性含混 关系模糊 结构混乱
↕	↕	↕	↕	
物理实体	容器	看见	建筑	属性鲜活 关系清晰 结构明确

《我们赖以生存的隐喻》的作者乔治·莱考夫与马克·约翰逊说："以物体和物质来理解我们的经验，使得我们可以挑选出部分经验，并把它们当成一个统一种类中的离散实体或者物质。一旦我们能够把我们的经验看成实体，就能指称它们，将其归类、分

组以及量化，从而通过此途径来进行推理。"[1]

爱情如战争，成长是赛跑

更复杂的经验，需要我们用更复杂的隐喻来处理。除了以物体和物质来理解我们的经验，我们还能通过某些抽象的事物来理解另一些更抽象的事物，最典型的案例是用战争来类比理解爱情，也就是"**爱情即战争**"的隐喻。我们会说：

> 我朝她发起了攻势。
> 我们赢得了她的芳心。
> 突破了最后的防线，就这样被你征服。
> 我和她两败俱伤。
> 我是爱情中的失败者。

与"爱情即战争"类似的隐喻还有"**生活即赌博**"。

> 这是一次机会，我们要赌一把。
> 我们要押上全部筹码。
> 我押上了我的全部身家。
> 这是我的王牌。

---

[1] 乔治·莱考夫，马克·约翰逊. 我们赖以生存的隐喻[M]. 何文忠译. 杭州：浙江大学出版社，2015：23.

> 这次考试胜算不大。
> 我们已经没有筹码了。

爱情即战争、生活即赌博这类复杂隐喻和简单隐喻的区别在于，我们需要在隐喻中代入更多要素关系，因此也叫结构隐喻。"结构隐喻（结构类比）为我们拓展其意义提供了最丰富的资源……它能让我们以一个高度结构化的清晰界定的概念来建构另一个概念。"[1]

对学生朋友来说，"**学习成长即田径比赛**"是一个无处不在的结构隐喻，和田径比赛有关的概念充斥着我们的学生时代。

> 不能输在起跑线上。
> 小明的成绩遥遥领先。
> 张三落后了，李四掉队了。
> 高考冲刺 100 天。

对步入社会的毕业生来说，常见的结构隐喻则是"**社会即熔炉/锻造炉**"，"**人是被锻造之物**"。我们会说：

> 接受社会的锤炼。
> 我在社会里锻炼出来了。

---

[1] 乔治·莱考夫，马克·约翰逊. 我们赖以生存的隐喻[M]. 何文忠译. 杭州：浙江大学出版社，2015: 61.

接受生活的敲打。

你怎么那么脆弱？

这个人很有韧性。

侯世达说："人在思考的时候，时时刻刻都在发现类比，类比乃是思维核心。不是每周、每天、每小时或者每分钟做一次类比，而是每秒钟都在做着数不清的类比。"我们"通过类比，将两个心理实体联系起来，为我们提供有用的视角，从而使我们更好地理解新情况"。

我们的认知过程就是一个不断地触类旁通、不言而喻的过程。

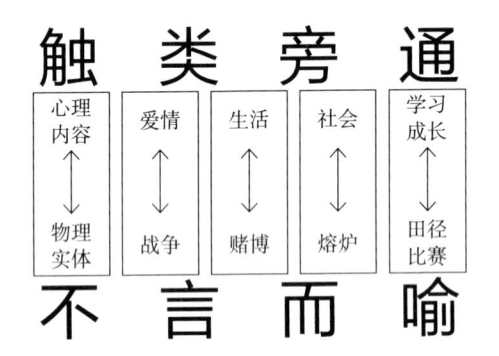

触 类 旁 通

| 心理内容 ↕ 物理实体 | 爱情 ↕ 战争 | 生活 ↕ 赌博 | 社会 ↕ 熔炉 | 学习成长 ↕ 田径比赛 |

不 言 而 喻

这个过程是如何发生的呢？认知语言学家吉尔斯·福康涅为我们做了慢动作分解，他提出的"概念整合理论"能较好地解释类比、隐喻的作用原理。[1] 他认为，两个心理对象的整合至少需要四个空间的参与，包括两个输入空间、一个类属空间和一个融合空间。

---

1 王寅. 认知语言学[M]. 上海：上海外语教育出版社，2007: 215.

类属空间包含两个输入对象的共有特性,确保两者有结构上的映射关系,融合空间则是我们形成综合性的理解的地方。

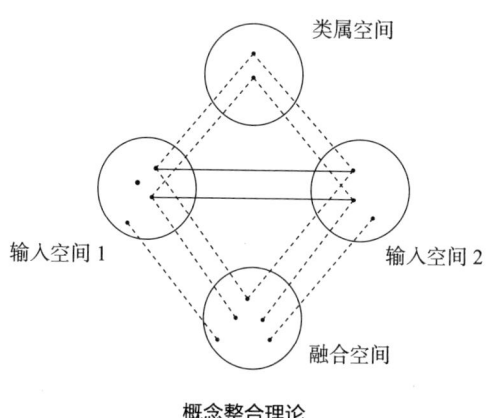

概念整合理论

以爱情与战争为例,它们之所以能联系到一起,大概是因为爱情和战争一样,有一种双边互动,彼此之间有支配与被支配的关系,在行为上有主动与被动、进攻与防御的特征。由此融合得到的"爱情",就是一种战争式的爱情。

我们用战争的粗暴关系简化了复杂的爱情,获得一种粗糙但稳定的理解。这种理解当然会带来很多问题,比如它预设了一定会有一方是胜利者,胜利者理应获得特权、签订条约,作为失败者的一方则要找机会反扑回去,撕毁条约,建立新秩序。这是一个需要持续炫耀武力、经常进行威慑、偶尔制造摩擦、必要时大打出手的爱情关系。

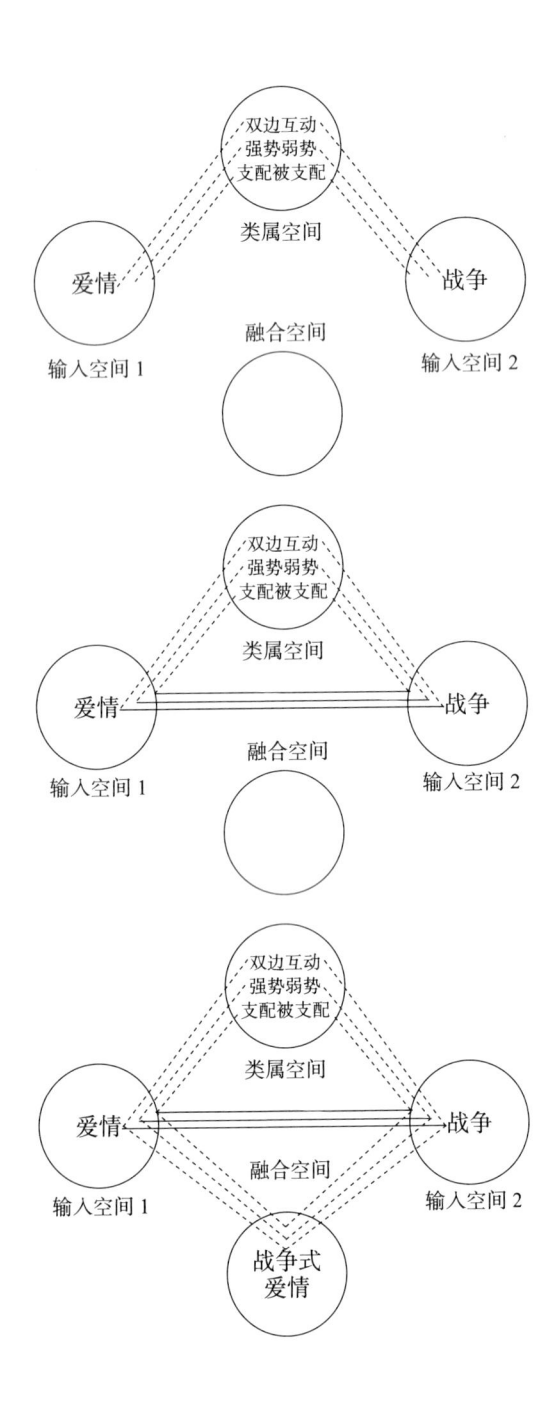

爱情 输入空间1　　　类属空间：双边互动、强势弱势、支配被支配　　　战争 输入空间2

融合空间

爱情 输入空间1　⇄　战争 输入空间2

类属空间：双边互动、强势弱势、支配被支配

融合空间

爱情 输入空间1　⇄　战争 输入空间2

类属空间：双边互动、强势弱势、支配被支配

融合空间

战争式爱情

第十一章 / 类比　思维之火与概念之网

学习成长能和田径比赛扯到一起，大概是因为它们都是由多人参与、有单一的行进方向的运动，这项运动有规范的评分标准和排名系统，运动的体验相对枯燥，我们用起跑线、偷跑抢跑、落后掉队、百米冲刺等说法来理解学习成长的经验，的确有其贴切之处。我们也必须意识到，它在过度简化了我们对学习成长的理解的同时，也过分强化了我们的竞争意识。某种程度上，学习这件事的确因为这种类比而变得更紧张、更功利，也更枯燥了。

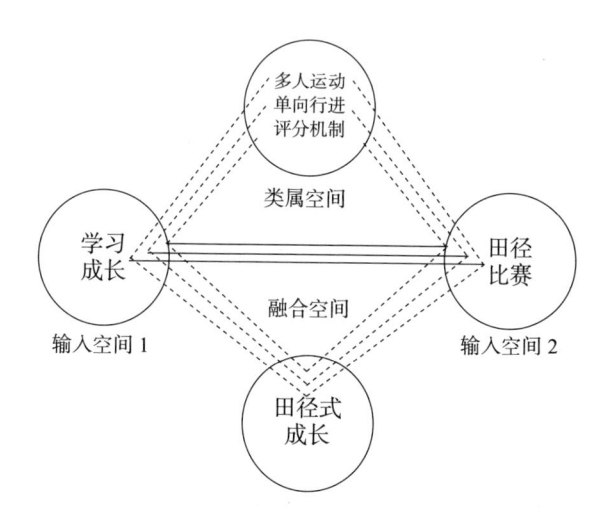

```
            多人运动
            单向行进
            评分机制

            类属空间

   学习 ←————————→ 田径
   成长                 比赛

            融合空间

  输入空间 1           输入空间 2

            田径式
             成长
```

荣格有句名言：潜意识如果没有进入意识，就会成为命运。隐喻又何尝不是如此？少年疲于田径场，中年困于锻造炉，我们从未在隐喻层面审视过自己的人生。

好在，我们的概念之网是有弹性的，我们可以调整融合的对象。

原型

在《我们赖以生存的隐喻》一书中提到，关于爱情，还有另一个常见隐喻——爱是共同加工的艺术品。爱与艺术品的共性在于，需要共同加工，需要基于共同的审美，需要欣赏的视角，需要耐心，需要长期磨合，等等。选择用这个类比来理解爱，会得到完全不同的爱。

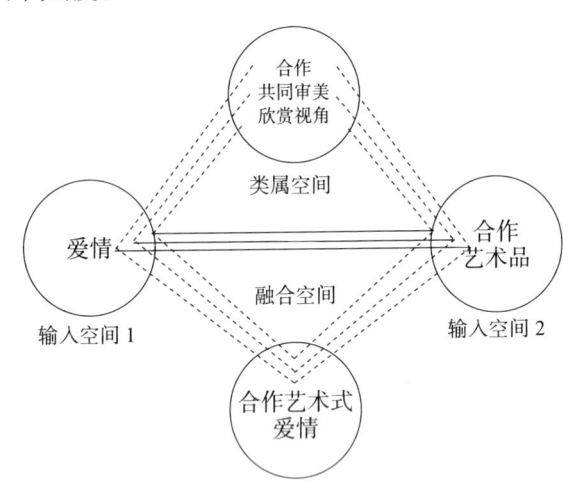

```
              合作
            共同审美
            欣赏视角

            类属空间

   爱情  ⇄              ⇄  合作
                              艺术品
            融合空间

  输入空间 1                 输入空间 2

            合作艺术式
              爱情
```

成长的田径比赛之所以让人如此疲惫，很大程度上是因为我们在以百米冲刺的心态跑一场马拉松，我们从来没见过一场起跑线如此重要的马拉松，也没见过一个距离跨度如此之长的冲刺。正所谓"竞争意识损害竞争力"，但真正的马拉松跑步者应该是能享受其中乐趣的。结果重要，但过程也重要；胜负很重要，但身心的健康与韧性同样重要，在一个长期目标中发现功利价值之外的意义感更重要。

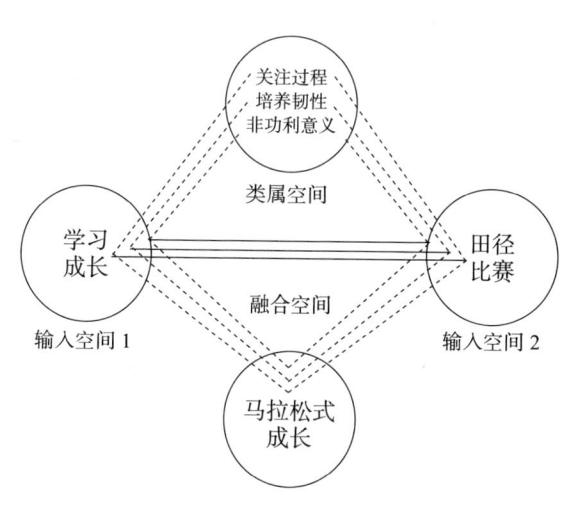

```
        关注过程
        培养韧性
        非功利意义

           类属空间

  学习                田径
  成长                比赛
           融合空间
输入空间1              输入空间2

        马拉松式
         成长
```

对类比和隐喻的研究，让我们得以从一个全新的角度——"相似性"的角度解释心智运作的底层机制。在相似性的意义上，战争是爱情的原型，田径赛是成长环境的原型，物理实体是心理实体的原型，我们把原型具有的某种相似属性、关系或结构投射到了另一个对象身上，从而把握住了它。"原型"是非常重要的概念。认知语言学把我们上面讨论的所有思路都统一归为"原型范畴论"（也称"现代范畴论"）。

王寅老师在《认知语言学》中说：

> 原型是一个范畴的典型实例，其他成员是基于它们被感知到的与原型相似而被纳入同一范畴的。范畴成员基于不同程度的相似性有程度之分。
>
> 范畴是以原型成员为中心，通过家族相似性不断向外扩展的，词义也具有这样的特点，以中心意义为基础不断扩展

形成了一个意义链，构成了一个语义网络。[1]

学界一般认为是维特根斯坦开启了从经典范畴论向原型范畴论的转向，前文中提到的"家族相似性"正是维特根斯坦后期的主要理论，他用家族相似性来说明语言的模糊性和广泛关联性，比如"丢掉"是"放弃"的爸爸，"小学"是"中学"的弟弟，"温柔"是"和蔼"的妹妹……它们之间有亲缘关系，但没有明确的层次和等级，它们的相对关系是在我们的日常交流/语言游戏中被暂时确定的。

从前面的例子中能看出原型范畴论有很强的解释力，我们正是围绕这些原型，编织出了每个人的信念之网。那些越早出现、处于中心位置的信念，关联的节点越多，对我们的影响也越大。

譬如，家庭是最早出现的原型范畴之一，"家庭即社会"是一个挥之不去的深层隐喻，我们时刻在用家庭与外部世界做类比，社会关系成了家庭关系的翻版，一个人与男性上级的关系大多是与父亲关系的摹本。

比家庭更原初的原型是"自我"的原型，想想我们是怎么进行自我评价的。我们经常这样琢磨：如果我是别人，我会怎么看我自己？这个"别人"不是别人，而是以我为原型类比出来的摹本，我臆想中的别人对我的评价标准，其实是我对别人评价标准的某种翻版——一个痴迷买名牌包的人，觉得别人时刻都在盯着自己的包看，是因为他自己总盯着别人身上的包看。我们无时无

---

[1] 王寅. 认知语言学[M]. 上海：上海外语教育出版社，2007：115-116.

刻不在推己及人,接着再"以人度己",没有类比思维,我们既无法理解他人,也无从认识自我,社会关系将无从展开。

就这样,原型坚不可摧,类比无法无天,它们既给了我们无边无际的发散空间,也完全把我们锁死在了概念之网里。

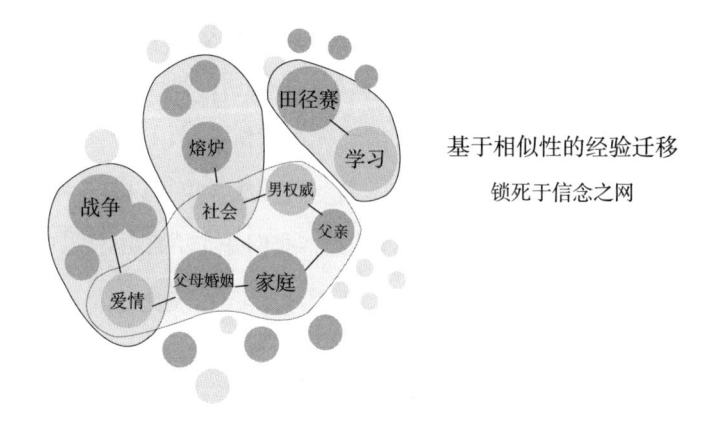

基于相似性的经验迁移

锁死于信念之网

可若非如此,人类就不可能拥有如此超凡的理解能力。

理性何以有限且有效

如前所述,人只有在一个封闭的变量系统中才能做出有效决策。人的理性是"有限理性",我们能高效决策,是因为我们能快速区分哪些信息与决策有关,哪些无关。

我们之所以比人工智能更智能,是因为我们围绕着原型在庞大的概念之网中建立了一个"半封闭空间",让理性得以在相似性搭建起来的通道里高速穿行。换句话说,理性之所以有限且有效,是因为我们基于原型的相似性做出的经验迁移是有效的。

用战争理解爱情，用田径赛理解学习，把对"旧情境"的理解迁移至"有相似度的新情境"。事实证明，这种触类旁通、不言而喻的认知过程效率奇高。

但学习不是田径赛，爱情也不是战争，作为代价，原型也限制了我们的视角，约束了我们的想象力，让我们偶尔犯下非理性的错误，受困于固有观念，甚至被某些心理阴影封印住某种能力。

庆幸的是，类比广泛的灵活性为我们留了后门。爱可以是战争，但也可以是共同加工的艺术品，学习成长也可以是一场充满挑战与乐趣的马拉松。我们可以选择，我们并非不自由。

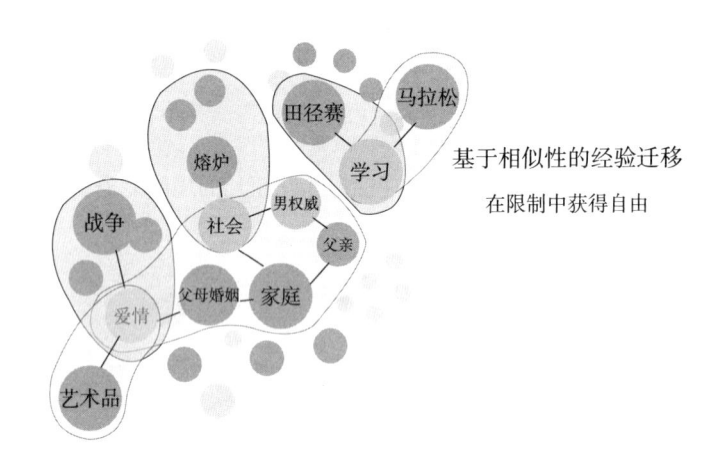

基于相似性的经验迁移
在限制中获得自由

侯世达总结道："范畴的确在操纵我们，我们也的确受制于它们。对此只能承认。我们不仅被囚禁在已知的牢笼里，而且还是终生的刑期。但幸运的是，我们可以不断扩大这个牢笼。事实上，可以无限扩大。**只有已知的事物，才能让我们从已知中解脱**。"

正如马克斯·韦伯所言，我们都是悬挂在自己编织的意义之网上的动物，事已至此，逃是逃不掉的，只能琢磨如何织好这张网，才能让自己活得舒服自在一些。

下一章，我会为大家介绍溯因与辩证逻辑，那将会是这趟语言学与逻辑学冒险的最高潮。你将会在那里见识意义之网的神奇张力，发现在已知中创造未知的秘密。

第十二章
溯因与辩证
能言与善辩

在撰写有关逻辑的章节时,我总是能感知到一种知识供需上的"错位"。

在错位的一端,逻辑学作为一个专门的知识领域,自顾自地发展,产生了惊人的应用价值,比如演绎逻辑背后的数理逻辑和计算机科学、归纳背后的统计学、类比背后的认知语言学;然而,这种应用价值却不是我们所期待的那种,在错位的另一端,在我们的日常话语中,逻辑还有另一层意思,而且更多的是这个意思,即逻辑作为某种与生俱来的认知能力,是我们进行有效理解和表达的基础。

一部分读者可能会抱怨:我只想知道怎样成为一个有逻辑的人,你扯计算机和统计学干什么?另一部分人则可能会不屑:你们这帮肤浅的家伙,逻辑是门学问,怎么老想着说服这个说服那个?

我们在本书后半部分讨论"逻辑"的本质,有一个重要目的:澄清逻辑能力与表达能力(或者通俗地说,与"口才")的关系。

逻辑与口才之关系的困惑在于:一个逻辑学家、统计学家、语言学家,可能是一个常识意义上表达能力很差的人;反过来,一个表达能力很强的人,也许根本没有系统地学过逻辑。我们却总把逻辑和口才放在一起讨论,我们到底漏掉了什么?

好辩的人

纠正一个错位,必须同时还原双方应有的位置。现在来看,前文至多只能算澄清了前一种,也就是作为知识的逻辑,本章要讨论作为认知、理解、表达能力的逻辑。

我们嘲笑有些人学逻辑的动机太功利,只是为了更好地"争论",殊不知,学界有一种观点认为,人类逻辑能力从一开始就是服务于争论的,这一观点被称为"好辩理论"。套用一句著名的广告语:**逻辑,为"吵架"而生**。

好辩理论看似反常识,但它有力地回应了一个问题:为什么有时候我们的推理能力差得离谱,比猪还笨,有时候却又显得非常熟练,比猴还精?

关于好辩理论,有一篇颇有影响力的论文,作者是法国认知科学家雨果·默西埃与丹·斯佩贝尔,论文中写道:

> 我们的假设是推理能力是"好辩性"的,用于谋划和评估说服他人的"论证"……这一假设可以重新更好地解释推理与决策心理学中的诸多证据。在标准推理任务中表现不佳的原因是缺乏争论性情境(上下文)。当把类似的问题放在适

当的论辩环境中时，人们就会变成熟练的辩论者。[1]

意思是，在有反对意见的辩论语境中，人们会自然而然地展现出更强的逻辑推理能力。例如，你面前有 4 张卡片，分别是 K、A、8、5，有一条规则是"若卡片一面是元音字母，则背面一定是偶数"，你需要翻开最少哪几张卡片来确认这个规则是真的？读到这里，你可以停下来思考这道题。

规则：若卡片一面是元音字母，则背面一定是偶数，
你需要翻开最少哪几张卡牌来确认这个规则是真的？

K　　A　　8　　5

我们会首先想到翻看 A，若 A 的背面不是偶数，比如是 3，那规则便是假的。然后很多人会想翻看 8，认为若 8 的背面不是元音字母，比如是个 K，那么规则是假的。

这是著名的沃森四卡测试，大量实验数据显示，这道题的出错率高达 50%，一半的人会做错。翻开 8 是没有意义的，因为背面是偶数，并不需要正面一定是元音字母，**只有元音字母对偶数的强制，没有偶数对元音字母的强制**。所以另一个被翻开的只能是 5，若 5 的背面是元音字母，那么规则便是假的。其中的逻辑关系用形式化语言表达是这样的：若 P 则 Q 不能推出若 Q 则 P（肯定后件谬误），只能推出非 Q 则非 P（否定后件式）。

1　MERCIER H, SPERBER D. Why do humans reason? Arguments for an argumentative theory[J]. Behavioral and Brain Sciences, 2011,34(2).

第十二章 / 溯因与辩证 能言与善辩

```
若 P    卡片一面为元音字母
则 Q    另一面一定是偶数
         ↓无法推出
若 Q    卡片一面是偶数
则 P    卡片另一面为元音字母
```
肯定后件谬误

```
若 P    卡片一面为元音字母
则 Q    另一面一定是偶数
         ↓可以推出
若 ¬Q   卡片一面不是偶数
则 ¬P   卡片另一面不是元音字母
```
否定后件式

在抽象的推理环境中,很多人要绕半天才能理解肯定后件谬误。神奇的是,如果换个辩论环境,这个谬误会变得非常容易识别。

我们常常听到这样的对话:

努力就能成功。但有些成功的人并不是很努力啊,这要怎么解释?(若努力则成功无法推出若成功则努力。)

不好好学习将来能有什么出息?学习好的人将来也可能没出息啊,学习不好的人也可能很有出息啊。(若学习好则有出息无法推出若有出息则学习好。)

你这个方案太烂,客户都跑了。客户跑了有很多原因,方案烂只是其中之一。(若方案烂则客户跑无法推出若客户跑则方案烂。)

肯定后件谬误	若 P 则 Q ⇅ 若 Q 则 P	若则努力成功 ⇅ 若则成功努力	若则成绩好有出息 ⇅ 若则有出息成绩好	若则方案烂客户跑 ⇅ 若则客户跑方案烂	结果无法反推原因

若 P 则 Q 不能推出若 Q 则 P 这个抽象的规则,在日常语境里是一个朴素的常识:从结果反推原因没有道理。若我打你,你会疼,但"你疼"不能说明"我打你了",而"你不疼"一定说明"我没打你"。有人会反驳说,"不一定哦,也可能是你皮厚,或我打得轻",这是抬杠,但这恰恰是一种逻辑能力的展现,我们在质疑推出关系本身的合理性——打了就一定会疼吗?

好辩理论主张人们意在谋划说服他人的论据,或是意在评估他人用来说服我们的论据时,逻辑推理能力会陡然变强,这的确非常符合我们的日常经验:一个人的语言智能的巅峰水平往往出现在与别人抬杠的时候。当人们将类似的问题置于具体"因果"关系,并在论辩情境中进行"反驳"时,我们不自觉地识别出了肯定后件谬误。重点在于,因果和论证是导致我们智能飞升的两个关键因素。

这引出了两个问题:

第一,为什么我们更擅长处理因果情境中的问题?

第二,为什么我们在论辩环境中(尤其是在反驳一个命题时)会表现出更强的理解能力?

对于第一个问题,符合常识的回答是:"因果观"是我们认识世界的基本框架。对于第二个问题,符合常识的回答是:有意识地组织论证，尤其是在意图反驳时，我们会更认真地审视思维内容，这会逼迫我们追究前提假设、寻找漏洞和矛盾。但我们不能满足于常识的搪塞，让好奇心止步于此，否则下面这两个更具体的差异性问题就不会出现了。

为什么我们同是因果动物，总有人能澄清更多的因、解释更多的果，有人只能流于表面？为什么同样是论证和反驳，有人能一针见血地分析批判，有人只能发表庸俗的见解，沦为杠精？

这才是我们真正想要回答的问题，它们和接下来要出场的溯因和辩证有关。后文会论证下面这个命题：人是因果动物，以生产和消费理由为生；人是否定的化身，以制造和遮蔽悖论为继。如果我们能深刻理解这个命题，就能获得一个理解语言与心智的颠覆视角，从而解答开篇时提到的一系列困惑。

```
           溯因逻辑
   肤浅 ╌╌╌╌╌╌╌╌╌ 深刻
           辩证逻辑
   抬杠 ╌╌╌╌╌╌╌╌╌ 批判
              ∞
```

先来解释前半句，人是因果动物，以生产和消费理由为生。这个生产和消费理由的活动，就是论证。在第四章，我们曾指出语言游戏其实是围绕着"论证"展开的，"逻辑为'吵架'而生"，更正经的说法应该是"逻辑为论证而生"。英文单词"argument"兼有争吵、争论和论证的意思，在某种意义上，吵架（不是那种无脑对骂）和论证是一回事，本质上都是为自己的主张提供理由的语言活动，逻辑就是广义论证的规则，符合规则的理由被我们接受，不符合规则的理由被我们拒绝。

论证的普遍有效性从哪儿来？答案我们在第四章已经充分讨论过了：支撑论证有效性的底层思维机制，是判断，判断是心智对思维对象有所肯定或否定的思维过程，而判断又是溯因推理的结果。让我们稍做回顾，溯因的基本形式是：

观察到了惊异的事实 C（天为什么会变黑）；

如果命题 A 是真的，则事实 C 是理所当然的（地球是太阳系行星，地球自转，产生背光面，天黑是理所当然的）；

所以，有理由相信命题 A 是真的（相信自转理论）。[1]

判断没什么了不起，动物也会，但通过**语言溯因**来进行判断是一件令人惊奇的事。

判断落实到语言中，才有了所谓的"断言"，即具有判断功能的命题，而命题是整合了概念以及概念关系的语句单位。我们将天气、雷电、云、雨这些范畴抽象出来，用符号指代，组成命题"打雷了，也许会下雨"，能说明外部事态变化规律的知识便出现了。

似乎只要符合某些"规则"，我们就可以从一个断言中推出另一个断言，在旧知识中发现新知识，我们把这个过程叫作推理，把更大规模的推理称为论证，这里我们统一用"推论"来指代。推论让语言和知识的规模不断拓展，结下一张巨大的断言之网，断言支撑断言，理由支撑结论，我们透过它们来理解万事万物。

事态、判断、断言分属三个世界。逻辑属于语言世界，研究的是各种断言之间的推出关系：哪些推出是必然可行的，比如演

---

[1] 关于溯因推理的案例，见本书第四章中"论证的本质"一节。

绎；哪些推出是也许可行的，比如归纳。正如当年逻辑主义所追求的那样，逻辑研究的终极目标是找到一套规范来保证我们语言的有效性，以此确保我们思维的合理性，最终确保我们能"正确地"认识这个世界。

事态 ←认识— 判断 ←推理— 断言
物理世界　　　心理世界　　　语言世界

认知的三角循环

这里马上出现一个问题：溯因逻辑与这里的演绎和归纳有什么关系？我们知道，演绎是由一般推出特殊，归纳是由特殊推出一般，而溯因很奇怪，是从结果推出可能的原因。按照皮尔士的说法，正是这三个逻辑构成了我们认识世界、生产知识的铁三角循环，它们缺一不可。

溯因（现象→原因） 演绎（一般→特殊）
归纳（一般←特殊）

溯因推理是形成一个说明性假说的过程，它是唯一的引导新思想产生的逻辑操作。归纳只能进行评价，演绎只能从纯假说中推断出必然推论。演绎证明某事肯定是，归纳说明某事实际是有效的，溯因仅仅表明某事可能是。对它的唯一辩护是从它的建议中能够演绎得出一个预言，这个预言能被归纳检验，并且，如果我们要完全认识和理解现象，必须通过溯因才能达到。[1]

有必要展开解释一下这个三角循环。

首先是归纳，归纳本质上是对"观察"的报告行为。你观察到 10 次打雷，其中有 8 次下雨，于是你"归纳"出下雨与打雷有关，甚至认为下雨直接就是打雷导致的。你"发现"了一个经验事实，但你无法为之"辩护"，因为你说不出"为什么它们之间是有关系的"。

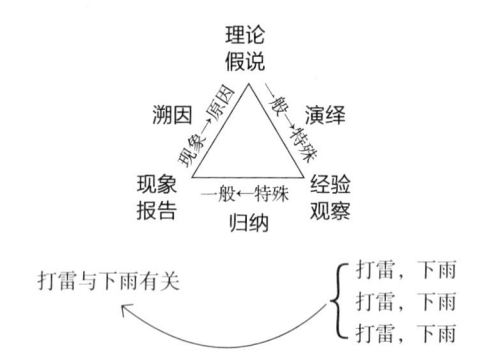

```
              理论
              假说
         溯因      演绎
      现象→原因  一般→特殊
       现象      经验
       报告      观察
          一般←特殊
              归纳

打雷与下雨有关 ←    { 打雷，下雨
                    打雷，下雨
                    打雷，下雨
```

其次是溯因，想要回答"为什么"，就必须进行溯因推理。你必须创建一个"假设"作为可能原因的解释，龙王先是愤怒，然后悲伤，于是打雷，接着下雨，或是上升的暖空气和水汽导致雷雨云出现，不稳定的云层导致底部聚集的负电荷和地面的正电荷

---

1 转引自荣小雪，赵江波. 最佳说明推理与溯因推理[J]. 自然辩证法通讯，2012，34（3）．

相吸引。

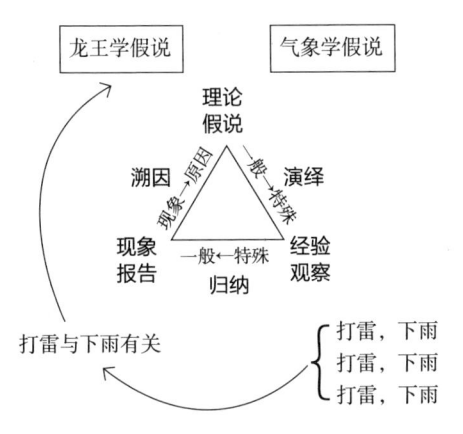

```
            龙王学假说      气象学假说

                    理论
                    假说
              溯因 ↙   ↘ 演绎
            现象→原因   一般→特殊
              现象      ──     经验
              报告   一般←特殊  观察
                    归纳

         打雷与下雨有关       { 打雷，下雨
                              打雷，下雨
                              打雷，下雨
```

最后是演绎，它确保了我们的推出是必然的和连贯的。我们选出气象学假说作为最佳解释，它和龙王学假说一样，是个"纯理论假说"。唯一不同的是，这个解释是从其他优质断言的集合（比如空气动力学、电磁理论）中必然地"演绎"出来的，这些断言认为暖空气必然上升，正负电荷必然相互吸引，它们同样"演绎"自更为奠基的断言集合，比如流体力学、基本作用力等，而它们在源头上有着强力的经验观察作为依据。当我们选择用暖湿空气来作为打雷下雨现象的备选解释时，"在缺少暖湿空气的冬季，雷雨天气会比较罕见"这个判断就会必然蕴含在我们的推论中。最终，我们能把这个新生产出的断言置于现实世界中进行归纳检验，发现冬天果然很少打雷，于是我们对气象学假说做出肯定判断，证成了最初的溯因推理。

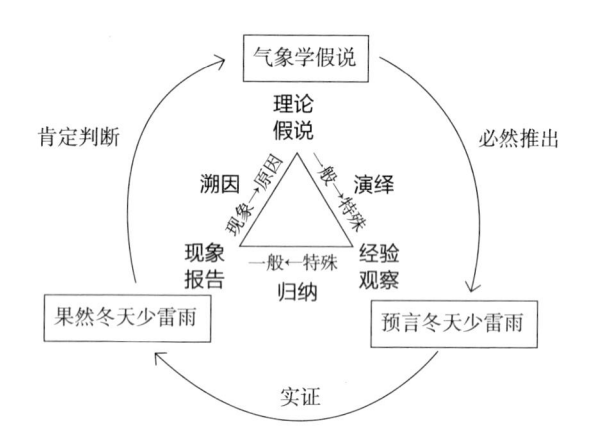

```
          气象学假说
          理论
          假说
肯定判断         必然推出
      溯因  演绎
      现象  经验
      报告  观察
      归纳
  果然冬天少雷雨    预言冬天少雷雨
          实证
```

你会发现,这是一个"归纳观察+溯因假设+演绎推出+归纳观察"构成的逻辑推论循环,知识就在这个循环中不断地被生产出来。

皮尔士发现的溯因推理模式被认为是科学发现的基本模式,也被叫作最佳解释推理,是对"科学发现居然是可能的"这个惊异发现的"最佳解释",即便你找到了更优的解释,它依然符合最佳解释推理。这里有个悖论,但它是必要的,后面会谈到。

最佳解释推理

```
       理论
       假说
   溯因      演绎
   现象      经验
   报告      观察
       归纳
```

否定的融贯

总的来说，一旦我们用语言来溯因，论证就出现了，生产和消费理由的游戏也就开始了，在逻辑规则的保证下，我们持续创造着关于这个世界的好解释。于是我们有了一个非常重要的发现：知识必然是融贯性的——气象学给出的结论必须与电磁理论、基础物理学中的结论相互印证，一个命题的有效性在根本上取决于它与整个命题网络的关系，我们利用这种整体的融贯性来克服孤立观察和有限理性导致的局部的易谬性。

美国自然主义哲学家威尔弗里德·塞拉斯有一段被广泛引用的名言："经验知识，和其复杂的延伸（科学）一样，是理性的，不是因为它有一个基础，而是因为它是一项自我调整的事业，能让任何断言处于危险之中，尽管不是同时让全部断言如此。"[1]

塞拉斯是匹兹堡学派早期的代表人物，这个学派所提倡的新实用主义语言观，孕育了我们在第四章讲过的推论主义，核心观点是强调推论在语言活动的核心地位，认为语言游戏本质上是一个生产和消费理由的游戏。

---

[1] 威尔弗里德·塞拉斯.经验主义与心灵哲学[M].王玮译.上海：复旦大学出版社，2017：63.

断言之所以能成为语言游戏的基本单元，是因为它有一个非常神奇的性质："断言这一基本种类的言语行为，本质上是一种既可以作为理由，用时又需要理由的东西。"[1]

判断支撑其他判断，也总是需要其他判断来支撑。环境越复杂多变，判断就越不可靠。可一旦判断落实为语言，我们就能用融贯性来克服复杂性。真正强力可靠的观察其实非常有限，人类却可以推论地发展出无穷多理论，用一张理由之网笼罩世界，间接认识真理。正如没人去过木星，我们却可以通过光谱分析出木星的大气成分一样，没人进入过人类的心智，我们却可以搞出一整套心理学。天体物理学和心理学一样，都是纯理论，前者之所以比后者更"硬"，并不是因为我们有望远镜，而是因为作为其支撑的断言集合，比如物理学、化学，经受住了更多融贯性的挑战。

"经受住了更多融贯性的挑战"的深意是：我们之所以能肯定一个断言，为其赋予真之属性，是因为它相对令人信服地否定了很多其他与之竞争的断言，并且尚未被下一个更真的断言否定。

人类所谓的真理，本质上是被融贯地限定着和约束着的断言集合，在尚未到来的否定性中，它们获得了暂时的肯定性——我们肯定一个断言，看似有很多原因，但**最根本的原因是我们暂时没有理由否定它**。

一个命题必须在一个命题之网中通过其他命题来限定自身，才能使自身成立，在根本上，它的暂时的肯定性是通过无限延迟

---

[1] 罗伯特·布兰顿.阐明理由：推论主义导论[M].陈亚军译.上海：复旦大学出版社，2020：173.

的否定来"中介地"达成的。[1] 所有能否定的都被否定了，剩余的那个，就是暂时的真理。所谓的真，是一种暂时的不假。

至此，我们要翻转视角了。回到前面那个关于最佳解释的悖论：最佳解释推论是对科学理论之所以有效的最佳解释，为什么说这种悖论是必要的？

假如我们追问为什么会打雷，一路从气象学问到电磁原理，问为什么有电磁原理，科学家会告诉你，对于类似的物理现象，这是目前最好的解释模型。你不识趣，再问为什么这是最好的解释，他会反问："你有更好的解释吗？"没有。那不就完了吗？你又再问："为什么人类会满足于最佳解释？"他只能这样回答："问你自己吧，你为什么一定要一个关于最佳解释的最佳解释？"

我们能用这个模式回应一个非常重要的问题：为什么理性有力量？因为人是理由动物，人永远需要理由。为什么人永远需要理由？为什么你需要一个"人为什么需要理由"的理由？

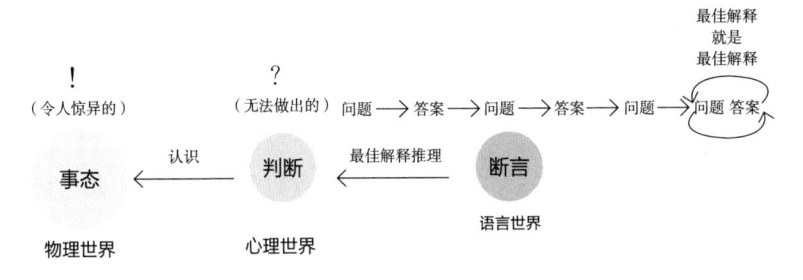

---

[1] "布兰顿指出……规范最多为我们评估断言做出限制……这一过程就是黑格尔所说的'概念的无限否定性'。在社会性的语境中，这一过程就是不断地将他人的视角纳入自身视角，在'否定'他人的同时'否定'自身，由此寻找共享视角的契机……对这个无限否定和无限中介的过程而言，表征不是它的起点，而是它的最终结果，并且这个结果是在不断展开的社会进程中无限延后的……"周靖，陈亚军. 布兰顿, 何种实用主义者？[J]. 世界哲学，2020（6）.

悖论体现在，解释永远需要更多解释，而最佳解释用一个无懈可击的重言式（最佳解释就是最佳解释）强行终止了这个无穷退后，使你无法再问为什么最佳解释是最佳解释，**无穷退后转换成了一个自我指涉的无限循环**。有趣的是，通过这个非法操作，知识居然有了合法性。这个合法性的内涵，就是前文中提到的：当足够多的最佳溯因解释联结起来，我们就能用一个巨大的理由之网（或者说循环论证之网）来间接认识世界。

语言学家、控制论创始人之一格雷戈里·贝特森说：

> 解释就是建构一个重言式，并且尽最大可能地确保其中联结的有效性，以使它对你而言是不言自明的。当然这一重言式永远不会令人完全满意，因为没有人知道未来还会发现什么。
>
> 你可以建立更加复杂的重言式。但你仍然被限制在如果（也就是溯因-假设）的条件范围内，不是受资料限制，而是受你的限制。[1]

这是所谓可证伪性[2]的思想内核，但背后深意远不止于此。它

---

1 格雷戈里·贝特森.心灵与自然：应然的合一 [M].钱旭鸯译.北京：北京师范大学出版社，2019: 97-99.
2 科学哲学中用"某个结论是否容许反例存在"来判别一个理论是否科学。若不容许反例存在，则视该理论为非科学理论，如我们永远无法证明上帝不存在，证明手段不在实证范围内，因此宗教并非科学；又如，若出现了与进化论相抵触的证据，那么进化论就必须得到修正以包容这些新证据，因此进化论具备可证伪性，属于科学理论。可证伪性的深意是：若一个观念无论如何都无法被反对，则意味着我们无法用理性来处理它，这个观点就必须被悬置起来，存而不论。

不仅颠覆了我们对科学认识论的理解，而且彻底翻转了我们对"人类理性"的认识。更确切地说，**它揭示了"以语言符号为运思材料的理性思维"的内在悖论性。**

这个翻转，以及对悖论的揭示，是我们深入理解下一个课题"辩证逻辑"之前的必要准备。辩证逻辑占了本章大部分篇幅，我希望我能把它讲透。

否定性推演（差异化网络的发生原理）

理性思维最基本的要素是什么？是概念和关系。从逻辑学的角度看，命题之所以能成为命题，具有判断的功能，它必须包含词项和联结词两个要素，用词项把握对象，用联结词把握对象之间的关系。

接着问个开脑洞的问题：最基本的概念和关系是什么？理性的第一推动力从何而来？如果我们深究这个问题，答案是反常识的：最基本的概念，是"空无"；最基本的关系，是"差异"。

我们不能说"苹果是苹果"，这是个非法操作，这个重言式必须在大量差异性关系中才能成立，比如苹果不是菠萝，不是内裤，不是掏耳勺。苹果和其他任何概念一样，必须在属种差异中才能被指称，它自身是一个有待被填的"空"。

我们问：我和苹果、我和你、你和世界、世界和宇宙，这一切概念之间最基本的关系是什么？穷尽一切可能，答案只能是"差异关系"。我们用否定判断来把握这种差异，我不是你，他不是它，你不是世界，这个不是那个……到最后，我们居然能透过空无和否定，建构万物秩序，我们居然能自在地说出苹果"就是"苹果，我"就是"我。"我就是我"虽然是个非法的重言式，但是能强力终止我们的自我怀疑，当我说"我就是我"的时候，我其实是在说：我不是苹果、石头、植物等一切我不是的东西，正因为我永远不是其他非我的东西，所以我就是我。

将"空无"和"差异"置于"存有"与"同一"之前，是所谓后结构语言学的颠覆性创见，在此视角下，我们所谓的"是"——这个为外部对象创建同一性的系词，其构造十分奇特："是"的内涵，居然是"非否"。类似地，"有"的内涵是"非无"，"存在"的内涵是"非空"，**"真"的内涵是"不假"**。

今天的语言哲学认为我们的概念系统是一个差异化网络，概念内涵取决于它与其他概念的差异。多来自"不少"，少来自"不多"，好来自"不坏"，坏来自"不好"。即便你加入再多的程度副词，建立比较级，如"差不多好""比较好"，你也需要关注"差异"和"比较"。你永远不能单独问我什么是"好"，当符号脱离了这个差异化的网络，它就什么都"不是"了，但正因为它什么都**"不是"，它才能以一种悖论的方式去"是"**，注意这个表述，后面还会反复出现，它描述了符号的悖论本性。

语言学大师索绪尔在其著作《普通语言学教程》中的这段表述，几乎成了后结构语言学的灵感之源。

所以在任何情况下，我们所看到的都不是预先规定了的观念，而是来自系统的价值。我们说价值相当于概念，其意思是，概念纯粹是表示差异的，不能根据其内容从正面确定它们，只能根据它们与系统中其他成员的关系，从正面确定它们。它们确切的特征是它们不是[1]别的东西。[2]

概言之，当一个符号在场时，为其赋予意义的是另一些不在场的、冗余的东西。[3]

用贝特森的话说就是，信息本质上就是**造成差异的差异**。无机体的信号判断系统是不需要冗余的，但有机体的信息处理系统必须依赖冗余才能实现。

此处意在揭示符号思维机制中的一个底层漏洞：概念在否定和

---

1 哲学家赵汀阳甚至认为否定词就是第一个哲学词汇，是一种"创世魔法"，整个语言世界透过它来生成："既然可能性是由意识创造的，那么必定存在一个足以蕴含所有可能性的思想形式，即某种符号系统。信号系统显然尚无能力表达可能性，因为信号系统只能表达'是'的逻辑关系，而 a 是 b 结构所能表达的都属于'给定的'（the given）事物或非虚构事物，不可能自由'给出'（to give）新事物新关系，也就不能创造任何一个超出现实可能的世界……能够为意识开启可能性的临界点必定是超越'是'的关系的一个词语（或一个符号功能）。只有超越了'是'的关系，才能超越对应关系而为意识开启一个由无穷可能性组成的因而与有限现实性完全不对称的思想空间，使意识进入自由的创造状态……那个超越了'是'的词汇就是'不'，准确地说，是一个否定词。否定词正是信号系统变为语言的临界点，自从发明了否定词，人类符号系统就告别了信号，变成了语言。……否定词所发动的语言革命就是第二个创世事件，是人对自然世界的再度创世。"赵汀阳. 四种分叉[M]. 上海：华东师范大学出版社，2017：53.
2 费尔迪南·德·索绪尔. 普通语言学教程[M]. 高名凯译. 北京：商务印书馆，1980：170.
3 符号学中有一个说法是，"意义不在场时才需要符号"，"意义就是一个符号可以被另外的符号解释的潜力"。

差异中生成，却在肯定和同一中使用。这意味着一切肯定和同一必须来自对否定和差异的"事先承认"，以及对这种承认的"忘却"。

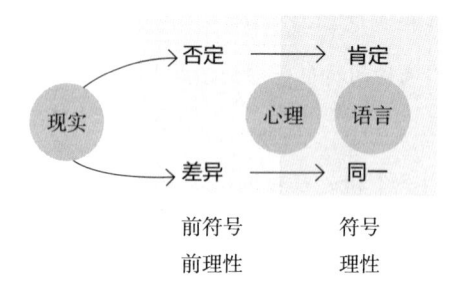

```
                  → 否定  ——→ 肯定
         ( 现实 )          ( 心理 )( 语言 )
                  → 差异  ——→ 同一

                    前符号      符号
                    前理性      理性
```

重点来了，被忘记的东西总归是在那里的。每当矛盾、差错刺破我们的日常生活时，我们就会在意外中"惊醒"——顷刻间物是人非，坚固的秩序分崩离析，你回想起了那些从未被彻底回答过的问题：我是谁？我在哪儿？存在有什么意义？这种质疑一切却没有答案的状态非常难熬，即所谓的"想不通"。此时痛打你一顿，给身体做个按摩往往没什么效果，我们还要寻求语言层面的"开导"，只有把自己重新置入符号秩序之中，才能再次忘却，复归日常。

塞翁失马，焉知非福。
失败是成功之母。
吃亏就是占便宜。
天将降大任于斯人也，必先……

雅克·拉康有句名言："自我的基本功能就是系统性地拒绝承认现实。"这种基本功能必须借助符号秩序才能实现。这句话也完全可以被篡改为"科学的基本功能就是系统性地遮蔽扭曲现实",此处没有任何贬义,而是意在强调:只要系统足够精密,我们就能在其中忘乎所以。[1]

我们能忘却关于自己"什么都不是"的真相,假装正常地生活,和我们能无视世界真理不可得,却以为自己可以"科学地"理解世界的原因是一样的:"自我"和"真理"一样,是在与他者的差异之中"确认"自身的。这种迂回的确认导致我们会永远困惑于自我到底是什么,真理到底是什么,必须用"最佳解释就是最佳解释""我就是我"这种非法但必要的重言式,才能暂时中止追问。好解释可以相互融贯,自我的认识与他者的认知亦可以相互融贯,当人人都说"我就是我""你就是你""苹果就是苹果""真理就是真理"的时候,我们便在广泛的相互确认中完成了系统性的自欺。"自我的基本功能就是系统性地拒绝承认现实",所有人都患了同样的病,因此奇迹般地获得了"互为健康"的"正常生活"。

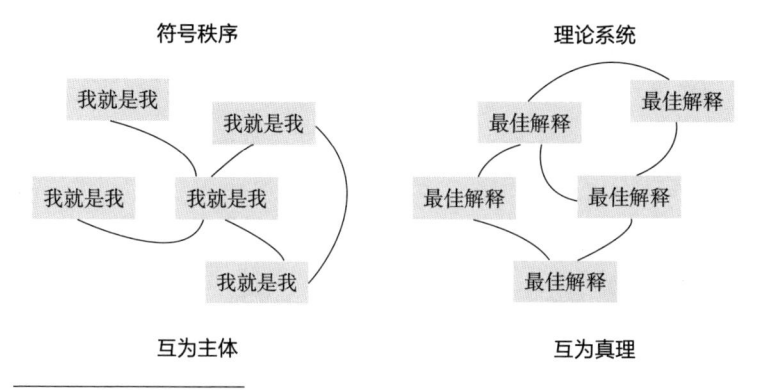

符号秩序　　　　　　　　理论系统

我就是我　　　　　　　　最佳解释
　　我就是我　　最佳解释
我就是我　我就是我　　最佳解释　最佳解释
　　我就是我　　　　最佳解释

互为主体　　　　　　　　互为真理

---

[1] 物理学家霍金在其作品《大设计》中指出,我们就像是鱼缸中的金鱼,只能透过弧形玻璃观看被扭曲过的外部现实,虽然聪明的金鱼会创造出一门金鱼物理学,准确地描述、解释并预测鱼缸世界中出现的各种现象,但我们可能永远无法获知真实世界的全貌。

回到那个问题：为什么我们在论辩环境中（尤其是在反驳一个命题时）会表现出更强的理解能力？

比较好的答案是：相比无意识地组织语言，当我们进行反驳或推论一个命题时，会更加在意那些不在场的冗余部分。第六章讲系统思维，强调要把握知识结构之外那些看似冗余实则重要的部分，相比之下，即将要讲到的辩证思维的深刻之处在于：除了澄清那些隐含的前提假设，我们必须注意到语言与思维的内在分裂和矛盾，前者仍是知识的找齐，后者涉及对人类语言机制和知识构造的颠覆性认识。

所谓"推理"、"论证"和"推论"，就是使那些不在场、不可见的东西变得清晰可见的**一种有意义的徒劳**，目的是在一个巨大的理由之网中促成一些暂时有效的"是"，用一种**局部必然脆弱、整体大致牢靠**的心理结构，在悖论土壤上建起一座理性的宫殿。此番壮举几乎成功了（如果哲学家坏分子不搞破坏的话），我们可以在其中假装清醒地生活，把世界认作同一、排中且无矛盾的，忘记作为其基础的差异、漂移和矛盾，如黑格尔所言：忘记我们已经"喝多了"。

> 真理是所有参加者都为之酩酊大醉的一席豪饮，而因为每个参加豪饮者离开酒席就立即陷于瓦解，所以整个的这场豪饮也就同样是一种透明和简单的静止。[1]

---

1 黑格尔. 精神现象学: 上卷 [M]. 贺麟，王玖兴译. 北京: 商务印书馆，1979: 30.

这就是我所谓的"人是否定的化身，以制造和遮蔽悖论为继"。

又是否定又是黑格尔，铺垫了半天，辩证法终于要正式登场了。如果前面这段颠覆认知的推论你读懂了，那么你就大致理解了辩证逻辑起作用的原理。为什么辩证法总能启迪心灵？**因为它暗合了我们人类理性思维的底层运作机制，能通过揭示 bug（漏洞）来克服 bug，能矛盾地处理矛盾，不断地在抄思维的"底"。**

辩证法：黑格尔死而复生

本章提到的辩证法，特指黑格尔以来的辩证法。在黑格尔之前，辩证法泛指通过辩论谈话来获得知识的方法，比如苏格拉底的诘问法就是一种辩证法。到了黑格尔那里，辩证法才获得了今天的内涵——强调正反合、对立统一、否定之否定的规律等。

知乎上有个问题：黑格尔早已被后人贬为"死狗"，那么我们为什么不跳过他，直接学习后来人的思想？黑格尔，辩证法的代言人，唯心主义的智力巅峰，生前风头无两，死后命途多舛，一度被世人抛弃，如今重回神坛。

命运之所以多舛，是因为黑格尔无条件地扩大了辩证逻辑的适用范围。在黑格尔那里，辩证不只是一种逻辑方法，也是人类认识世界的根本途径，甚至还是世界本身的内在规律，用邓晓芒先生的话说，是"三统一"——语言逻辑、认识论和本体论三者的统一。万事万物都在正反合的辩证运动中矛盾地发展着，在这个观念的预设下,黑格尔的推论可以用 8 个字概括:思存一体,主客同一。这个一体、同一的代名词就是所谓的"绝对精神"。在当年,这是对"世界、历史、个人,它们从何而来,向何而去"的最佳解释。

把这个解释置于今天的知识框架下,我们很容易理解为什么黑格尔的学说会先惨遭抛弃,又复归神坛。辩证根本上只是一种理性运思方式,它与现实世界的运行方式无关,这是它被抛弃的原因。复归神坛是因为人们发现,这个学说立足于**差异、否定与矛盾的运思模式**,在心理-语言世界(或者说精神现象界)展现了极强的洞察力和解释力。

如果你去看黑格尔的书,体验是极其分裂的,在涉及自然现象的部分,你会常常因为混淆思存边界而摸不着头脑。比如他在讨论"规律与力"时说:

> (作为"存在"的电)本身并不包含差别,换言之,在它的本质里电力并不包含阳电和阴电双方面的存在在内;……(作为"概念"的电)如果阳电被设定了,则阴电本身也必然存在着;因为阳电只是作为与阴电相关联而存在的,换句话说,阳电在自身内就包含着自己和自己的差别,正如阴电亦同样在自身内就包含着自己和自己的差别。[1]

---

1 黑格尔.精神现象学:上卷[M].贺麟,王玖兴译.北京:商务印书馆,1979:102.

你若是位科学工作者，会被上面这段话气死：我们设定正负电荷是为了得到一个拟合外部现象的"最佳解释模型"，并非有一个类似"阴阳"的矛盾属性导致我们必然如此认识。

黑格尔的自然哲学观常常受到后世学者奚落。一位 200 多年前的思想家在自然科学领域的见解，即便用今天的眼光看来荒唐，也无须过分指摘，而一旦他开始讨论精神-语言现象，你马上会震惊于黑格尔洞见之深邃，因为辩证法强调否定差异的特性，**能"矛盾地"解释精神现象中的各种矛盾。**

> 它（自我意识）因而扬弃了那另外的东西，因为它也看见对方没有真实的存在，反而在对方中看见它自己本身……
>
> 每一方都是对方的中介，每一方都通过对方作为中介同自己相结合、相联系；并且每一方对它自己和对它的对方都是直接地自为存在着的东西，同时只由于这种中介过程，它才这样自为地存在着。它们承认它们自己，因为它们彼此相互地承认着它们自己。[1]

类似这样闪耀着智慧光辉的洞见还有很多。这里有一个问题很迫切：当我们说"辩证法逻辑暗合了我们人类理性思维的底层运作机制，能通过揭示 bug 来克服 bug，能矛盾地处理矛盾"时，我们究竟在说什么？什么叫通过揭示 bug 来克服 bug，矛盾地处理

---

[1] 黑格尔.精神现象学：上卷 [M].贺麟，王玖兴译.北京：商务印书馆，1979：124.

矛盾？此处涉及一种思维方式的颠倒，辩证法要求我们把认识中的障碍转化为我们能认识的条件，也就是把 bug 理解为系统运行的必要机制，把矛盾理解为事物存在的必要条件，把空无理解为存在的基础，把否定理解为肯定的前提。因为这些障碍，所以我们才能认识，因为有悖论，我们才能言说。按照哲学家齐泽克的说法，这就是所谓"辩证的逆转"。

```
   （必然的）正常              （偶然的）正常
         │         辩证的逆转         ↑
         │         ─────────>        │
         ↓                           │
   （偶然的）意外              （必然的）意外
    矛盾/bug/悖论               矛盾/bug/悖论
```

"综合"与反题完全一致，唯一的差异是视角的某种变化，唯一的差异是转折，借助这一转折，片刻之前被视为障碍和妨碍的事物，片刻之后被证明是积极的条件。[1]

这种辩证逆转会带来颠覆性的解释力，使得"复活"后的黑格尔成了后结构语言学的最强理论后援，人们开始疯狂改造他的理论，用来阐释心理-语言世界中的各种现象，比如幻象、自我意识、欲望、意识形态等，带来了很多非凡见解。

---

1 斯拉沃热·齐泽克.意识形态的崇高客体[M].季广茂译.北京：中央编译出版社，2017：250.

辩证的逆转——bug 动力学

后结构语言学的代表人物之一正是前文中提到的雅克·拉康。拉康的理论是出了名地晦涩难懂，我会尽可能向你解释清楚，并说明为什么这些理论是"心理-语言世界何以如此"这个问题的最佳解释之一，这些解释和说明亦是我们深入理解辩证逻辑的必要准备。

拉康是个造词高手，比如前面提到的那个符号秩序，被他叫作大他者，而拉康创造过的最重要的概念叫对象 a，用来指代那个原初的空无。拉康认为它是一个永远无法翻译、永远在躲避描述的概念，即便如此，齐泽克仍然不厌其烦地做过很多描述，比如：

> 对象 a 是一个纯粹的空无，却充当着欲望的对象和成因。[1]
> 对象 a 不是我们欲求和苦苦追寻之对象，它是使我们的欲望动起来的因素，它是一种赋予我们欲望连贯性的形式框架。[2]

前面的内容意在揭示：因为悖论性的空无，我们才能言说。这似乎只涉及语言层面，须知我们的精神世界很大程度上是被语言格式化的，因此更彻底的说法是：因为悖论性的空无，我们才有了去存在的意愿。你可以去"是……"，但你永远"不是"，因

---

[1] 斯拉沃热·齐泽克. 意识形态的崇高客体 [M]. 季广茂译. 北京：中央编译出版社，2017：232.

[2] ŽIŽEK S. The plague of fantasies [M]. London: Verso, 2009: 53. 转引自赵淳. 齐泽克精神分析学文论 [M]. 北京：中国社会科学出版社，2018：50.

为永远不可能被彻底定义,所以总是有被定义的可能。这是符号动物(人)的悖论内核,却也是我们有欲望去存在的原因。这个连贯性(融贯性)的形式框架充斥着我们的精神生活。

拉康有句名言:主体总是欲望着他人的欲望。他人欲望着另一个他人的欲望,欲望总是对欲望的欲望,就像解释总是对解释的解释一样,有类似的悖论内核作为驱动,语言格式下的自我精神,某种意义上就是一种不断甩掉所指对象的空转——虽然核心空无一物,但是能在一个连贯性的框架下组织起万事万物。

这听上去似乎有些令人费解,我们举例说明:精神欲望的连贯性框架和我们日常生活中的排队现象如出一辙,因为他人想要,所以我也想要,队伍越长,欲望越盛,这是个增强回路。

我们参与排队,不只是想要得到队伍起点供应的那个东西,也"想要他人的想要",这是所谓对欲望的欲望,也是欲望的真正成因,而那个东西,只是被其附身的傀儡,无论它的实体形态是什么,比如房子、车子、包、球鞋。铁打的欲望,流水的对象。

重点在于,欲望的排队模型和日常的排队现象相比,有一个非常重要的差别——排在最前面的那个人,那个所有人欲望的焦点,一切欲望产生的原因,他身前其实空无一物,因为他什么都不想要,他是否定的化身,他总是一脸无辜地对后面的人说:我只是个普通人,请你们不要羡慕我。这种拒绝却让后面人两眼放光:所有人都羡慕你,你却觉得自己不值得羡慕,这太让人羡慕了!

曾经有位当红学者来杭州宣传他的新书,我前往参加,其间有一个座谈，在最后的提问环节，有位女粉丝激动地向自己的人生导师表达崇拜之情，结果这位学者告诫大家，知识本身是让大家变得清醒的东西，千万不要崇拜什么知识明星，这是一种不清醒的表现……话音未落，我身后的女观众便说：看，这才是真正的学者！

齐泽克曾给出过一个颇为令人费解的论断：欲望是对欲望的抵御。[1] 我们要问：**对欲望的抵制和否定，为何反而会导致欲望产生？** 有前文知识的铺垫，道理不难说明，因为两者完全是同构的。

不妨回顾一下自己的人生经验，我们的欲望往往生成于这样一些**否定性的瞬间**：在面对一个欲望傀儡（一双球鞋、一款包）时，我们说"原来这不是我想要的"，正是通过无数个"这不是我想要的"，我们创建了一个永远在延迟的欲求对象、一个不可能实现的"想要"。"真"是一种"不假"，是将所有"假"都排除之后剩下的那个东西，"要"也是一种"不要"，你这也不要那也不要，说明你有一个特别想要但注定永远得不到的东西，它寄生于无数傀儡中，但总是会遁逃，它就是纯粹的否定和空无，是欲望的对象和成因。

所谓"欲望是对欲望的抵御"，同样来自一个重言式："这不是我想要的"也"不是我想要的"，你无法再问欲望如何才能被止息，止息欲望已经成了欲望的一部分，自我指涉的循环诞生了。

你必须在这个意义上理解前文中那句**欲望总是对欲望的欲望**，

---

[1] 斯拉沃热·齐泽克. 意识形态的崇高客体[M]. 季广茂译. 北京：中央编译出版社，2017: 164.

就像解释总是对解释的解释一样，是一种不断甩掉所指对象的空转。

人生若有确定的意义，人生便因此失去了意义。倘若欲望的创生之处不是一种否定和空无，而是确有其事，欲望的连贯性便无从展开。正是悖论导致的循环，让其生生不息，如果理清了这个心理机制，日常生活中的很多现象就见怪不怪了，比如，拒绝被追捧之人，反而因此获得追捧，不去诱惑的傲娇姿态，本身就非常诱人。

正因为什么都"不是"，才能以一种悖论的方式去"是"。对于这种围绕着空无、透过否定关系建构起来的意义、欲望与快感，齐泽克描述得非常贴切。

> 当我们面对欲望的对象时，更多的满足是通过围绕着它（指对象a）来跳舞而得到的，却不是径直地走向它。[1]
>
> 通过反复的失败——这个不是！——创造了他正在寻找的事物。因此，这里的悖论在于，寻找过程创造了引发寻找的（欲望的）对象和原因。[2]

这是"辩证逆转"带给我们的启发：我们不断给出理由，生成断言、消费断言，无限逼近真理，实际上只是围绕着一个永远

---

[1] ŽIŽEK S. How to read Lacan [M]. London: Granta Books, 2006: 77．转引自赵淳．齐泽克精神分析学文论 [M]. 北京：中国社会科学出版社，2018: 56.
[2] ŽIŽEK S. The sublime object of ideology [M]. London: Verso, 1989: 112. 转引自赵淳．齐泽克精神分析学文论 [M]. 北京：中国社会科学出版社，2018: 54.

不可触及的真实世界在跳舞；我们追问意义，追问意义背后的意义，发现没有意义，发现没有意义也是意义，实际上只是在意义的深渊中空转。我们活在一个由悖论缠结而成的怪圈之中，正是这个怪圈维系着我们看似正常的精神世界。

递归与我思

这个怪圈和使怪圈之为怪圈的奇特运动形式，其实就是我们之前提到过的自我指涉的循环。绝大多数的悖论，比如说谎者悖论、理发师悖论，其实都和语言的自我指涉性有关。这种自我指涉，用数学化的语言来描述，叫递归，是**一种回到自身并决定自身的循环运动**，递归机制可以回答我们的语言与精神如何借由空转来无中生有。

哲学家许煜在其著作《递归与偶然》中说：

> 递归不仅是机械地重复；它以回归自身并决定自身的循环运动为特征……我们可以想象一个螺旋形，它的每一个环形运动都部分地由上一个环形运动决定，之前运动的影响依然作为观念和效果延续着。[1]

我思本身便是一个循环，它与实践理性和审美判断类似。因此，实际上没有开始，正如没有基础，每个原初的基础都

---

[1] 许煜. 递归与偶然[M]. 苏子滢译. 上海：华东师范大学出版社，2020: 5.

是无基础的基础或深渊,每个开始都是另一个开始的结束。[1]

"我思本身便是一个循环……每个原初的基础都是无基础的基础或深渊,每个开始都是另一个开始的结束",这段概括非常重要,我们从知识的原理谈到欲望的原理,然后在其中发现了类似重言式的形态和悖论模式,最后揭示出自我指涉的递归怪圈,这一切操作,本质上都是为了阐明符号的动力学,以解释语言格式中的我思的运作机制——更准确地说,是"以语言符号为运思材料的自我意识的反思机制"。欲望与知识之所以如此这般,归根结底,是因为符号化的我思就是如此这般。

知识　欲望　意义
↓
重言式悖论
↓
自指循环　怪圈　递归运动
↓
符号动力机制
↓
我思-反思机制

在哲学家眼中,反思可以被定义为"直接在自身处循环的递归性"。反思**就是**一种通过回到自身来设定自身的精神现象,因此才具有了一种无基础的自足性。意思是,并非先有一个笛卡儿式的本来自足的主体作为基础,然后从它出发抵达外部客体获得认识,而是从虚无中直接发出,在外部世界无限的差异性中,持续地否定着返回自身而获得的一种自足。如前所述,是一种"无基

---

1 许煜. 递归与偶然[M]. 苏子滢译. 上海:华东师范大学出版社,2020:9.

础的基础或深渊",用哲学家的话说,这是所谓的"绝对他异性中的纯粹自我"。再一次,"正因为什么都不是,所以可以悖论地去是"。

正是因为认识到了这一点,认识到了以语言符号为运思材料的理性思维的内在悖论性,辩证法在今天流行的理论中获得了前所未有的优先地位。

否定否定再否定

今天的辩证法比黑格尔时期要激进得多。要知道,黑格尔的主客辩证同一仍然是一种积极的建构,前面提到,同一性的"是"来自一种古怪的"非否","我"是所有"我不是"的他者制造的一种空洞,不断趋向"是",问题只是,我们能达成这种"是"吗?黑格尔认为我们终将抵达。[1]

但在后来的理论家眼中,这种"负负得正"式的辩证法是庸俗的。德国哲学家西奥多·阿多诺在其著作《否定的辩证法》中写道:

> 把否定的否定等同于肯定性是同一化的精髓,是带有最纯粹形式的形式原则。在黑格尔那里,在辩证法的最核心之

---

[1] "精神是这样的绝对的实体,它在它的对立面之充分的自由和独立中,亦即在互相差异、各个独立存在的自我意识中,作为它们的统一而存在:我就是我们,而我们就是我。"黑格尔. 精神现象学:上卷 [M]. 贺麟,王玖兴译. 北京:商务印书馆, 1979: 122.

处，一种反辩证法的原则占了优势，即那种主要在代数上把负数乘负数当作正数的传统逻辑。

在他看来，彻底的辩证法是一种纯粹否定的辩证法，是一以贯之的否定，否定之否定不会导致肯定。由于前文中讲到的那个**"无基础的基础或深渊"**，否定绝不可能通向某种同一的"本质"，或者用齐泽克的话说，主体乃至任何符号化的对象的本质不过是对各种欲望的"自相关的否定性之旋涡"，它们根本是匮乏的化身。[1]最后一次，"正因为它什么都不是，所以它可以悖论地去是"。行至此处，我们终于可以彻底搞清楚这句话的真正内涵了。

要深刻理解辩证法的作用原理，我们必须搞清楚人类符号化思维中的"不是"何以能悖论地去"是"，"否定"如何能转化为"肯定"。把前面的知识串联起来，答案如下。

起初是一片虚空，不可思，不可议，精神从虚空中出发，在外界的无限差异中返回自身，并设定自身，最终在绝对他异性中获得了一个悖论性的自我认知。这个说法巧妙避开了"精神从何处来"，"是什么创造了精神"这类追问，这些问题本身就预设了时间与因果的绝对合法性，忽略了时间与因果只是精神用来加工

---

[1] "从'反题'向'合题'的转变过程也就是外在的否定转向'绝对'（自我-指涉）否定的过程。在后一否定中，客体通过符号化的过程被重新'设定'——换言之，客体在某种缺失的、非合作的、内在否定的背景下被设定。这种从外在否定向'绝对'否定的转变意味着客体无须再被否定、被摧毁、被取消，因为它自身已经是肯定性的存在了，否定性已经存在其中：'被符号化'的客体让'匮乏'得以显现，它是'匮乏的化身'。"斯拉沃热·齐泽克. 延迟的否定[M]. 夏莹译. 南京：南京大学出版社，2015：180.

认知对象的形式框架，而非精神产生的前提条件，精神是一种在自身处循环的递归运动，它自己创造自己。因为那个"他异性的纯粹自我"，绝对虚空就被错认成了一种绝对的肯定性，我们创造了一系列非法的悖论，使这种错认变得融贯，开始了系统的自欺——当所有人都以同样的方式错认彼此，一种奇异的确认便完成了，这种确认是由符号材料作为中介确保的，因此是想象性的。人类的知识、欲望、意义乃至自我认知中的绵延生机，皆生发于此，其间种种抵牾，同样来自于此。但无论如何，经由一系列差错、悖论、自欺、忘却，原本不可思议的世界变得可以思，可以议了。

我们只是想学会辩证法而已，有必要追思到如此幽深之处吗？非常有必要，因为它们反常识，这些内容简直是人文学科中最为反常识的知识。如果我们能搞懂辩证法和反常识的关系，我们就搞懂了辩证法的应用之道。

前面我们问：**为什么我们在论辩环境中（尤其是在反驳一个命题时）会表现出更强的理解能力？**这里，容我稍微深化一下表述，再问一遍：为什么我们在"辩证"思维中，在对反题的关注中，更容易获得反常识的颠覆性启发？

辩证法的真正奥义在于前文中一小段不起眼的表述里："辩证法是**立足于**差异、否定与矛盾的运思模式。"关键词不是差异，也不是否定，而是"立足于"。辩证思维要求你**站在悖论中**思考所谓的正常，或者说，站在合题中理解正反题必然的对抗。**所谓反常识，其实是一个颠倒思境中的常识。**

正常世界　常识　非常世界

常人的思考

正常世界　常识（倒）　非常世界

立足于差错中思考正常

常人的思考

站在悖论旋涡中，你不得不跟着悖论一起矛盾地运动——在差异中思考同一，错乱是正常的；在否定中思考肯定，虚空就是基础性的。在反转的常识中、错乱的运动中，我们能获得某种"视差之见"[1]。

常识意义上的反常、问题、症状、差错会转化成合理且必要的；反过来，常识意义上的正常、必要、惯例、理所应当，在你这里全都会变成难以理解的惊异现象，一切现象都是不可思议的——"真正的神秘，不是世界如何存在，而是世界竟然存在"，正因为它是正常的，所以它恰恰是不可思议的，这是我们反复提

---

[1] "在透过视差把握它们（指各种吊诡现象）时，我们总在两点之见变换视角，而两点之见，绝不存在任何综合和调停的可能……视差分裂提供了使我们能够识别辩证法的颠覆性内核的关键。"齐泽克．视差之见．季广茂译．杭州：浙江大学出版社，2014：2-3．

到的所谓辩证倒置的深意。

如此一来,我们不再问"问题为什么会出现",而是问"问题为什么没出现"——"为什么社会运作/自我认知的状况恰好是、居然是正常的"。难道这件事不令人惊讶吗?我们所有人都承认无常与偶然是存在的底色,但究竟发生了何种错乱,预埋了何种矛盾,纠结了何种悖谬,才导致了一种正常与必然,使得我们可以一边说着人生无常,一边如常地生活?"唉,人生无常啊"居然成了一种能安顿日常的措辞,成了维系日常幻象的一部分,我们怎么做到的?

我们曾调侃道:所有人都患了同样的病,却奇迹般地获得了"互为健康"的彼此融贯的"正常生活"。当一个人做出让我们觉得不可理喻的事时,或者说,做出了脱离符号秩序的事时,我们会骂道:你有病啊?一个站在错乱中,倒置了日常的人,不会这样骂,只会诧异地问:**为什么你和我病得不一样?**

如果这样问,我们就能扯掉理性的底裤,发现语言游戏最深层的奥秘。

你会认为这些都是太大而无当的话题,我们完全可以把尺度缩小,用同样的手法去处理一些看似很庸俗的问题:你不要再问"为什么我这次没考好","为什么我的视频居然没人点赞","为什么我这么穷",而是应该无比惊讶于"为什么我居然能偶尔考好"。"考试本就是一件反人性的事,我恰好做对了什么?"——这个问题会带领你深入人的认知天性之中,发现知识、记忆、兴趣与考试机制之间的关系。"为什么我这种人居然有读者?""学哲学远不如打游戏过瘾，现在的年轻人是怎么了？"顺着这个问题，我也许能做出一期切中要害的节目。"为什么这个世界会有这么多富人？"富裕本该是一个偶然事件，贫穷才是常态，这个经济机器到底出了什么毛病？当年亚当·斯密和马克思[1]都曾困惑于此。

这从根本上回答了本章开始提出的那个问题：为什么有人能一针见血地分析批判，有人只能沦为杠精？

不必讳言，人与人之间的确隔着遥远的辩证距离。总是问"为什么我这么穷"的人，最终只能在消费主义的泥潭里打滚，因为这个问题不是你原创地问出来的，而是商业意识形态诱导你去问的，所有人都这么问，问完之后一头扎进滚滚红尘"卷"得忘乎所以，世界才能繁荣得这么"正常"；而问"为什么这个世界没有变穷"的人，都成经济学家、哲学家了，**将正常现象辩证倒置后得到的问题，往往是最深刻的差异性问题**。总要有人去解释这些诡异的正常，为什么世界繁荣得如此庸俗，为什么大家都要拼命"卷"。后者会在一个反转的世界里，不断生产富有启发性的理由，以供前者消费，这就是我们所谓智识生活的残酷真相。

还原到操作层面，溯因法和辩证法是我们在概念界面中处理思维对象的两种手法。溯因是一种试推，面对一个惊异，创建一个假设来消除这个惊异；辩证是一种返回和倒置，这里的返回，不仅是返回我们曾经推出的假设，而且是返回那个最初使惊异之

---

[1] 哲学家柄谷行人在其著作《跨越性批判》中写道："究竟是什么给予了马克思《资本论》中所形成的那种新的批判视角？可以说，这便是古典经济学中被视为偶然发生和运行失误的事件，即经济危机带给马克思的'强烈的视差'。"柄谷行人. 跨越性批判[M]. 赵京华译. 北京：中央编译出版社，2018: 4.

为惊异的基本常识（那些被所有人忽视或默许的前提），然后颠覆这个基本，在颠倒的常识之上，重新试推，如此去思考，世界将为之一反，颠覆性的常识将蜂拥而至。

溯因逻辑
一种追溯与试推

基本常识 惊异 → 假设 → 假设 → 假设

悖论是一种偶发

世界是无矛盾的

社会本该富裕

辩证逻辑
一种返回与倒置

自反常识 惊异 → 假设 → 假设 → 假设

悖论是一种必然 → 新惊异

世界是充满矛盾的 → 新惊异

社会本该贫穷 → 新惊异

溯因三角为我们建构了一个消除惊异的（肯定的）常识世界，否定的辩证法却将其掀翻在地，此处我们要问：辩证法背后的常识是什么？是一种彻底诚实的怀疑和好奇，我们收获的诸多洞见、种种启发，其实与辩证思维无关，而是来自对庸俗日常或者说系统性自欺的觉察、拒斥和穿透。讽刺的是，这种彻底诚实曾是人类少年时代的朴素日常，只是苦于没有与之匹配的知识和视野，成年之后，我们有了获得知识与视野的机会，但失去了与之匹配的常识，只好不可阻挡地奔向无知与盲目。

肯定

溯因→原因—一般→演绎
现象　　特殊
溯因三角
一般←特殊
归纳

否定

辩证
转换

　　让我们回过头来"颠覆"开篇提出的那个课题——"逻辑与口才有关系"。事实上，驱动本书写作、串联各个章节的那个基本问题，不是"学逻辑如何能有助于我们的'口才'"，而是"为什么我们居然能说些什么，有时甚至能把一件非常复杂的事情说清楚，这事儿和逻辑有什么关系"。

　　我们的答案，就是那句断言：**人是因果动物，以生产和消费理由为生，人亦是否定的化身，以制造和遮蔽悖论为继，溯因使人能言，辩证令人善辩**。表面上，因果与理由容不下否定和悖论，那会让语言游戏崩盘；本质里，否定与悖论却是因果与理由产生的条件。正因如此，这个游戏不会停止，它会永无止境地循环下去。

　　一定要意识到，这个循环并非在无意义地空转。在这个过程中，人类能把握的对象越来越丰富，不仅能思考世界，还能思考自我，甚至能思考思考本身；能把握的关系也越来越复杂，不仅能解释，还能解释解释本身，不仅能否定，还能否定否定，不仅能把握矛盾，还能矛盾地把握矛盾。这种复杂化的外在体现是，人类真的越来越"能言善辩"了——不能解释的现象，变得能够解释；无法为之辩护的立场，变得可以被辩护；无处反驳的主张，变得可以被反驳。而这一切的本质，是语言世界的疆域持续扩张、持续有序化的结果。对这个现象的潦草追问，就会转化为对"逻辑与'口才'的关系"的不理解。

逻辑和口才只是摆在台面上用来吸引注意的稻草人，哲学和语言学才是背后的真身。哲学的根本困境在于它总要说，总要给出理由。维特根斯坦说要用哲学来治疗语言，这意味着你必须在语言中拉开心智与语言的距离，犹如抓着自己的头发离开地球表面。这听上去是个悖论，但其恰恰是哲学锋利的原因，虽然很多人会因此觉得哲学玄虚又吵闹。

人生诸多困惑，闭嘴缄默、静坐参禅也许大有帮助，但并不能让疑问完全消失，社会与心灵都是由语言和观念建构而成的，我们不得不在语言中艰难地谋划，强行拉扯出一个用于反思的距离。久而久之，语言的确会在我们面前变得温顺一些。语言本是我们用来整理这个世界的工具，让它变得更趁手，而不是反过来被它的逻辑、规范、秩序钳制，是我们这些符号动物逃不掉的功课，是一个需要终身践行的"有意义的徒劳"。

第十三章

总结
无限游戏中的意义之舞

本章将对本书进行整体回顾与梳理。

意义

说话是使符号产生意义的活动，因此在本书开篇，我们便围绕"意义"展开了讨论。基本问题是：符号生成意义的机制到底是什么样的。我们试图澄清语言活动复杂性的根源，为的是能准确地表达自己的思想。借由符号学带来的启发，我们归纳出了语言活动的"三重复杂性"。

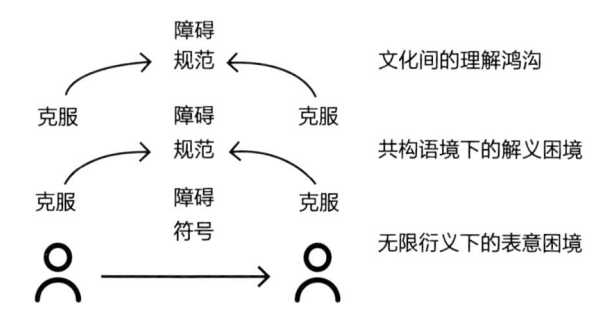

```
              障碍
           → 规范 ←          文化间的理解鸿沟
       克服         克服
              障碍
           → 规范 ←          共构语境下的解义困境
       克服         克服
              障碍
           → 符号 ←          无限衍义下的表意困境
       ☻  ——→  ☻
```

第一重复杂性是由符号的无限衍义性导致的表意困境。说

第十三章 / 总结　无限游戏中的意义之舞

话使符号产生意义,但一个符号的意义却总是需要另一个符号来表示,歧义永远存在,我们永远需要解释。最终我们发现,原来"意义"不是某个凝固不变的所指,而是一种"被解释的潜力",是一个符号能被另一个符号解释的"潜力"。对于任何一个词"X",我们总能如此发问:当我们谈论"X"的时候,我们到底在谈论什么?这是最微观也最基础的复杂性。

我们常常意识不到这层复杂性。在多数时候,我们都很清楚"X"所指为何,这靠的是"语境"。"语境"使得无限衍义变成了"封闭漂流",这个"封闭漂流"的空间被称为"语义场"。语境是意义短暂凝结之处。在特定语境中,你带着特定的企图开始说话,对方会基于对语境的理解反推你的企图,领会字面意义之外的深层含意。这是语言学中语境、语用和语义三要素的基本关系。在交往活动中,受话人会执行一个基本理解策略,即根据语境臆测语用,再根据语用推断语义。回顾第一章"这菜我都吃腻了"的例子,不难发现,正是这种意图深度理解的交流策略导致了深度误解。

因此,追溯语境与语用在帮助我们克服表意困境的同时,也带来了新的麻烦,这是**第二重复杂性**:共构语境下的解义困境。语境是不断生成、流变的,猜疑会引发对猜疑的猜疑,我们不断地创造着自身无法掌控的解释链与猜疑链,以误解为代价进行理解。

为了克服前两重复杂性,参与交往的人达成了"集体共识",试图约束意义的衍动和语境的流变。典型如"酒桌文化",人们觉得酒后更容易说真话,酒品反映人品,酒量反映度量。这类试图塑造"真诚语境"、简化复杂的交流活动,恰恰也创造了一种更深层次的虚伪。在很多对酒桌文化深恶痛绝的人眼里,所谓"酒后吐真言的真诚",不过是一种"忘了自己在说谎的虚伪表演"。

随之派生的,是**第三重复杂性**:文化间的理解鸿沟。我们的相互理解,总是大误解之下的小理解,整体误解之中的局部理解,不妨说得更深刻些:集体虚伪为个体自欺创造了条件。

为了把握一个符号被解释的潜力,人们周旋于三重复杂性之中,展开了一场"无限游戏"。这是沟通表达之所以困难的基本原因,想要破除这种复杂性,我们要从语言的"意义"之维转向人际"关系"之维。

权力带来的差序格局

主体

我引入了"权力"的概念——它反映出了行动者之间的自主与依附关系。人们参与社会活动的基本诉求之一是获得他人的承认,并且让自己在人际关系中尽可能多地处于主导地位。具体到语言活动中,我们追求的是能主导"解释的潜力"的权力,一种能调停所有分歧语境,让集体共识变得合理的强制力。概言之,说话是使语言符号产生意义的活动,但一句言语到底有什么意义,

第十三章 / 总结　无限游戏中的意义之舞

取决于谁拥有"最终解释权"。

意义之维的复杂性，在关系之维被揭开之后裸露出了直白的逻辑。

关系

"关系"一章的基本问题是：为什么有些语言能创造与他人的亲和关系，其原理是什么？我们概括出了 8 个字：打破预期，顺应张力。既打破了特定权力结构下被固化的交往预期，又顺应了特定权力结构下被阻滞的欲望张力。如果你的沟通同时做到了这两点，那么对方就会感到被尊重。

所有的交往场景背后都有特定的权力结构，我们可以将其分成三类。强于对方的优势关系场景、弱于对方的弱势关系场景以及平等关系场景。

优势权力场景　　　弱势权力场景　　　平等权力场景

拿弱势关系场景来说，处于支配地位的人，在这个场景下所持有的预期往往是"会有很多关于我的奉承和赞美"，正因如此，所有的赞美话语的效力都会被这种预期过滤，沦为毫无新意的"马屁"。此时能说进心坎里的语言往往有这样的格式：

"所有人都认为你的'成就 A'了不起，其实你真正让人佩服的地方在被人忽视的'成就B'。"

这是面向权力优势者的**黄金赞美句式**。前半句破坏了被固化的预期，后半句释放了被抑制的欲望张力。

权力优势者被抑制的欲望是什么？难道不是获取更多权力吗？并非如此，他们的欲望恰恰是：自己已拥有的权力被其他人真诚地、具体地、准确地"看见"，并"说出"。正是缺失了这些看见和说出，他才被迫寻求更多权力来作为补偿。人们越是盲目喂养，他越是贪婪索取，最终陷入一种越有权越匮乏的回路，那个黄金赞美句式巧妙地阻断了这个回路，径直把话说进了他的心坎里。

因此，弱势者和优势者的欲望张力都来自权力结构的抑制，区别在于：弱势者体验到的是挤压与忽视，优势者感受到的是肿胀与盲目。这导致我们有了各种交往预期，你进入我的世界，开口说话，一旦符合了这些预期，便会沦为我心理剧场中毫无存在感的"群演"，一旦你打破了它，我便会马上被你吸引，闭合的心智便因此敞开。那是一种"被看见"的感觉。

我们不是嘴笨，而是心钝。我们每天都在看与被看，但没有"真的"在看，只是在各种习性与规范中，看着各种角色与标签，或者被当作角色与标签来看，这是很悲观的论调，却很现实。在开口言说之前，交往早已开始，交往的质量不取决于我们口头如何调遣词句，说出让人如沐春风的话，而取决于我们眼中是否有人，看见他，心里是否有话。心里话才能说进心里，真诚原则总是胜过技巧。

内容

对关系之维进行澄清之后,便来到了内容侧。我们关心的基本问题是:如何说清楚一件事。

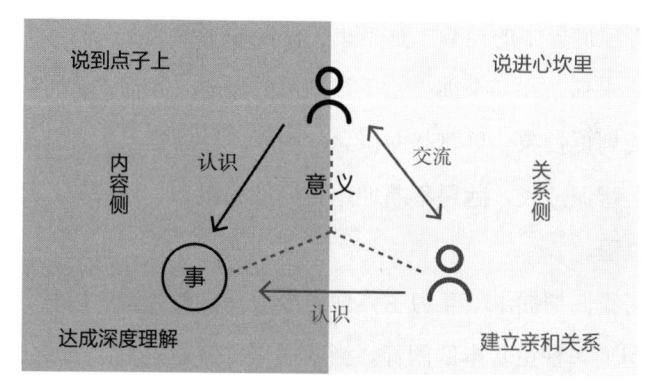

```
说到点子上                       说进心坎里

         认识   意义  交流
  内容侧                          关系侧
         
         事  ←── 认识

达成深度理解                     建立亲和关系
```

这个问题把我们引向了"描述经验的语言与被描述经验本身之间的关系"这个更深层次的问题。我引入了"三个世界"的概念模型,澄清了"现实—心理—语言"逐级简化的认识机制,利用"抽象之梯"和"问题之锤",往返于三个世界之间。

把话说明白了,无非是把因、果以及二者之间的关系说清楚了。说清楚它们很难,是三个世界的逐级简化机制压缩了我们的经验材料,使得它难以被言明。心理埋设的框架让我们跨越了对因果关系的细致思考,直接草率地得出了结论,词语强大的抽象能力也形成了遮蔽,使我们无法辨认更具体的经验细节,我们用来思考的词语,也是一种"框架"。

于是问题就变成了"为什么有些话语能克服这种简化,准确地映射出被简化、被遮蔽的经验",这是一个基于"差异现象"发问的问题。

答案是，我们发现有些命题包含了更抽象也更奠基的概念，这些概念能引导我们认识经验材料中的魔鬼细节以及看似不同经验之间的底层共性。

心理世界中的经验永远是更广泛经验中的经验，符号世界中的概念永远是在某个前提之下被理解的概念，我们永远可以回头看，找到更抽象、更奠基的概念，在最广泛的背景中理解眼下的经验。智识成长，就是不断地用更抽象的概念，理解更广泛的经验的过程。

当我们把握了"互为主体性"之后，自我经验中的种种龃龉便得到了一种更基本的阐释。当我们用"供需关系"来思考经济现象的时候，纷繁复杂的经济现象便呈现出了原理上的一致性和规律性。虽然这两组概念依然是我们认识世界的"框架"，但区别在于，人们经过了深刻思辨才将其提炼出来，它们是突破了旧框架因而更具解释力的新框架。

那么，人类知识系统中那些宝贵的概念是从何而来的？答案是：通过提问，一切思考都从问题开始。

在三个世界的框架下，我们重新理解了"问题"。问题关联着成见和盲区，贯通着三个世界。语言世界中对好问题的深刻思辨得来的好答案，帮我们调和了现实世界与经验世界的不对称。

你会发现，第三章的整个章节乃至整本书都是被提问—回答的结构驱动的。新的问题逼迫我们使用新的框架来回答，新的答案又衍生出新的问题。

第十三章 / 总结　无限游戏中的意义之舞

问题	新框架	答案
说到点子上	三个世界 完形框架	逐级简化
如何克服简化	完形框架	思辨抽象
如何思辨抽象	问答与因果	提问
问题如何令 我们进步	三个世界	盲区和成见

观念输出
人生是绝对安全的冒险

　　从个人经验出发，我试图让大家理解乃至接受这样一种问题观：所有的真问题都是未来的假问题，问题是解决不完的。我们关注问题，解决问题，是为了获得一种与世界互动的方式，准确地说，是为了习得一种与问题/障碍/挑战/麻烦这类经验范畴互动的心智模式。

　　之所以要输出这样的观念，是因为我们意识到了表达的双重困难：把话说明白的本质是交代清楚因果关系，框架和前提简化、遮蔽了这种关系，这是说话的第一重难。当我们去寻找更好的框架来克服这重难时，马上会遭遇第二重难，我们发现因外有因，果后有果，我们谈论的永远是某个局部，随着你阅历的增长，你总是能看见更大的局部，不断受启发，不断觉得自己当年多傻。

　　综合这些认识，再回头看最初那个"曾经是真问题的假问题"——如何把话说到点子上。你会发现，有些人能启发你，有些话在点子上，原因很简单：那是一种"以大欺小，以少胜多"。你身处更大的经验疆域，掌握了更多高质量（思辨含量更高、更抽象、更具体）的概念，说出了他人不知道的"点"，带来了新的理解和领悟。

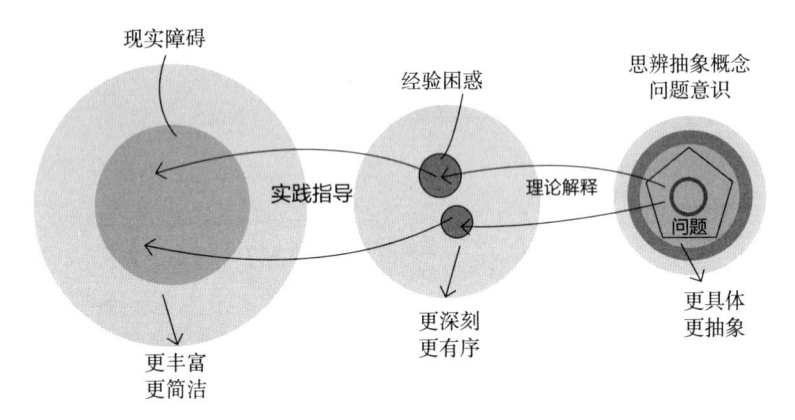

```
现实障碍          经验困惑           思辨抽象概念
                                  问题意识

        实践指导        理论解释        问题

                                  更具体
        更丰富          更深刻        更抽象
        更简洁          更有序
```

我们同时要意识到，我们的理解和领悟其实充满了任意性和随意性。同一对象、相似经验，有无数种描述方式，这种任意性的终极表现形式就是文心和诗意，文学与诗歌无疑是人类之光，它让每个人都有机会能用自己的话语体系解释生活。我喜欢"意义炼金术"的说法。意义具有无限衍义性，"炼金术"在强调：这个意义无法在工程结构层面被建构或还原，需要某种神奇的化学反应参与其中，意义世界充满了隐喻与生机。在意义光谱的另一端，人类发明的数学和逻辑消除了这种任意性，因而获得了绝无歧义的命题和必然为真的推理，那是另一种频谱的人类之光，在那里，被形式逻辑规范的科学语言成了"真理指南针"。理科生用"指南针"发现定理，文科生用"炼金术"提炼意义，他们都是真实世界的黑客，都有光明的未来。

第十三章 / 总结　无限游戏中的意义之舞

场景与内容

　　场景与内容章节的基本问题是：如何在任何场景下都能好好说话？这是一个很贪婪的要求，人们想要掌握在任何场合都能好好说话的技巧，显然低估了语言表达的复杂性。比如，我们曾将语言活动的目标概括为两类："赢得权力"与"深化关系"，复杂性体现在，二者表面上是相互促进的关系，深层里却是反对关系——在关系中使用权力话语会破坏关系，刻意放弃权力的行为，反而会深化关系。过分关注场景，会让我们忽视语言游戏的"核心玩法"，这个核心玩法是"论证"。

　　当代的语言学者认为，纷繁复杂的语言游戏本质上是一个给出和索要理由的"推论游戏"，若非如此，人类之间的言语交流将是不可理解的。当你将"鹦鹉"、"孩童"和"成人"分别当作假想的对话对象时，便会发现交流开展的前提是"你判断对方在判断"。具备判断功能的语言，即是断言，一个人必须给出断言，才能在"给出和索要理由的游戏"中迈出第一步。"论证"则是为论说断言的合理性而展开的语言活动，一个断言的合理性需要另一个断言的支撑，以此类推以至无穷，语言游戏因此展开。

　　解释永远需要解释来解释，论证永远需要论证来论证，于是交流成了"无限游戏"，当我们把视角从第一章字词尺度的"符号—解释—符号循环"转向第四章句篇尺度的"断言—论证—断言循环"，我们得以在一个更具操作性的层面来把握语言游戏的内核，说话之道的本质其实是"论证"之道。创造强有力的论证，是整个语言游戏中最重要的事,我们必须成为"提供理由"的高手。在此之前,区分辩论、演讲、谈判这些场景的意义并不大,相反,一个论证能力很强的人,稍加训练,便能成为辩论、演讲和谈判的高手。

接着我们详细介绍了著名的图尔敏论证模型,希望你还记得"数理B,反限C"的含义。"数理B"是前提侧的三要素:数据、理据和根据/支撑;"反限C"则是结论侧的三要素:反驳条件、限定词和主张/断言。在实践中,我们常常过于重视摆事实讲道理,忽视支撑、反驳与限定的巨大效用,而它们恰恰是理性论辩的关键元素。形象地说,我们用数理B来进攻,用反限C来防守,用数理B来强化立场,用反限C来软化主张,纯熟地运用所有要素,方能做到攻守兼备,软硬兼施。

非对抗

我已经连续三个月超额完成了公司的KPI

数据 ⟶ 断言　所以我希望您给我涨工资

理据
高绩效的员工理应得到更好的待遇

在我的个人意愿上
限定词

支撑
根据激励理论的基本原则

反驳条件
除非公司经济条件不允许,或者绩效并非公司最看重的考虑要素,否则……

对抗性

第十三章 / 总结　无限游戏中的意义之舞

"核心玩法"之后，便是"进阶攻略"以及"作弊技术"。我们借此探讨了"羞愧感、社会性和理性"之间的复杂关系。欧文·戈夫曼的"拟剧论"试图用戏剧表演理论来澄清社会交往的原理，很有启发性，他认为交往活动中的"个体"需要被区别为"表演者"和"角色"，所处"场景"必须被区分为"前台"和"后台"，其中角色通过四类表演展开交往，分别是：理想化、制造误解、神秘化以及补救。

"理想化"是最常见的表演，通过一定程度的自我约束，我们让自己看上去更接近某种理想状态，为了减少自我约束对表演的干扰，表演者需要让自己进入一种"严肃"的状态。然而我们不能反思这种严肃性，一旦如此，就会陷入紧张。因为严肃性是一个悖论：明知道某事是虚假戏码，却要刻意忽略这种"明知道"使戏码能正常进行。我们的紧张感来自对"严肃性"的纠结态度，我们的理性倾向于否认严肃性，可一旦否认它，便是在更根本的意义上承认了严肃性。

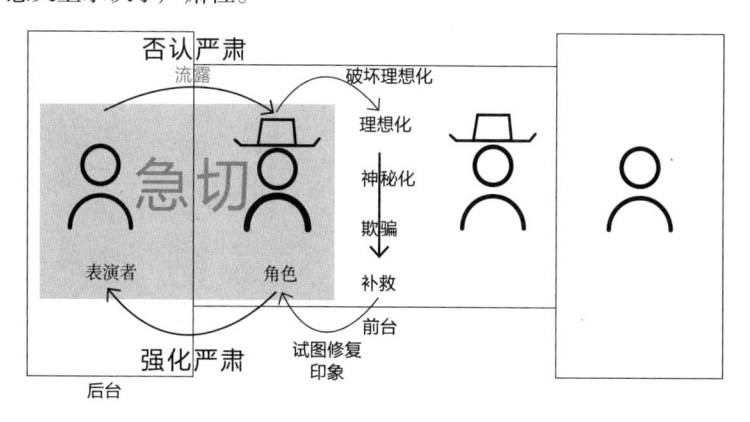

这种纠结状态导致"理想化"的表演被破坏，我们开始"补救"表演，然而"补救"表演本身即是对"理想化"表演的破坏，最终陷入恶性循环，我们的紧张体验，某种意义上是对这种"越补救越挫败之循环"的直接经验。因为否认严肃性，我们变得严肃起来，因为想要避免紧张，我们变得紧张。最后我们探讨了两种应对思路，分别是"屏蔽反思"和"制造幽默"。屏蔽反思，将自己浸入信念之中，或是刻意表演严肃，创造一种自否定的幽默感。后一种思路显然更为高级，被我戏称为"作弊技术"。语言游戏之中唯一重要的事，是创造强有力的论证，假如还有更重要的事，那应该是以某种更特别的理由来反对、抛弃、超越这个强有力的论证，我们的游戏之路，就是从混沌之域走向清晰之境，在清晰之境中回归幽默的过程。

倾听与回应

有效地倾听与回应，关键在于彻底翻转我们的倾听与回应的逻辑，从"为说而听"到"为听而说"。

有人认为倾听是为了更好地回应，即是"为说而听"。参与沟通的双方常常把关注点放在"如何组织出恰到好处的回应"之上，如此一来，非但话题本身无法深入，反而会营造出一个彼此争夺权力的场景。倾听中的我们虽然在交往活动中处于被动地位，却一直试图通过间歇性的回应来塑造自己的身份。

为说而听　　为听而说

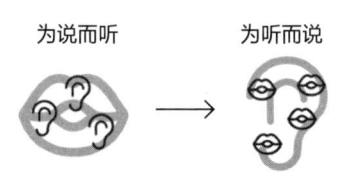

"为听而说"则相反，我们不介意说很多话，但说这些话的背后意图是为了更好地倾听。这与"为说而听"是两种完全不同的会话结构。

"嗯？""了解！""怎么会这样？""后来怎么样了？""原来如此……我的看法是"，都是常见的回应话语，但在不同的会话结构中，意义截然不同。在"为说而听"结构中，它们是铺垫，你已经蠢蠢欲动，试图找到某个合适的时机抛出某个自认精彩的说法，博得听众的激赏。那个"精彩的说法"像只诱人的小妖，紧攥着你的注意力，让你早已无心倾听。相反，在"为听而说"的会话结构中，你的注意力会一直死死扣在对方的表达中，你回应的"了解"是真的"了解"，"怎么会这样？"是真的"不了解"，你真的好奇，对他谈论的内容真的感兴趣。

比如，对方给出了一番令人费解、难以应答的话语，在"为说而听"时，你可能会不懂装懂、强行回应——毕竟"不能让话掉地上"。在"为听而说"时，你可能会坦诚地说："不好意思，我没理解。"事实上，如果你能直面自己的不理解，更有可能自然而然地问出一个切中要害的好问题，无须刻意谋划。

在明确了倾听的基本原则之后，我们学习了"助人倾听"的基本框架。"为听而说"的原则，必须服务于"为助人而听"这个目的才能自洽。这个基本框架要求我们在倾听时不仅要听懂他人言语中的"题中之义"，也要能识别"弦外之音"。"重新定义事实，充分关注优势"是助人倾听—回应的精髓，我们最终寻求的，是一种以发展—建设为导向的对他人境况的深度理解。

助人倾听的"聚焦点"

题中之义　经验　想法　行为　情感

弦外之音　模式　优势　非语言信息

整合框架以及练习之道

在第六章中，我给出了一个"整合框架"，试图澄清从经历现象到理解现象再到将其转化成言语的整个过程，粗略将其分成三个阶段：刺激-思维阶段、思维-内部言语阶段和内部言语-外部言语阶段。

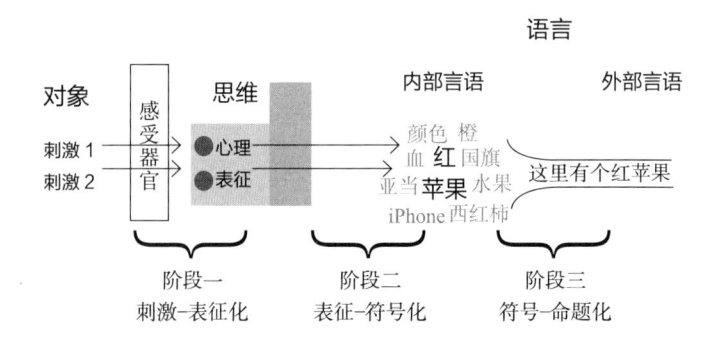

语言

对象	感受器官	思维	内部言语	外部言语
刺激1 刺激2		●心理 ●表征	颜色　橙 血　红　国旗 亚当　苹果　水果 iPhone　西红柿	这里有个红苹果

阶段一　　　阶段二　　　阶段三
刺激-表征化　表征-符号化　符号-命题化

阶段一，是刺激-思维阶段，也即外部刺激-心理表征化阶段。若将心灵想象成"舞台"，外部刺激引发的心理表征便是舞台上的"角色"。这个阶段的提升重点在于"提高分辨率"——提升我们的感受力。同样是红色，对色彩敏感的人能分辨出细微的色调差异；同样是品茶，味觉敏感的人能区分茶因产地不同而产生的口感差异。

阶段二，是思维-内部言语阶段，也即心理表征-符号化阶段。我们将语言区分为内部言语和外部言语，前者是大脑里模糊、含混且活跃的"自言自语"，是有整体感、网状、侧重语义的，后者是我们说出的言语，是逻辑语法化的、线性的连贯的、侧重语音的。这个阶段的提升重点是"丰富词汇量"，没有经验材料就没有加工对象，没有符号材料则难以处理这些对象。

阶段三，是内部言语-外部言语阶段，也即符号-命题化阶段。我们需要将网状的、含混的语料云团组织成线性的、有序的有声言语，同时还要保证它们可以尽可能地还原其源头复杂的、非线性的、多层次的丰富意涵，非常有难度，因此是我们关注的阶段。提升这个阶段的关键在于"提升整编效率"能力，由此我们总结出了表达的三重境界：从重视"逻辑"到关注"结构"再到"系统"理解。

"逻辑"居于微观层次，研究推出关系，即从命题 A 到命题 B，哪些情况下能推出，哪些情况下无法推出。"结构"可以被理解为关系的复数形式——"关系们"，尤其指对复杂的要素关系的一种概括性、直观化的呈现形式，可看作中观层次。"系统"居于最宏观层次,它指代一个相互作用的多元素的复合体,系统是使结构之为结构的东西,结构总是系统的结构。形象地说,如果结构是一张静态的人体解剖图,系统是活生生的人,逻辑则是这张解剖图的绘制规则。

我们试图借三者的差别来说明认知对象的复杂度的递进规律,以此来提出对理解-表达能力的要求:当眼前只有少数对象关系、简单命题的时候,我们可以计较命题 A 是否能推出命题 B,也就是"逻辑";当更多要素以一种非线性的方式关联起来时,我们就需要在一个更加立体的思维空间中整理出它们的关系图式了,即整理所谓的"结构"关系;当我们想要追问更多"所以然",比如它们为何会是这种结构?它到底想要干什么?它背后的原理是什么?此时我们需要进行"系统"思考。

结构　多要素关系的表现形式

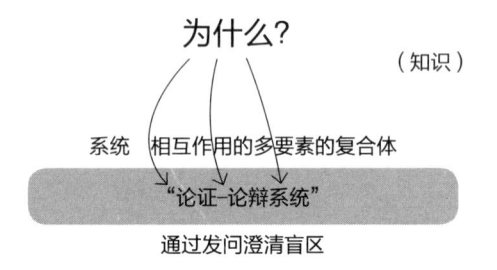

为什么?

（知识）

系统　相互作用的多要素的复合体

"论证-论辩系统"

通过发问澄清盲区

基于整合框架,我们梳理出了提升表达能力时要关注的几大重点,除了前文中提到的经验分辨率和词汇量,还有元认知能力、工作记忆容量、知识量、命题-结构化能力以及口语表现力。

"元认知"是对于认知的认知,可以理解为一个人能在多大程度上觉察到"心智舞台"上发生的种种事件。"工作记忆容量"则决定了舞台能容纳演员的上限，一般认为工作记忆水平对数学运算能力的影响很大，其实自然语言和数学符号没有本质区别，都是有待取用和整编的心理内容，说了下句忘上句这类"算丢了"的情况在日常交流中也普遍存在。"知识"泛指那些经过严格论证得出的断言，它的最终目标是使某个难以理解的领域变成一个可以理解的系统，相比缺乏论证的经验性话语，更能反映事物的内在规律，一个有知识储备的人，可能不善言辞，但一定比其他人更能说到"点"上。知识量也是我们进行"结构化表达"的先决条件，因为"结构"之所以被提炼出来，是因为知识为具体且复杂的事物提供了抽象且简洁的概括与说明。手里拿着"人体解剖图"（结构性知识）的人一定更擅长解释"身体"，知识不只让我们能讲到点上，还能让我们串联这些理解的点，澄清其关系，编织出一条解释的线。在这个意义上，"脑才"比"口才"重要得多。

"口语表现力"被放在最后，并非不重要，它恰恰是专业语言工作者和我们普通人拉开差距的地方，一方面它事关我们最终的表现水准，口齿像身体其他部位一样，其灵活性需要专门的训练；另一方面它能倒逼我们提升思考效率与反应速度，类似于绕口令、看图说话、联想造句等。专项训练绝不单单是在打磨人的口语表现力，也是在疏通和拓宽那个从"认识"到"表达"的通道，提升我们思维的活跃度。不一定是脑子不清楚导致说不清楚，也有可能是口条不利索导致我们误认为自己脑子不清楚，训练口才也会倒逼我们提升"脑才"。

逻辑

在本书的后半部分，我们潜入了微观层次，想要一探"逻辑"的本质。本书一共介绍了五种逻辑：演绎逻辑、归纳逻辑、类比逻辑、溯因逻辑以及辩证逻辑。

"逻辑"是确保推理、论证有效的规则。相比逻辑学专业的学术研究，我们更在意澄清人们对逻辑与"口才"关系的各种误解。"演绎"作为最为精确的逻辑类型，在思维的疆域中开辟了一个毫无模糊性的绝对领域，在这个绝对领域里，在环环相扣的逻辑链条上，人们完成了从 AEIO 到 AlphaGo 的奇迹跃进。但正如第十章中那道问是否有一个已婚人士盯着一个未婚人士的测试题所揭示的，我们都是认知吝啬鬼，本能地不擅长演绎，而更青睐"归纳"，归纳推理的本质，是基于对特殊的代表的有限观察，把性质或关系归结为"类型"，我们的经验永远来自有限观察，我们对事物的理解又总是类型化的，人人都是归纳鬼才。

比归纳更底层的，也许是"类比"。科学家侯世达认为类比不仅仅是一种推理手段，而且是"思维之火"，是人类最根本的思维机制。我们借战争来理解爱情，向异性发起"攻势"，"赢"得其芳心；借田径比赛来理解学校教育，不能让自己输在起跑线上，重要的考试如同最后的百米冲刺；用熔炉类比社会，人在其中被锤炼，变得有"韧性"。人是触"类"旁通的动物，类比为我们编织起了一张几乎可以无限扩张的概念之网，思维依靠事物之间的相似性得以高效运行，离开类比，人几乎无法言说和思考。

演绎、归纳和类比是常规的逻辑学教材会重点讲解的三种逻辑。演绎是从一般到特殊的必然性推理，离开演绎逻辑，我们就不可能进行任何有效的长程推理，思维将失去精密性；归纳是从特殊到一般的或然性推理，离开归纳，我们将无法整顿纷繁复杂的现象，把握事物的内在规律；类比则是我们的心智理解事物的底层机制之一，离开类比，人几乎无法言说和思考。

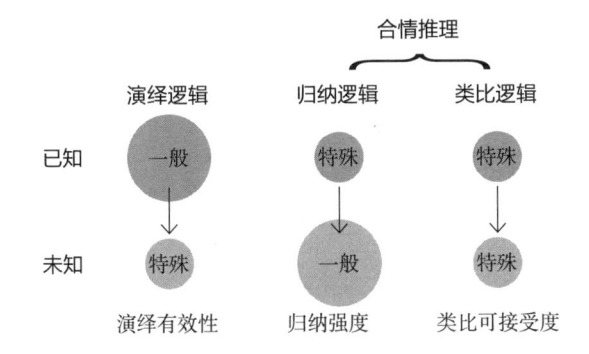

	演绎逻辑	归纳逻辑	类比逻辑
已知	一般	特殊	特殊
未知	特殊	一般	特殊
	演绎有效性	归纳强度	类比可接受度

（归纳逻辑与类比逻辑属于合情推理）

但仅靠这三种逻辑，还不足以解释人类非凡的认识能力。人类认识的基本动力来自溯因，离开溯因，人类的思维将失去焦点和方向，理性也就无从谈起。

我们的知识其实来自归纳—溯因—演绎的三角循环。"归纳"是对经验现象的概括性报告。"溯因"使我们探究何以至此，我们因此提出一般性的理论假设。由于溯因是一般性的假设（比如广义相对论把引力场解释为时空弯曲），因而必然蕴含着能解释或预测其他现象的断言（引力场的存在将导致光线发生偏转），我们只需将其"演绎"出来，对照特定的经验报告（再归纳），便可从逻辑上检验溯因假说的可靠性（光线偏转的假设在 1919 年一次日全食观测实验中被完美验证），这是一切科学发现的底层逻辑。溯因推理也叫最佳解释推理，正如著名物理学家戴维·多伊奇所言，科学研究的目的是创造好解释，而最好的解释是那些受现有知识约束的解释。[1]

最佳解释推理

理论
假说

溯因　　　　　　　演绎
　现象→原因　　一般→特殊

现象　　　　　　　经验
报告　　一般←特殊　观察
　　　　　归纳

人是因果动物，更确切地说，是不断寻求好解释的动物。我们以生产和消费理由为生，但理由永远需要更多理由来支持，解释永远需要更多解释来解释，只要将足够多的溯因解释联结起来，我们就能用一张巨大的理由之网，或者说"循环论证之网"来间接认识世界。这种间接性之所以是不可克服的，是因为它恰恰是人类克服自身非理性的产物，理由之网的根底是不堪深究的，那里暗藏着理性思维的非理性内核。若我们一定要穷根究底，便会惊讶地发现：原来理性奠基于悖论，否定先于肯定，差异先于同一。**辩证逻辑**呼之欲出。

---

[1] 戴维·多伊奇.无穷的开始[M].王艳红,张韵译.北京：人民邮电出版社，2014：29.

肯定

```
        溯因→原因
   现象       一般→演绎
         溯因
         三角
       一般←特殊
         归纳
```

∞

否定

辩证
转化

对辩证逻辑的讨论也许是本书智力浓度最高的部分。当所有人都患了同样的病，于是便奇迹般地获得了"互为健康"的"正常生活"；要把认识中的障碍，转化为我们之所以能认识的条件；将日常现象辩证倒置后得到的问题，往往是最为深刻的差异性问题——辩证法抄了理性的老底，我们发现"人是否定的化身，以制造和遮蔽悖论为继"。天地倒错，意义丧失，我们迷失或陶醉于后现代主义的无尽解构之中。

必须承认的是，如果一个符号动物极致诚实地反思，一定会走到这一步，或者说，极致地索要理由，一定会撞上那堵辩证之墙。剩下的问题似乎只是：走到这一步之后，接下来要怎么走？撞墙了之后，当如何自处？

我们的旅程始于对"意义"的追索，在终点处，我们得到的答案竟是：正因为意义不可能彻底实现，永远在逃逸，因此才成了我们欲求的对象（不可能的障碍恰恰是可能性的条件），意义实现的不可能性是意义实现其精神功能的前提，倘若人生有确定不变的意义，那么这个世界将变得不堪忍受。

因此我非常喜欢"围绕着意义跳舞"这个说法。"舞"是一个绝妙的类比：我们的确在围绕着一个并不存在的对象跳舞，你绝不能用理性的眼光去看待这件事，然后问：这家伙疯了吗？他为什么要自顾自地扭动身体？你不能这样问，围绕着虚无的舞蹈本身却不是虚无的，关于舞的道理与舞无关，舞之前的历史、舞之后的未来与舞无关，舞本身就是意义。

关于意义从何而来，我推崇侯世达的解释，他认为"意义来自同构"。"意义"并非不可说，只是不能像前面那样抽象地、逻辑地、推论地、穷理地"说"，如果只能那样说，则意味着文学、诗歌、艺术乃至人类想象力的价值都被取消了，小小理性何德何能？人类思维底层的类比机制总是能拯救我们。

思维方式经常被类比成锤子，同构之处是，都有一个操持它们的主体，都指向某些外部对象，通过思维的碰撞／物理的敲击，为的都是解决生存问题，同时，主体也会因此陷入工具的形态所预设的某种认知局限之中——拿着锤子，看什么都是钉子，操着辩证法，看什么都有矛盾。

但你并非只有一把锤子，并非只能用一种姿势同世界死磕。有些锤子适合敲打自然，有些锤子适合敲打人文，有些锤子并不用来敲打，只用来模仿和创造，你可以叫它艺术之锤。人类用艺术之锤复刻一切存在之物，在存在之物与使用者生存处境的同构性中塑造意义。我以为，这是人类生活丰富性的根本来源。我完全同意尼采的说法：只有作为审美现象，生存和世界才永远有充分理由。[1]

在辩证之墙上撞得鼻青脸肿之后，我们最终会在温柔的**类比**中得到救赎。

我们追求智慧与意义的旅途不会就此结束，这是一个无限循环的悖论游戏：一些发育过度的理由动物总能发现蹊跷——这哪里是救赎，不过是编造出的一个关于人生意义的解释而已。为了让人生不至于陷入消极的虚无，狡猾的作者骗我们喝下这口酒，好让我们继续酩酊大醉，我们如此猜测着，回到被**溯因**和**辩证**支配的恐惧之中。

这种无可破除的窘迫恰恰应了最后一章的主旨：人是因果动物，以生产和消费理由为生，人亦是否定的化身，以制造和遮蔽悖论为继。在表面上，因果与理由容不下否定和悖论，那会让游戏崩盘；在本质里，否定与悖论却是因果与理由产生的根本条件。正因如此，无限游戏永无止境，这是无可逃避的宿命，人们只好继续跳舞。

---

[1] 尼采. 尼采四书——悲剧的诞生 [M]. 孙周兴译. 上海：上海人民出版社，2020: 57. "我们也许可以假定，对那个艺术世界的真正创造者而言，我们已然是形象和艺术投影，在艺术作品的意义方面具有我们至高的尊严——因为唯有作为审美现象，此在与世界才是永远合理的；……唯当天才在艺术生产的行为中与世界的原始艺术家融为一体时，他才能稍稍明白艺术的永恒本质；因为在这种状态中，他才奇妙地类似于童话中那个能够转动眼睛观看自己的可怕形象；现在，他既是主体又是客体，既是诗人、演员又是观众。"

后记　｜　远离那条平庸之路

常有人问我:"你的目标读者是谁,你做的这些内容都是给谁看的?"我说是做给 5~10 年前的自己看的,我回应的是我在 20 多岁时面临的诸多困惑,如果当时的我遇到现在的我,一定会少碰几次南墙,少走几条弯路,卸下更多的心理包袱,更重要的是,我会在学习现在已有的这些知识的过程中找回属于自己的权力——那些自进入社会之后,被愚蠢的知识所误导,被无知于自己无知的他人经验所迷惑,在一阵阵晕眩中不自觉放弃掉的解释权与选择权。在这个意义上,我认为《关于说话的一切》完成了它的使命。

我提醒你要区分观念(理论)、意愿、方法和能力,这十分重要。

你会发现这样一个事实:如果我们说倾听和表达的初衷是"理解与被理解",所有人都会同意,但当转过身去,在实践之中,人们总是不自觉地通过制造谎言和误解来达成他所希望的理解与被理解。这里没有贬义，正是因为人人如此，交流才真正成了可能。但问题是，一边是朴素、抽象且幼稚的语言交流观，一边是复杂、具体且腹黑的生活实践，两者之间的巨大落差，是诸多经验与知识犬牙交错的混沌之域。

观念的蒙昧，会导致意愿的错乱。有的人说，我并非"真的想要"好好说话，但我希望能掌握通过语言获得权力的方法，掌握和所有人都聊得来的能力，我大方地承认，我就是把语言当成进入世俗的铠甲和戏服，用来隐藏自己的弱点，满足自己的虚荣，如何？伪君子坦荡荡，没什么好批判的。

其实这并非事情的全貌。在你意愿的深处，你深知这是谎言，你无以复加地想要和他人缔结真诚且有深度的关系，但你假装自己并不想，你宁可编造谎言来欺骗自己，也不愿意面对无能于此的事实。在充满自欺的观念遮蔽之下，在扭曲错乱的意愿驱使之下，你不管那么多了，只顾着索要各种方法，锻炼各种能力，最后也只能回归庸俗的均值。

曾有朋友询问我"优秀"和"卓越"的差别，其实我不太知道卓越是什么，但我十分清楚，大部分成年人口中的优秀乃是一种"精致的平庸"，是没追求的人追求的东西，是不清楚自己意愿之人的意愿，"能说会道巫术崇拜综合征"不过是这种意愿的产物。

前段日子，有篇名为《我的孩子正在不可避免地沦为平庸》的文章很火，童年时代的"优秀"如其所是，我们敢当街逆风撒尿，写作文放狠话，当科学家宇航员，但很快，我们就会被符号秩序所笼罩，变得规矩起来。"优秀"这个意义丰富的容器，成了表演巫术的道具、avatar 身上的装饰品。令人不堪忍受的真相是：成熟的人并不真的追求优秀，而只是追求优秀的样子——能说会道、善于倾听的样子，以此来满足那些未经反思的欲望，赢得权力，喂养我执。但这般自欺，一定会招致悖论的惩罚——沦为平庸而不自知，反以之为荣，扬扬得意，最终实现了"货真价实的平庸"。

不可避免地沦为平庸，是我们成长道路上最惨烈的事故，世俗意义上的成长，是通过双重自欺来实现的——"先是自己骗自己，然后骗自己没有骗自己"。当我们说一个人"成熟"了，本质上是在说这个人对这种双重自欺不再感到惊异和排斥了。自欺是容易破除的，只需要一些知识来击穿成见和盲区，但双重自欺却是极难破除的，还需要诚实与勇气，具体而言，是去否定、选择去否定的诚实与勇气。

我之所以在书中花那么多篇幅介绍各种语言学、符号学、认知心理学乃至哲学的基础理论，是为了拉扯出一个足够大的框架来强行拓宽读者的视野，并在其中，带领读者搞清楚"好好说话"到底意味着什么。有些是我们可以选择去把握的，比如问题意识、论证结构、助人立场；有些是需要我们去遭遇、去经历的，比如经验、知识面以及对它们的反思深度；还有更多，我们妄图追求的种种——我希望我已经向你证明了——它们本身就是偏见、自欺的产物，是追求"优秀"这个幻觉而产生的幻觉。我并非说要贬斥功利动机和欲望，很多美好的事物都有一个功利、虚荣乃至虚伪的出发点，正如好辩理论揭示的：人们逻辑能力的发展一开始只是为了赢得争论；使用一个抽象大词、背下一段文学金句的第一动机可能仅仅是炫耀。但我们还要看见另外一层事实——真善美的实现，正是我们主动背离、扬弃这些肤浅目标的结果。

对说话的修炼在说话之外，我们必须与"口才""表达""沟通"这些概念拉开距离，使反思能介入其间。我们冲着"能言善辩"而来，却发现真正要紧的事，是认清"语言"这个无处不在的中介，如何在促成我们思考与表达的同时，也制约了我们的理解，扭曲了我们的想象。妨碍我们能言善辩的，恰恰是我们对能言善辩的盲目欲求。本书虽定位成"硬核"沟通表达课，但我绝无意为了硬核而硬核，为了显得高深而故作高深，"符号—语言—思维"的课题关切之紧要，理路之庞杂，在近两三百年，调动了无数先贤智慧，沉淀成了数门基石学科。我们不可能轻易绕过去，必须直面这些艰深硬核的知识，才有机会在语言划定的思存之域里，甩起镣铐，自在起舞。

在此关怀之下，我甚至觉得这本书仍然过于简陋了。一年多前，当我决定要创作这本书时，并不知道自己要面对的是什么。虽然热衷于此道，却并非专业学者，我深知自己能做的，无非是将各路先贤的洞见转化为通俗的知识，杂糅荟萃于一册，乃是一张潦草勾勒的地图，若有真知灼见，不敢掠美，多是拾人牙慧，借题发挥，还请多关注援引注释中的源头活水。其中疏漏与谬见，皆因本人学艺不精，思虑不周，期待各位指正。

本书有幸付梓，要感谢中信出版社的明骏，若非她笃信《关于说话的一切》的价值，不辞辛苦与我沟通，我是不会有自信对其进行书面化改写的；感谢于建国（YJango）博士，他的作品启发了我，激励我走上了自媒体之路，此后的生活以一种全新的面貌展开在我面前；还要感谢汤质茶馆中所有的朋友，因为你们的支持，我才能从容自在地探索与创作；最后，我要感谢我的爱人，没有她的理解与包容，我也许仍是一个肤浅的 avatar。